HEYNE
BÜCHER

KATHLEEN WALL / GARY FERGUSON

RITUALE FÜR LEBENSKRISEN

Die Verwandlung von Angst in Energie

WILHELM HEYNE VERLAG
MÜNCHEN

HEYNE ESOTERISCHES WISSEN
Herausgegeben von Michael Görden
Nr. 13/9801

Titel der amerikanischen Originalausgabe
Lights of Passage
erschienen bei HarperCollins Publishers

Umwelthinweis:
Das Buch wurde auf
chlor- und säurefreiem Papier gedruckt.

Ungekürzte Taschenbuchausgabe 1999 by
Wilhelm Heyne Verlag GmbH & Co. KG, München
http://www.heyne.de
Printed in Germany 1999
Umschlaggestaltung: Atelier Bachmann & Seidel, Reischach
Umschlagillustration: IPL/Bavaria, Gauting
Gesamtherstellung: Ebner Ulm

ISBN 3-453-15510-6

Inhaltsverzeichnis

Danksagung

Wer Reisen durch die menschliche Seelenlandschaft unternimmt, wird immer Außergewöhnliches entdecken. So erging es auch mir beim Schreiben dieses Buchs »Rituale für das Leben«.

Es konfrontierte mich wieder einmal mit dem unermeßlichen Reichtum menschlicher Möglichkeiten. Manchmal traf ich in Büchern auf unerwartete Kostbarkeiten, wo zwischen den Zeilen, wie Goldkörner in einem Bergbach, versteckte Weisheitsschätze lagen. Wichtiger aber waren die Begegnungen mit besonderen Menschen.

Dank schulde ich Gary Ferguson für seinen Enthusiasmus und seine Formulierungshilfen bei komplexen psychologischen Themen sowie Kevin mit seinem unerschöpflichen Ideenreichtum.

Ich danke meiner Schwester Jeanett und meinen Nichten Kirsten und Sonya, die großzügig für mein leibliches und seelisches Wohl gesorgt haben, ebenso allen meinen Kollegen, Carl Peters, Marcia Pugsley, Bonie Henkles-Luntz und Selma Burkom für Lektorat, Herausgabe und überhaupt Anteilnahme an diesem spannenden Unternehmen. Ihre Entstehung verdankt diese Arbeit Harry Sloan, dem großen Lehrer und Helfer, der mir ermöglichte, die hier vorgetragenen Gedanken zu konzipieren und zu entwikkeln.

Ein Glücksfall war auch Amy Hertz von Harper, San Francisco, die unerschütterlich an dieses Projekt geglaubt und es klug und geschickt durch alle Klippen des Herstellungsprozesses gesteuert hat.

Dank sei außerdem dem Esalen Institute für die Joseph Campbell Workshops, und dem Verleger der postumen Werke Campbells, Robert Walter, der mir ein gutes Gespür für Riten und Rituale vermittelt hat.

Viele meiner Patienten haben mir ihre Erfahrungen mitgeteilt und mich an ihren Abenteuerreisen durch Freundschaft, Familie, Liebe, Haß und Hades teilhaben lassen. Ihnen bin ich zu aufrichtigem Dank verpflichtet, ferner zahllosen bewährten Therapeuten, unter anderem Alan Chenin, Madge Homes Copeland, Bud Protinski, Kay Bishop und Susan Borkin.

Zum Schluß noch ein herzliches Dankeschön einigen wunderbaren Menschen, die mir Einblick in ihre Riten und Rituale gewährten, unter anderem Noel, Kent, Mary und Marilyn mit ihren Freunden im »Ritual Circle«. (Die Namen sind aus Gründen der Anonymität geändert.)

Einführung: Die Wiederentdeckung des Rituals

In seinem klassischen Werk »Der Heros in tausend Gestalten« setzt sich Joseph Campbell mit einer Beobachtung auseinander, die zahlreiche Anthropologen bei ihrer Erforschung der Initiationsriten sogenannter primitiver Gesellschaften gemacht haben. Es ist die Beobachtung, daß diese Rituale die Funktion hatten, Menschen in schwierigen Übergangssituationen zu begleiten. Dabei war nicht nur eine Veränderung des Bewußtseins der betreffenden Personen, sondern auch ihres Unterbewußten gefragt. Diese Rituale waren also kein bloßer Hokuspokus kindlich abergläubischer Menschen. Im Gegenteil: Sie waren tief im Stammesleben verwurzelte, bedeutsame Wegweiser auf der Straße inneren Wachstums und Wandels.

Es ist eine allgemein menschliche Erfahrung, daß jeder tiefere Wandel mit krisenartigen Erscheinungen Hand in Hand geht, mit Orientierungslosigkeit, Regression und Abweichung, wobei oft jede Hilfe zu versagen scheint. Und doch wundern wir uns jedesmal wieder, wenn uns das Trauma einer zerbrochenen Beziehung noch lange Zeit danach heimsucht, wenn ein Berufswechsel uns in inneres Chaos stürzt und der Übergang von Kindheit zur Jugend oder von den ersten Jahrzehnten des Erwachsenenlebens zur Lebensmitte nicht ohne Reibungen verläuft. Daß wir uns darüber wundern, hängt größtenteils damit zusammen, daß wir die sehr sinnvollen Riten verloren haben, die Tausende von Jahren bei allen Völkern der Erde dazu gedient haben, Pubertät, Scheidung, Alter, Tod und sogar politischen Führungswechsel zu markieren. Verschwunden sind die überaus wertvollen Leuchtfeuer, die uns einst an den gefährlichen Felsküsten des Lebens entlanggeleiteten.

Wenige Jugendliche zum Beispiel nehmen aus einer kirchlichen Konfirmation oder einem Abitur mehr mit als die unendliche Erleichterung, daß jetzt alles vorbei ist. Doch die Übergangsriten für Jugendliche in den meisten traditionellen Gesellschaften waren einschneidende Erlebnisse und vermittelten dem Halbwüchsigen, was es heißt, Mitglied einer größeren Gemeinschaft – ein Erwachsener – zu sein. In den Einzelheiten variieren diese Riten von Volk zu Volk, aber das Muster ist im wesentlichen immer das gleiche: Zuerst wird der Jugendliche auf der Schwelle zur Mannheit von den Älteren darüber belehrt, welche Aufgaben auf ihn als verantwortlichen Erwachsenen zukommen. Dann folgt eine körperliche Mutprobe, oft im Zusammenhang mit drei- bis viertägigem Fasten oder einer Zeit der Einsamkeit in der Wildnis. Besteht der Proband diese Mutprobe, ist er vom Jungen zum Mann geworden, und alle, jung und alt, feiern ihn mit Festen und Tänzen.

Diese Elemente des Initiationsritus sind keineswegs willkürlich, auch nicht unnötig grausam. Das Fasten zum Beispiel versetzt den Jungen in einen Zustand erhöhter Aufmerksamkeit, wodurch er die Welt und seinen Platz in ihr mit einer Intensität erkennt, die ihm normalerweise abgeht. Doch solche Mutproben haben noch andere Aspekte. Denn dadurch, daß der Junge rituell mit einer Notlage fertig wird, befreundet er sich unbewußt schon mit dem Gedanken, daß mit dem Erwachsenwerden Schwierigkeiten verbunden sind und daß er sie zu bewältigen imstande ist. Durch das folgende Fest schließlich wird er wieder in seiner Gemeinschaft willkommen geheißen und erkennt, daß die Härte des Lebens auch ihre angenehme Kehrseite hat.

Aus unserem Leben jedoch sind solche sinnerfüllten und von der gesamten Gemeinschaft mitgetragenen Rituale praktisch verschwunden. Wir im Westen haben schon vor Hunderten von Jahren mit der Demontage unserer Rituale begonnen, als sich in Europa mehr und mehr die Auffassung durchsetzte, der Mensch solle sich weniger durch Überlieferung und Intuition als durch die Ratio leiten lassen. Und es war auch die Ratio, die den gesamten Komplex ritueller Handlungen zu etwas Sinnlosem abstempelte, wie es Professor Aidan Kavanagh von der University of Notre Dame ausdrückt, »zu einer primitiven, rückwärts gewandten Tendenz im Vergleich zum intellektuellen Fortschritt der modernen Welt«.

Irgendwann gelangte der Westen zu der Überzeugung, eine Gesellschaft wie die unsere, die so mühelos technischen Fortschritt produziert, müsse auch in der Lage sein, die altgewohnten Bewußtseinsbahnen zu verlassen und kühn zu neuen Ufern vorstoßen, jenseits von Ritualen, Zeremonien und Übergangsriten. Doch trotz unserer äußeren Erfolge und Fortschritte sind wir hoffnungslos rückständig, wenn es um Frieden, Energieprobleme und die Lösung rein menschlicher Fragen geht. Heute, Jahrzehnte nach der Erstveröffentlichung von Campbells Arbeiten, dämmert uns allmählich, daß wir für unser seelisches Wohlbefinden bei den großen Einschnitten des Lebens genauso von sinnvollen Riten und Ritualen abhängig sein könnten wie die sogenannten »primitiven« Völker.

Jenseits des Fortschrittsmythos

Unter der Herrschaft des rationalen Denkens stehend, erwarten wir heute, daß sich unser Leben kontinuierlich zu immer größerem Fortschritt entwickelt. Wir stellen uns vor, Krisenzeiten berechnen und sie wie mathematische Gleichungen lösen zu können – immer vorwärtseilend, immer unabhängiger, von Monat zu Monat mehr Herr unser selbst. Vor dem Hintergrund dieser Erwartungen aber wird uns das Leben zum Rätsel: Unsere Kinder werden auf undurchschaubare Weise »schwierig« und »entwachsen« dann ebenso undurchschaubar einer »Entwicklungsphase«. Gelingt es uns, unsere Ehe irgendwie durch das »verflixte siebte Jahr« zu manövrieren und die Midlife-crisis zu bewältigen, atmen wir eher dankbar auf, als daß wir diesen »Erfolg« unserer besonderen Klugheit zuschreiben. »Es ist ein Wunder, daß wir noch zusammen sind«, sagen wir dann erstaunt. Und selbst wenn wir von Krisen verschont bleiben, fühlen wir uns unter Umständen unserem eigentlichen Wesen entfremdet und kennen das Ziel unseres Lebens nicht.

Daß in unserer Kultur sinnstiftende Rituale fehlen, hat, zusammen mit dem unaufhörlichen, sich stets noch beschleunigenden sozialen Wandel dazu geführt, daß sich unsere Vorstellungen von Jugend, Ehe, Kinderkriegen, Mitte des Lebens, Pensionierung unglaublich verändert haben, mehr, als man es noch vor einem Jahrzehnt für möglich gehalten hätte. Mit diesen Veränderungen hat sich aber auch ein neues Spektrum verfügbarer Lebensstile entwickelt. Unsere Gesellschaft besteht nicht mehr aus stabilen Kernfamilienzellen mit Kindern, die früh heiraten, Ehemännern, die 50

Jahre im gleichen Beruf verbringen, und Ehefrauen, die sich um Haushalt und Kinder kümmern. Unversehens sind wir alleinerziehende Eltern geworden, Stiefeltern und doppelverdienende Lebenspartner mit oder ohne Kinder. Wir haben uns daran gewöhnt, mehrmals den Arbeitsplatz, ja sogar den Beruf zu wechseln. Und nirgends sind Wegweiser in Sicht, die die Richtung der Entwicklung angeben könnten.

Als einzelne sind wir freilich nicht in der Lage, Rituale zu entwerfen, die der Kultur des Westens neues Leben einhauchen könnten. Aber wir sind durchaus imstande, sinnvolle individuelle Rituale in unser Leben einzubauen und davon zu profitieren. Die Art von Ritualen, über die wir in diesem Buch sprechen wollen, wird noch keine neuen gesellschaftlich verbindlichen Erkenntnisse hervorbringen, aber immerhin den Wunsch hervorrufen, sich Abzeichnendes zu erkennen. Sie werden noch keine neuen Paradigmen erzeugen, aber den Keimen, die sich schon bemerkbar machen wollen, Wachstumskräfte zuführen. Der Ritus ist in sehr konkretem Sinne der Wind, der den Funken unserer noch unbewußten Intentionen anfachen kann. Diese Intentionen werden uns dann erlauben, die tiefe Sinnhaftigkeit zu entdecken, die die verschlungenen Lebenspfade von der Kindheit bis ins Alter begleitet.

Individuelle Rituale sind alltägliche Hilfsmittel, die neuen Perspektiven und Identitäten, die unter der Oberfläche jeden Wandels liegen, sichtbar zu machen. Nur ein schlagendes Beispiel: Vor einigen Jahren arbeitete der Psychologe Onno Van der Hart mit einer Frau, der es ungeheuer schwerfiel, sich innerlich von ihrer gescheiterten Ehe zu lösen. Eines Tages überreichte ihr Van der Hart einen Backstein als Symbol ihrer alten Beziehung mit der Aufforderung, ihn die folgende Woche in der Tasche mit sich herumzutragen. Im Lauf der Woche wurde die Tasche schwerer und schwerer, und der Frau wurde allmählich klar, zu welcher Last die alte Bindung inzwischen geworden war. Der Stein war ein Symbol, das sie auf die eigentliche Bedeutung ihrer Beziehung aufmerksam machte. Der Gedanke, das Festhalten an dieser Bindung schade ihr nur, war ihr gewiß nicht neu. Doch das Symbol stellte ihr den Druck, unter dem sie stand, konkret vor Augen, wodurch sie den Sachverhalt in tieferen Seelenschichten erkennen konnte. Schließlich war sie bereit, die alte Last abzuwerfen, was sie in einer individuellen Zeremonie zum Ausdruck brachte. Sie zerschlug den Backstein ihrer alten Beziehung mit einem Hammer in tausend Stücke.

Jetzt erst war die Beziehung wirklich zu Ende, und die Frau konnte eine neue Stufe inneren Wachstums betreten.

Verwandlung von Angst in Energie

Meister der Kriegskunst wenden die Wucht des feindlichen Angriffs zum eigenen Vorteil. Ähnlich können uns Rituale helfen, die in unserem Leben unvermeidlich auftretenden Spannungen und Schmerzen in positive emotionale Energie umzuwandeln, die neues Bewußtsein erzeugt und subtile Wachstumsprozesse in Gang setzt. Das Ritual führt uns ins Innere des Wandlungsvorgangs und gibt uns Mut, bewußt daran mitzuarbeiten, statt auszuweichen oder davonzulaufen. Schon vor fast einem Jahrhundert wies der Anthropologe Arnold Van Gennep darauf hin, daß das Ritual ein Spiegel ist, in dem sich das Leben selbst spiegelt. Es erinnert uns an Trennung und Wiedervereinigung, an Handeln und Abwarten, an Tod und Wiedergeburt.

Rituale wirken im Prinzip auf dreierlei Art. Sie stärken uns erstens durch den Handlungsvorgang selbst, klären zweitens Probleme und Lösungsmöglichkeiten und tragen drittens dazu bei, daß die neuen Perspektiven und Verhaltensweisen in unserem Alltag verankert werden.

Handeln: Rituale vollziehen heißt handeln. Durch zielgerichtetes Handeln wachsen uns mit großer Sicherheit neue Kräfte zu. Wer sich in einer Situation befindet, in der er besonders verletzlich ist, beginne mit entschlossenem Handeln. Sie könnten sich zum Beispiel nach dem Tod des Ehemanns einer Freundin entschließen, die Witwe zum Essen einzuladen. Durch diese einfache Handlung verwandeln Sie das Gefühl Ihrer Ohnmacht angesichts des Todes in das Bewußtsein, daß Sie fähig sind, die Lebenden zu trösten.

Selbsterkenntnis: Rituale können uns Klarheit über uns selbst verschaffen. Wer sind wir im Verhältnis zu unseren Freunden und

Bekannten? Zum Beispiel haben Patty und Michael letztes Jahr geheiratet. Jeder brachte zwei Kinder aus einer früheren Beziehung mit in die Ehe. Die beiden ältesten Kinder waren verbittert und trotzig und benutzten praktisch jede Gelegenheit zu Machtkämpfen mit den Eltern. Da kamen Patty und Michael auf die Idee, eine »Gesprächsrunde« einzurichten, wo jeder Teilnehmer loswerden konnte, was er auf dem Herzen hatte. »Es war wie die Schaffung einer Sicherheitszone«, erklärt Patty. »Die Kinder haben das Gefühl, man hört auf sie, und das nimmt ihnen die Angst. Sie brauchen sich nicht mehr ständig zu verteidigen.«

Verankerung neuer Perspektiven: Rituale tragen dazu bei, schädliche Gewohnheiten durch neue Perspektiven zu ersetzen, wodurch wir uns selbst und unsere Umwelt in einem neuen Licht sehen. Durch sinnvolle Rituale können wir unsere »persönlichen Mythen« neu schreiben – das heißt jene Gesamtheit von Regeln, Annahmen und Vorschriften, die wir uns im Lauf der Jahre angeeignet haben. Wie sagte einmal Franklin Roosevelt? »Auch sogenannte ewige Wahrheiten sind weder wahr noch ewig, wenn sie sich nicht in jeder Lage als neu wirksam erweisen.«

Übergangssituationen – und dieses Buch – wollen uns etwas sehr Einfaches sagen: Jeder Weg ist ein Weg der Wandlung. Selten geht die Reise mühelos vonstatten. Aber sie wird um so größere Bedeutung für uns gewinnen und uns um so weniger zusetzen, je besser wir den Wandlungsvorgang durchschauen und dann Rituale zur Markierung der Übergänge benutzen. Ob Sie in eine neue Beziehung eintreten oder sich in Scheidung befinden, ob Sie ein heranwachsender Jugendlicher oder eine Frau in der Menopause sind und diese Krisen meistern müssen, ob Sie eine neue Berufslaufbahn einschlagen oder einen Arbeitsplatz aufgeben – immer sind Sie die Bühne, auf der aus dem Innern aufsteigende neue Kräfte agieren. Und während die Melodie dieses »Tanzes« variiert, ist der Takt erstaunlich konstant. Das Ritual ist der äußere Ausdruck dieser sehr wirksamen Muster. Das ist der Grund, weshalb es nach so vielen tausend Jahren immer noch ein lebenswichtiges, wertvolles Instrument zur »Seelenpflege« sein kann.

Kapitel 1

Das rituelle ABC

Die Schritte des Rituals haben mir eigentlich erst die Schritte des Lebens beigebracht.

JUDY, Schriftstellerin in den Dreißigern

Frisch und klar dämmert der neue Junimorgen herauf. Die meisten Einwohner von Highland Park, einer Vorstadt im Norden Chicagos, schlafen noch fest. Aber Susan Davidson hat sich noch nie so wach gefühlt. Sie kniet still in ihrem Blumengarten, die Augen geschlossen, tief durchatmend, saugt den Duft des Flieders, der Rosen und des Heus in sich ein und spürt die warme Sonne im Gesicht. Im Schoß hält sie einen selbstgenähten Stoffbeutel, vor ihr ist, neben einem kleinen Polster gelber Ringelblumen, ein frisch gegrabenes Loch. Susan trägt ein einfach geschnittenes grünes Baumwollkleid – sonderbar, würden ihre Freunde sagen, sie trägt doch sonst nie Grün! Doch für Susan versinnbildlicht Grün an diesem besonderen Tag die Kraft der Heilung, die Farbe neu beginnenden Lebens.

Fast vier Monate lang hat Susan auf diesen Morgen zugelebt, seit sie und Greg, ihr Partner, der sie beinahe drei Jahre begleitet hat, beschlossen haben, sich zu trennen. Die Wochen seit dem Bruch waren wie ein aufreibendes emotionales Karussell – ein Gemisch aus Verzweiflung und Erleichterung, Furcht und Hoffnung. Mit großem Energieaufwand hat Susan versucht, Ordnung in ihre Gefühle zu bringen und die Entwicklung ihrer langen, manchmal quälenden, manchmal glücklichen Beziehung zu analysieren. Inzwischen ist sie soweit, ihre Lebensfäden zu einem neuen Stoff zu verweben, der ihrer gewandelten inneren Lage Ausdruck gibt.

Schließlich öffnet Susan die Augen und holt aus ihrem Beutel ein schlichtes Perlenhalsband, ein Geschenk Gregs zum ersten Jahrestag ihrer Beziehung. Mit einer Schere zerschneidet sie die Kette und läßt die Holzperlen eine nach der andern in das Loch fallen. Mit bloßen Händen schüttet sie das Loch wieder zu, um dann dem Beutel eine kleine Packung Blumensamen zu entnehmen. Sie streut die Samen betont langsam in die Erde und denkt dabei konzentriert an die Eigenschaften, die sich in den kommenden Monaten in ihr entwickeln sollen. Zum Schluß nimmt sie einen kleinen Krug mit Wasser und begießt die Samen.

Noch einige Minuten kniet Susan im Garten und läßt die Morgenstimmung auf sich wirken. Dann erhebt sie sich, klopft die Erde vom Kleid und geht zum Haus zurück. Während sie ein heißes Bad nimmt, fällt ihr Blick zufällig aus dem Fenster des Badezimmers. Draußen sieht sie ein Rotkehlchen, das aus dem Gras auffliegt und sich auf den unteren Zweigen des Ahorns niederläßt. Im Schnabel trägt es einen Wurm, das Frühstück für ein Nest aufgeregt zirpender Vogelkinder. Susan spürt, wie Freude und Wohlgefühl ihren Körper durchströmen, eine Ruhe und Empfänglichkeit, die aus ihrem Leben ganz verschwunden gewesen waren. Sie lächelt, und muß plötzlich daran denken, daß in diesem Augenblick ja Janine, ihre jüngere Schwester aus Bloomington, schon hierher unterwegs ist. Sie haben vor, den Tag am Ufer des Michigansees zu verbringen, bei einem Picknick und einer Flasche Wein, und Susan möchte dann Janine alles über ihr Ritual erzählen. Am meisten freut sie sich auf die Gespräche über ihre Träume und Pläne, die schönen Zeiten, die herrlichen Zeiten, die ihr noch bevorstehen.

Abläufe inneren Wandels

Als sich Susan entschloß, individuelle Rituale in ihr Leben einzubauen, um eine alte Beziehung abzuschließen und eine Neugeburt zu feiern, war das keineswegs ein undurchsichtiges New-Age-Unternehmen, eine Reise ins Geheimnisvolle oder Übersinnliche. Es handelte sich im Gegenteil um eine bewußte Entscheidung, sich eines Rituals, des uralten Hilfsmittels, durch die mentalen und emotionalen Klippen einer Lebenskrise zu steuern, zu bedienen und es unter speziellen Bedingungen und in für sie sinnvollen Formen anzuwenden. Auch in einer säkularisierten, fragmentierten Kultur wie der unseren – ja vielleicht gerade in einer solchen –

kann das individuelle Ritual eine sehr wirksame Methode sein, die bei besonderen Veränderungen freiwerdende emotionale Energie für eine neue, fruchtbarere Lebensperspektive, ein neues Selbstbild und neue Zielsetzungen auszunützen.

Zwar ist jedes individuelle Ritual etwas Unverwechselbares und Einmaliges, doch liegen allen Ritualen bestimmte Abläufe zugrunde. Sie muß man kennen, bevor man sich eigene Übergangsriten schafft. Erst durch sie – und ein paar zusätzliche Einzelheiten – wird ein Ritual lebendig.

Der Rahmen: Die fünf Schritte des Rituals

Rituale sind bei der Bewältigung von schwierigen Lebenssituationen so wirksam, weil sie fünf Schritte widerspiegeln, die bei allem menschlichen Wandel auftreten. Stellen Sie sich vor, Sie wären ein Künstler, der in genau diesen fünf Schritten eine Plastik gestalten will. Ein solcher Rahmen gibt Ihrer Arbeit Form und Konsequenz, doch der schöpferische Prozeß selbst – das endgültige Aussehen, der Stoff, die Farbe und Bedeutung des Kunstwerks – hängt dann doch von Ihrer eigenen Leistung ab.

Allgemein gesprochen: Je komplizierter der Übergang, desto genauer sollten die ihn begleitenden Rituale auf diese Schritte abgestimmt sein. Es macht nichts, wenn sie Ihnen zunächst sonderbar erscheinen. Ihr Verständnis wird langsam wachsen und reifen, während Sie dieses Buch durcharbeiten.

1. Loslassen und neue Kräfte: Dieser Aspekt des Übergangs besteht darin, daß man sich bewußt entschließt, einen alten Zustand oder eine alte Bindung loszulassen, während man gleichzeitig die Bereitschaft wachsen läßt, eine neue Eigenschaft, die auf Entfaltung wartet, zu akzeptieren.

2. Wanderung: Die Wanderung ist eine Art Fegefeuer, eine Periode der Wirrnis. Sie sind noch orientierungslos und haben keine Vorstellung von dem vor Ihnen liegenden Weg.

3. Polarität: Polaritäten sind gegensätzliche Triebe oder Gefühle. Die Empfindung, man werde in verschiedene Richtungen auf einmal gezogen, ist natürlich frustrierend. Aber es ist ganz normal, daß in einer entscheidenden Krise widerstreitende Gefühle auftreten. Einer der Hauptzwecke der Rituale ist es, zur Lösung dieser Konflikte beizutragen.

4. Neubeginn: Irgendwann und irgendwo im Chaos der Veränderung wird Ihnen ein rettender Einfall kommen – eine neue, letztlich befriedigendere Einstellung zur Umwelt.

5. Verankerung: Dies ist das freudige »Ja!« des Rituals, der Prozeß, durch den Sie Ihre Vision von einem Neubeginn im Alltag verankern.

Leider verläuft unser Denken zumeist total eingleisig. Dadurch fällt es uns schrecklich schwer, zu verstehen, daß eine *Veränderung auf verschiedenen Ebenen gleichzeitig stattfindet.*

Ein Ritual aber ist auch deshalb so wirksam, weil es Ihre Fähigkeit, die Grenzen des rationalen, linearen Denkens zu überschreiten, freisetzt. Es trägt dazu bei, daß Sie die umfassenderen, tieferen Bedeutungen erfassen, die dem logischen Verstand entweder hoffnungslos kompliziert oder einfach widersprüchlich erscheinen. Erinnern Sie sich, wenn Sie wieder einmal im linearen Denken gefangen sind, an folgende wichtige Punkte:

Erstens treten die Phasen einer Veränderung nicht notwendig eine nach der anderen auf, wie eine Reihe fallender Dominosteine. Menschen zum Beispiel, die zum zweiten Mal heiraten, müssen die alten Beziehungen loslassen lernen, während sie sich gleichzeitig um den Aufbau einer neuen bemühen.

Zweitens ist die Ritualisierung Ihrer »Häutungen« zwar ein guter Katalysator für innere Wandlungsprozesse, aber keine Geistheilung. Eine umfassende Auseinandersetzung mit einer Beziehung oder Veränderung bedarf längerer Zeit und muß auf vielen Ebenen gleichzeitig geschehen, wodurch schnelle Lösungen ausgeschlossen sind. Wer von uns hat sich in einer Notlage nicht schon gewünscht, er bräuchte nur mit dem Finger zu schnippen und wäre dann über den Berg? Und doch löst jeder Stolperstein am Weg, auch Schmerz und Kummer, positive Kräfte aus, die wir nicht erfahren würden, wenn Veränderungen kostenlos zu haben wären.

Laufen wir vor unseren Aufgaben davon, werden sie zu Ungeheuern. Gehen wir aber hindurch – setzen uns beispielsweise durch Rituale damit auseinander –, so wandelt sich Furcht in Mut, Haß in Liebe und Unwissenheit in Weisheit. Ein siegreicher Kampf mit einer Krisensituation wird unsere Selbstachtung heben und auch unsere Fähigkeit zur Liebe steigern.

Es befremdet vielleicht, sich unter Ritualen, die in unserer Kultur fast zu einem Synonym für Stagnation und Routine geworden sind, etwas Dynamisches vorzustellen, etwas, was sich mit der Zeit entwickelt und verändert. Doch genau das müssen Ihre Rituale tun. Sicher, manche Riten und Zeremonien, etwa die Gestaltung des großen Urlaubs, läßt man am besten relativ konstant, so daß man sich hineinsinken lassen kann wie in einen bequemen alten Sessel. Doch individuelle Rituale sind meist nur als flexible Werkzeuge wirksam, die sich mit Ihnen und Ihren Lebensumständen weiterentwickeln.

Äußere Bedingungen: Exklusive Zeit und exklusiver Ort

Wie die fünf Schritte einer jeden Veränderung den Rahmen darstellen, in dem Sie Ihre Zeremonien ausführen sollten, so gibt es auch zwei besondere Bedingungen für jede rituelle Arbeit: Sie brauchen exklusive Zeit und einen exklusiven Ort.

Exklusive Zeit

Einfach ausgedrückt, bedeutet exklusive Zeit, daß der Zeitraum, in dem Sie ein Ritual zu zelebrieren gedenken, unbedingten Vorrang vor allem anderen hat. Zum Beispiel muß eine Familie, die zweimal im Monat ein besonderes Abendessen einnimmt, dieser Mahlzeit höchste Priorität einräumen. Nur wirklich ganz unvermeidbare Dinge dürfen hier dazwischenkommen. Die Notwendigkeit, einzukaufen, Besorgungen zu machen oder Arbeiten im Büro zu erledigen, ist keine Entschuldigung. Es ist natürlich klar, daß Sie in Ihrem Leben in gewisser Weise flexibel sein müssen. Aber wie weit Sie mit Ihrem inneren Wachstum kommen, das hängt entscheidend davon ab, daß Sie sich besondere Zeiten reservieren, um sich rituell Ihren Veränderungen und neuen Beziehungen zu widmen.

Exklusive Zeit beim Ritual bedeutet auch, daß Sie sich nicht unterbrechen lassen dürfen – kein Telefon, kein Fernsehen oder Radio, kein unvorhergesehener Besuch. Überlegen Sie vor jedem Ritual, was Sie von Ihrer Aufgabe abhalten könnte. Machen Sie sich gegebenenfalls frei davon oder verschieben Sie das Ritual auf einen geeigneteren Zeitpunkt.

Exklusiver Raum

Exklusiver Raum bezieht sich auf die Tatsache, daß man eine besondere Umgebung für sein Ritual braucht. Ein Grund dafür ist, daß Sie sich von den üblichen Kleinigkeiten nicht ablenken lassen dürfen. Aber es gibt noch andere Gründe. Daß man alles Gewohnte hinter sich läßt, ist schon ein emotional wirksames Symbol für eine Veränderung. Für die meisten ist der Eintritt in eine fremde Umgebung bereits eine Art Schwellenerlebnis, ein Mittel, sich in Bereitschaftszustand zu versetzen.

Nicht zufällig erwerben sich in praktisch allen Mythen, Legenden und Märchen Held und Heldin ihre Weisheit außerhalb der vertrauten Umgebung. Odysseus fährt aufs Meer hinaus, und das kleine Rotkäppchen begibt sich in den Wald. Psyche und Inanna steigen in die Unterwelt hinab, das Arapahomädchen in den Himmel hinauf. Es ist eine Menschheitserfahrung, daß Rituale außerhalb der alltäglichen Umgebung vollzogen werden müssen. Auf den ersten Blick scheinen Familienzeremonien wie Feiertage oder Geburtstagsfeste eine Ausnahme von dieser Regel zu bilden. Doch selbst dabei wird die Umgebung durch eifriges Putzen und Schmücken verändert.

Manche Leute pflegen ihre Kulissen total zu wechseln, vor allem wenn es sich um entscheidende Übergänge handelt. Sie mieten sich vielleicht ein Hotelzimmer, gehen auf den Campingplatz oder benutzen ein ruhiges Zimmer in der Wohnung eines Freundes. Doch ist das Verlassen der eigenen vier Wände nicht die einzige Möglichkeit. Auch ein besonderer Raum, eine kleine Kammer in Ihrem Haus kann die geeignete Atmosphäre für Ihr Ritual bieten. Ein gutes Beispiel sind die Erfahrungen Jills, 35, deren Mann bei einem Autounfall ums Leben kam. In den ersten beiden Monaten nach dieser Tragödie gab sich Jill die größte Mühe, vor ihren beiden kleinen Kindern eine optimistische, zuversichtliche Miene zur Schau zu stellen. Doch der dafür erforderliche Energieaufwand ließ ihr kaum noch Kraft, sich mit ihrem eigenen Schmerz auseinanderzusetzen. In der Sprechstunde wurde ihr der Vorschlag gemacht, ein leerstehendes Schlafzimmer ihrer Wohnung in eine »Sicherheitszone« zu verwandeln, ein Zimmer, in dem sie sich ausschließlich ihrem Schmerz überlassen konnte. »Wenn die Kinder zu Bett gebracht waren«, erzählt Jill, »ging ich in diesen Raum, zuerst in eine Ecke, wo ich meine ›Trauerkerze‹ anzündete. Dann setzte ich mich auf den Fußboden, atmete tief durch und weinte mich aus. Das Wasser floß wie aus einem Wasserhahn. Vor anderen ließ ich mich niemals gehen. Aber in diesem Raum war alles, was ich empfand und tat, in Ordnung. Es war ein Ort großer Kraft.«

Falls Sie aber einen Teil Ihrer Wohnung für eine individuelle Zeremonie vorsehen, müssen Sie ihn unbedingt zu einem einladenden, gemütlichen Plätzchen umfunktionieren, zu einer Nische, die Sie gerne aufsuchen. Stellen Sie einen bequemen Sessel mit Kissen hinein oder eine schöne Zimmerpflanze oder versprühen Sie Düfte, die Sie mögen, Lavendel, Fichte, Rose. Manche schaffen sich auch einen besonderen Anziehungspunkt in diesem Zimmer, etwa ein kleines Bord oder Tischchen, auf das sie Kerzen, Blumen, Schmuck, Fotos, Erinnungsstücke und Andenken stellen. Wir kommen darauf noch zurück.

Die Welt der Symbole

Vor einigen Jahren schloß sich Gary einer neunköpfigen Gruppe mit Männern und Frauen an, die in dem herrlichen Canyonland in Südwest-Utah ein einwöchiges Ritual erleben wollten. Die Teilnehmer hatten ganz unterschiedliche Motive. Gemeinsam war ihnen aber das Ziel, durch Rituale und Symbolerfahrungen einen inneren Wandel in Gang zu setzen und die natürliche Fähigkeit des Menschen zur Veränderung zu mobilisieren. Eine junge Frau, Celia, hatte gerade ihren Abschluß an der Uni gemacht und spielte mit dem Gedanken, ins Friedenskorps einzutreten. John versuchte, den kürzlichen Tod seines Vaters zu verarbeiten. Maria war schwanger und bereitete sich auf ein Leben als Mutter vor.

Am letzten Tag erzählte Karen, deren krankes zehnjähriges Töchterchen Lydia im Jahr zuvor gestorben war, wie einschneidend ihre Erfahrungen mit den symbolischen Aktionen gewesen seien – das Freiheitsgefühl beim Tanzen, der Hunger während des Fastens, das Körperbewußtsein und die Energie beim Sport. »Ich ließ die rein emotionalen Erlebnisse hinter mir und tauchte allmählich in tiefere Schichten ein«, erklärte Karen, »in Bereiche, die mein ganzes Selbst betrafen.« Kurz vor Tagesanbruch am letzten Morgen schlüpfte Karen in ein neues weißes Wollkleid, Symbol neuer Hoffnung, neuen Lichtes, das jetzt ihr Leben erhellen sollte. »In diesem Augenblick wußte ich auf einmal, daß ich den Schmerz meistern würde. Nicht daß ich nicht mehr traurig war. Aber zum ersten Mal hatte ich das Gefühl, es handle sich nur um ein Kapitel meines Lebens, nicht um das ganze Buch.«

Die Handlungsabläufe, Sprachmittel und Symbole individueller Rituale sind ebenso vielfältig wie die Menschen, die sich ihrer bedienen. Ja, die Kraft eines Rituals liegt meist gerade darin, daß es einzigartiger Ausdruck individueller Bedürfnisse, Perspektiven und Bestrebungen ist. Deshalb wäre eine Kochbuchmethode beim Aufbau von Ritualen, bei der wir Ihnen Rezepte mit Symbolingredienzien für bestimmte Übergänge oder Beziehungen an die Hand gäben, die Sie dann nur ausführen müßten, ganz unwirksam.

Symbole haben eine tiefe Wirkung. Sie können die entscheidenden Empfindungen und Emotionen, die innere Wandlungen begleiten, anregen, und tun das weit schneller und eingreifender als bloße Worte. Bewegung, Ton, Geruch, Farbe und Bild sind rituelle Elemente, weil sie auf bewußten und unbewußten Kanälen die Verbindung zu unserem tieferen Selbst herstellen. Susan zum Beispiel kleidete sich grün, um neues Wachstum auszudrücken, und säte Samen aus, um die neuen Eigenschaften zu versinnbildlichen, die, wie sie hoffte, bald Wurzel in ihr schlagen und blühen würden.

Es ist wichtig, sich klarzumachen, daß Symbole, wie auch Rituale, nicht schon von sich aus Kraft freimachen. Sie müssen in Beziehung zu Ihnen stehen. Ob die von Ihnen für Ihr Ritual gewählten Symbole Ihre eigene Schöpfung sind oder den Zeremonien fremder Völker entstammen, spielt dabei keine Rolle. Wesentlich ist, daß sie eine Saite in Ihnen zum Klingen bringen.

Sollten aber Symbole im Augenblick noch etwas Fremdes und Magisches für Sie sein, brauchen Sie nur daran zu denken, daß Sie ja jede Nacht Zwiegespräch mit der Welt der Symbole führen. Jahr für Jahr stellen Sie mittels der besonderen Sprache des Traums Ihre Probleme dar, artikulieren unbewußte Hoffnungen und Befürchtungen und reagieren Ängste ab. Und noch etwas: Die Werbung investiert alljährlich Milliarden, um Sie mit allen möglichen und unmöglichen Symbolen zum Kauf von Waren und Dienstleistungen zu verleiten. Sie gaukelt Ihnen stille Bergseen vor, damit Sie Lebensversicherung mit Seelenfrieden assoziieren. Sie zeigt Ihnen prachtvolle Raubvögel, um in Ihnen das Gefühl von Freiheit und Macht zu erzeugen, das Sie dann, so ist die Hoffnung, mit dem Fahrgefühl in einem neuen Wagen in Verbindung bringen. Sie versucht, der Gefahr, daß Sie Betrug wittern, vorzubeugen, indem sie unschuldige Kinder mit abbildet. Sie kleidet die Sprecher, die Produkte anpreisen, in weiße Labormäntel, um Vertrauenswürdigkeit und Lebenserfahrung zu suggerieren. Werbefachleute benutzen all diese Bilder, weil sie sehr gut wissen, daß Sie ihr weit weniger glauben würden, wenn sie lediglich sagen würde: »Kaufen Sie bitte unser Produkt!«

Aber die Symbole, die Sie in Ihren eigenen Riten entwickeln, wirken in weit tiefere Seelenschichten hinein als die Symbole der Werbung. Benutzen Sie sie, um sich selbst etwas wirklich Brauchbares zu »kaufen«: die Kraft für persönliches Wachstum.

Auf der Suche nach individuellen Symbolen

Symbole für Übergangssituationen zu finden ist leichter, als Sie vielleicht denken. Mitunter fallen Ihnen Symbole in einer besinnlichen Stunde ganz von selbst ein. Zu anderen Zeiten entdecken Sie sie irgendwo in Ihrem Haus, in einer Kammer versteckt oder zwischen den Seiten eines Fotoalbums. Ihr Symbol kann eine Muschel aus einem schönen Urlaub sein, eine Blume, die Sie besonders lieben, ein Musikstück, eine Lieblingsfarbe oder -muster, ein Stein, ein Ring, ein Tannenzapfen, ein Pokal von Ihrer Hochzeitsfeier. Denken Sie daran, die besten Symbole sind jene, die sich auf Ihre gerade anstehende Veränderung beziehen. Das soll nicht heißen, daß Symbole logisch sein müssen, im Gegenteil, oft sind sie es nicht. Aber Unlogik vermindert ihre Kraft und Bedeutung in keiner Weise.

1977 schoß die NASA zwei Voyager-Sonden in den Weltraum. Sie sollten die vier relativ unbekannten Planeten des äußeren Sonnensystems erforschen: Jupiter, Saturn, Uranus und Neptun. Neben der üblichen wissenschaftlichen Ausrüstung führte jede Voyager-Sonde einen Kupfer-Phonographen mit Goldüberzug mit sich. Auf diesem Phonographen befanden sich Ton- und Sprachgebilde sowie digitale Bilder – eine Serie gemischter Symbole. Die Wissenschaftler hofften, auf diese Weise andere intelligente Lebensformen darüber zu unterrichten, wie der Mensch des 20. Jahrhunderts sich selbst und seine Erde sah. Die Musikstücke reichten von Beethovens 5. Symphonie bis zu einem Abendlied der Navajo-Indianer. Es gab ferner Botschaften in 60 Sprachen, einschließlich der Walsprache, sowie Bilder von Eltern und Kindern, Bäumen, Tieren und sogar Häusern und Fabriken. Das waren die Symbole, mit denen wir Bewohnern anderer Sterne zu erklären hofften, was Menschsein ist.

Was aber würden Sie tun, wenn man Sie aufforderte, eine ähnliche Sammlung Ihrer individuellen Symbole anzulegen, vielleicht für eine Kapsel, die erst lange nach Ihrem Tod entdeckt wird? Welche Gegenstände würden Sie wählen, um ein Bild von sich selbst zu zeichnen? Eine Liste solcher Dinge anzulegen ist eine wunderbare Möglichkeit, sich einen Eindruck von den Symbolen zu verschaffen, die Ihnen in Ihrem Leben wirklich etwas bedeuten. Einen solchen Test können Sie auch für die speziellen Übergänge verwenden, über die wir in diesem Buch noch sprechen werden. Welche Symbole zum Beispiel würden Sie für Ihre Kapsel aussuchen, wenn Sie Ihre Ehe darstellen müßten? Oder was Ihre Kinder für Sie bedeuten? Oder neue berufliche Pläne? Wie würden Sie Ihre Ziele, Ihre Träume, Ihre Zukunftshoffnungen symbolisieren?

Manche Menschen brauchen sich nur hinzusetzen und mit Markern und Buntstiften ein Blatt Papier zu bearbeiten – und schon zeigen sich irgendwelche Symbole in dem Gekritzel. Robert, 30 Jahre alt, verfertigte mit Schere und einem Stoß alter Illustrierter eine gelungene Collage. Die Bilder verkörperten Eigenschaften, die sein Leben künftig mehr als jetzt aufweisen sollte.

Wieder anderen fällt es leichter, Furcht und Hoffnung durch körperliche Bewegung auszudrücken. Mona empfand mit 45 eine quälende innere Leere. Sie erfand sich ein Ritual, um ihrer künstlerischen Begabung, die sie 20 Jahre lang vernachlässigt hatte, endlich mehr Spielraum zu verschaffen. In ihrer Zeremonie bewegte sie sich unter anderem zehn Minuten lang barfuß in freien Tanzschritten auf einer Wiese. »Ich hatte es gar nicht beabsichtigt«, erzählt sie. »Aber während des Rituals mußte ich mir plötzlich Luft machen und ich schrie, ich wolle jetzt endlich meiner schöpferischen Kraft Ausdruck geben und sie wieder in mein Leben einbauen. Kaum waren die Töne verhallt, als ich auf seltsame Weise spürte, daß sich mein Wunsch schon verwirklichte. Aber es war kein Bild, es war ein Tanz.«

Menschheitssymbole

Außer Symbolen, die nur für Sie selbst oder Ihre Familie etwas bedeuten, gibt es eine große Zahl von universell gültigen Figuren, Tönen, Farben und Bildern. Zuweilen nennt man sie archetypische Bilder. Es ist ein erstaunliches Faktum der Weltgeschichte, daß Kulturen ohne jeden Kontakt miteinander, mit unterschiedlicher Religion, Sprache, politischer und wirtschaftlicher Struktur, oft dieselben Symbole zum Ausdruck ähnlicher Empfindungen und Beziehungen verwenden. So haben zum Beispiel die Schöpfungsmythen der nordamerikanischen Plainsindianer viel mit denen der Völker Ostafrikas gemeinsam. Der Psychoanalytiker C. G. Jung beschäftigte sich sein Leben lang mit diesem Phänomen und fand eine geniale Erklärungshypothese: das »kollektive Unbewußte«. Seiner Meinung nach besitzen alle Menschen ein gemeinsames psychisches Erbe, das weitgehend mit Hilfe der Sprache der Träume und Symbole entschlüsselt werden kann. Es ist, wie wenn wir alle am Ufer eines großen Sees wohnten. Ihre Küstenlinie kann ganz anders verlaufen als die meine, und doch fischen wir alle im selben Gewässer nach Wahrheit!

In diesem Sinne haben wir im folgenden eine kleine Liste von Symbolen zusammengestellt, die jahrhundertelang vielen Völkern zum Ausdruck der Übergangsphasen, wie sie sich in unserem Fünf-Schritte-Ritual widerspiegeln, gedient haben. Wählen Sie Ihre Symbole mit Sorgfalt aus, betrachten Sie das als besonders wichtige, ja heilige Handlung. Das ist der erste Schritt in Richtung auf ein Gespräch mit dem neuen Selbst, das in Ihnen wach werden will. Nehmen Sie sich Zeit dabei, geduldig und zielstrebig, und Sie werden sich wundern, welche Kräfte und Einsichten Symbole freisetzen können.

Symbole für das Loslassen

Weitverbreitete Symbole für das Loslassen sind zum Beispiel das Vergraben von Gegenständen oder daß man sie in den Wind bläst, verbrennt, ins Wasser wirft, zerfetzt, zerreißt, zerschneidet und zerknüllt. Manchmal jedoch haben Handlungen, die eine Umwandlung alter Gewohnheiten und Beziehungen anzeigen, für das Loslassen mehr Symbolkraft als Aktionen des Freigebens und Zerstörens.

So entschloß sich zum Beispiel Enrico nach einer komplizierten Scheidung, sein goldenes Hochzeitsarmband einschmelzen und zur Halskette umschmieden zu lassen. Auf diese Kette ließ er den Goldschmied ein paar Worte von Henry Adams eingravieren, die ihm mitten in der Katastrophe viel Trost gespendet hatten: »Aus Chaos wird Leben.«

Ähnlich verhielt sich Barb Gessler. Nach einer fast fünfzehnjährigen Tätigkeit als Hausfrau übernahm sie einen Ganztagsjob als Sekretärin bei einer Versicherung in ihrem Wohnort. »Mein Leben stagnierte«, sagte Barb. »Doch konnte ich die Freude, die ich als Ganztagsmutter empfunden hatte, nicht einfach abschreiben.« Als Symbol für die Änderung in ihrem Leben nahm Barb daher einen alten Fingerring, den sie beim Flicken der Kleider ihrer Kinder benutzt hatte, und ließ ihn in einen Würfel aus Plexiglas einarbeiten.

Heute dient ihr der Würfel als Briefbeschwerer und nimmt einen bevorzugten Platz auf ihrem Büroschreibtisch ein.

Symbole für die Wanderung

Die Phase der Wanderung ist typischerweise eine Zeit großer Wirrnis. Doch durch ein Ritual läßt sie sich ins Positive wenden. Sie wird dann zu einer Periode der Offenheit und Empfänglichkeit, einer Zeit der Preisgabe vorgefaßter Meinungen und Erwartungen. Dieser Zustand ist zu allen Zeiten durch leere Tassen, Schalen oder Becher symbolisiert worden.

Rick und Helen, ein lebenslustiges, temperamentvolles Paar Anfang Vierzig, verwendeten dieses Symbol in einem Ritus mit dem Ziel, ihrer Ehe neue Impulse zu geben. Während der Beratungsstunden im letzten Jahr vereinbarten sie, neue Wege des Zusammenlebens zu suchen. Sie hatten einmal davon gehört, daß man Ehen dadurch wiederbeleben könne, daß sich die Partner außerhalb der alltäglichen Routine treffen und Neues miteinander erleben. Warum nicht einen Versuch machen? Sie gingen aber noch weiter und entschlossen sich, diese Treffen durch bekannte Neubeginn-Symbole zusätzlich aufzuwerten. Dadurch machten sie ihre Erfahrungen noch wirksamer. Um ihre Empfänglichkeit zu versinnbildlichen – ihre Bereitschaft, neue Möglichkeiten ihrer Beziehung zu erkunden –, stellten Rick und Helen einen extra für diese Gelegenheit gekauften, leeren grünen Pokal mitten auf den Eßtisch. Den ganzen Abend diente er als unaufdringliche Erinnerung an ihre Absicht, Bereitschaft für Neues zu zeigen und über die Schranken der Vorurteile und Voreingenommenheiten hinauszukommen, die sich bei beiden während 15 Ehejahren gebildet hatten.

Symbole der Polarität

Derartige Symbole sind Bilder, die die Inkongruenz des Lebens und seine Widersprüchlichkeit darstellen. Sie umfassen Bitter und Süß, Heiß und Kalt, Feuer und Eis, Licht und Schatten, Erde und Himmel, Männlich und Weiblich, Hart und Weich.

Unser Freund Richard glaubt felsenfest daran, daß es äußerst wichtig ist, größere Lebensereignisse festlich zu begehen, seien es Jubiläen wie der 16. oder 40. Geburtstag, die Pensionierung, oder wenn Kinder das Haus verlassen. Mahlzeiten gehören für ihn unbedingt zu diesen Festen, und immer sorgt er dabei einerseits für etwas Bitteres, etwa Zitronen und entsprechende Mixgetränke, andererseits für etwas Süßes, normalerweise Obst oder Honig. Ab und zu läßt er stark gewürzte Speisen neben relativ geschmacksarmen auftragen. Er erklärt dazu: »Wir wachsen mit dem Gedanken auf: Wenn du erst einmal das Abitur in der Tasche hast oder in Rente bist oder die und die Beförderung erlebst, wird dein Leben wie geschmiert gehen. Aber alles Wachstum entsteht aus dem Gegensatz. Es gilt, den Weg zwischen den entgegengesetzten Polen zu entdecken.«

Symbole für einen Neubeginn

Universelle Symbole für einen Neubeginn drehen sich stets um Geburt und Wachstum. Wir alle kennen metaphorische Redensarten wie: eine »aufblühende Firma«, die »Saat der Revolution«, einen Gedanken »aushecken« oder Pläne im »Embryonalstadium«.

Rick und Helen bauten solche Symbole in ihr eheliches Neubeginn-Ritual mit ein. Ein Teil ihrer Zeremonie bestand aus einer üppigen Mahlzeit mit Zutaten aus aller Herren Länder: Sprossen, Eier, Nüsse und Samen. Aber Sie brauchen keineswegs einer Kultur anzugehören, in denen solche Speisen eine lange Tradition haben, damit diese Symbole wirken. Die Kraft der Speisen ergab sich bei Rick und Helen nicht aus dem Umstand, daß sie aus anderen Kulturen stammten, sondern daraus, daß die beiden deren metaphorische Bedeutung verinnerlicht hatten.

Andere, über die ganze Welt verbreitete symbolische Handlungen zur Kennzeichnung eines Neubeginns sind das Aussäen von Samen, wie es Susan machte, oder das Anpflanzen von Bäumen, Blumen und Büschen. Mitunter versucht man durch das Anzünden einer Kerze auf innere »Erleuchtung« hinzuweisen: auf die Erkenntnis eines tief verborgenen Sachverhaltes, der ans Licht des Bewußtseins heraufgeholt wird.

Der Versuch, subjektive Erlebnisse bei individuellen Ritualen in einem Buch darzustellen, gleicht dem Versuch einer Beschreibung, wie Schokolade schmeckt. Bestenfalls wird Sie die rein lektüremäßige Beschäftigung mit Ritualen anregen und stimulieren. Aber erst die praktische Durchführung wird Ihrem Leben wirklich neuen Schwung geben.

In diesem Sinne werden wir jetzt zu den individuellen Ritualen übergehen und beschreiben, wie sie Ihnen Kraft und Sinnhaftigkeit in den unvermeidlichen Übergangssituationen des Lebens vermitteln können.

Kapitel 2

Rituale in Arbeit und Beruf

Same ist unser Werk:
Er wächst und sprießt und sät sich wieder aus.

THOMAS CARLYLE

Vor zwanzig Jahren wählte Keith Muldaur den Beruf eines Elektroingenieurs, der ihm interessante Aufgaben und gute Aufstiegsmöglichkeiten zu bieten schien. Er wußte zwar, daß der Arbeitsmarkt in diesem Bereich erheblichen Schwankungen unterworfen war. Aber niemals hätte er sich träumen lassen, daß er mit 44 arbeitslos sein und Woche um Woche Bewerbungen abschicken und auf Stellenangebote antworten würde. In den ersten beschäftigungslosen Wochen machte er eine schwere Persönlichkeitskrise durch.

»In einer Hinsicht haben wir immerhin noch Glück gehabt«, erklärte er ruhig. »Solange Marsha arbeitet, haben wir zu essen und können die Miete bezahlen. Aber das ist eben nicht alles. Nicht nur, daß ich jetzt nicht mehr als Ingenieur arbeite. Ich bin jetzt auch nicht mehr der Hauptversorger der Familie. Ich trage nichts mehr zu ihrem Lebensunterhalt, vor allem der Kinder, bei.«

Offenheit für positive Aspekte

Es ist sicher schwer zu verdauen, ja sogar etwas unheimlich, daß wir in einer Zeit leben, wo so viele unserer bisherigen »Mythen« und Gewohnheiten unbesehen zum alten Eisen geworfen werden. Jede Gesellschaft erlebt im Lauf der Jahrhunderte Umwälzungen. Und so werden viele Industrienationen heute von oben bis unten »umgekrempelt« – mit all der damit verbundenen Unrast und Angst, mit »Sterben« und »Geburtswehen«. Von allen Seiten schreit man auf uns ein, doch endlich neue Perspektiven zu entwickeln: neue Familienstrukturen zu definieren, positivere Einstellungen zu Frauen und Minoritäten aufzubauen, unseren Jugendlichen inmitten chaotischer Reizüberflutung bei ihrer Identitätssuche behilflich zu sein und neue Berufswege einzuschlagen. Von all diesen Veränderungen ist vielleicht die auffallendste die rasend schnelle Auflösung der altvertrauten Vorstellungsklischees über Arbeit und Beruf. Das wirtschaftliche Auf und Ab, die Auswirkungen der Automation, die globale Vernetzung der Märkte und die sich überschlagenden technischen Innovationen erlauben uns einfach nicht, uns noch länger an die Vorstellung langfristiger, stabiler Beschäftigungsverhältnisse zu klammern. Schriftsteller wie Alvin Toffler und Catherine Beyer haben darauf hingewiesen, daß ein stetiger Arbeitsrhythmus heute fast nicht mehr möglich ist. Einerseits wird der Mensch im Beruf mit immer neuen Bereichen konfrontiert, andererseits fordern Zusatzausbildungen, Fortbildungsprogramme sowie gelegentliche Arbeitslosigkeit ihren Tribut. Außerdem verlangen mehr und mehr Unternehmer von ihren Angestellten immer auch Extraleistungen, oft ohne entsprechende Zusatzausbildung. Solche Änderungen stehen in krassem Gegensatz zu den alten, tiefverwurzelten Mythen des industriellen Zeitalters, daß der Wert eines Menschen von stabilen Beschäftigungsverhältnissen abhänge. Unversehens sind die Menschen zu den unfreiwilligen Helden geworden, von denen die Mythen erzählen, ins Chaos eines Umbruchs geworfen, der zunehmend der Kontrolle entgleitet, gezwungen, einer Welt Sinn abzugewinnen, die sich sehr von jener unterscheidet, auf die wir uns felsenfest verlassen zu können glaubten.

Bei berufsbedingten Übergängen können Rituale ungeheuer hilfreich sein. Das ist der Grund, weshalb zum Beispiel ein amerikanisches Unternehmen nach der im Zuge der Antitrust-Gesetzgebung erfolgten Aufsplitterung des Konzerns sich Terry Deal als Berater holte. Er sollte ein ausgefeiltes Abschiedsritual für die zu entlassenden Beschäftigten entwerfen. Das ist auch der Grund, weshalb sich vor einigen Jahren ein anderer Konzern entschloß, die Schließung einer Fabrik in Silicon Valley mit großem Tamtam durchzuführen.

In einen Ballsaal, gefüllt mit fast tausend früheren Beschäftigten und ihren Familien, wurde ein reich geschmückter Sarg im

New-Orleans-Stil geschoben – Symbol für den eingegangenen Betrieb –, und eine Band schickte heiße Jazzklänge in die kühle Nachtluft.

Damit soll nicht gesagt sein, daß berufsbezogene Rituale einen Arbeitsplatzwechsel oder zyklische Arbeitslosigkeit zu einem Vergnügen machten. Es ist niemals angenehm, gekündigt oder in eine ungewohnte Stellung versetzt zu werden. Doch Rituale können dafür sorgen, daß Sie für die Chancen, die in solchen Übergängen *auch* liegen, offen bleiben, daß Sie die problematische Situation voll bewußt wahrnehmen, statt ihr Gefangener zu sein. Arbeit ist einer der wichtigsten Faktoren, aus denen wir unseren Selbstwert beziehen. Deshalb sollte jede berufliche Veränderung, auch ein Aufstieg und eine Beförderung, ritualisiert werden. In diesem Sinne ist ein Ritual eine Atempause, die es dem Menschen erlaubt, sich neu zu orientieren, sich die neuen Möglichkeiten voll bewußt zu machen und das Leben in die eigenen Hände zu nehmen.

Durchhalterituale

In Zeiten wie der unsrigen kann es nützlich sein, ein Durchhalteritual aufzubauen. Anders als Aktivitäten, die Sie durch eine Veränderung endgültig hindurchlotsen – ein Übergangsritual zum Beispiel –, soll Ihnen ein Durchhalteritual in der Aufregung am Beginn einer Übergangssituation eine gewisse Widerstandskraft sichern. Es vermittelt Ihnen Kraft und Einsicht für den nächsten Schritt und genügend Stehvermögen, um nicht auf destruktive und ungeeignete »Lösungen« zu verfallen.

Wenn aber Durchhalterituale wirksam sein und nicht zur Routine werden sollen, müssen sie strikt den Bedingungen jedes Rituals entsprechen. Das heißt, Sie brauchen Zeit für sich und einen Raum für sich, wo Sie absolut nichts von Ihrem Ziel abbringt und unterbricht. Das heißt auch, daß Sie Symbole verwenden sollten – Bilder, Klänge, Farben, Bewegungen, sogar Gerüche. Dadurch können Sie sich immer wieder klarmachen, daß es weit mehr in Ihrem Leben gibt als die derzeitige Misere. Es heißt schließlich, daß Sie mit größter Sorgfalt verfahren und den kleinsten Gesten und Ereignissen Berechtigung und Bedeutung zuerkennen müssen.

Keiths Sportritual

Während der ersten Wochen seiner Arbeitslosigkeit, in denen Keith Muldaur dauernd Bewerbungen abschickte und Telefonate abwickelte, entschloß er sich, eine einfache Körperübung wieder aufzunehmen, die er seit mehreren Monaten hatte schleifen lassen.

Doch statt nur einfach zu üben und sich dabei über seine Zukunft Sorgen zu machen, verwandelte er die Übung in ein Ritual. Jeden Morgen stand er um sechs Uhr auf, wie er es im Berufsalltag auch gewohnt war, und zog einen eigens für diese Zeit der Arbeitslosigkeit angeschafften roten Trainingsanzug an. Rot assoziierte Keith mit Kraft und Mut, und zu diesem Zeitpunkt konnte er beides gut brauchen. Nach dem Anziehen ging er in seinen Fitneßraum hinunter, um sich eine halbe Stunde lang zu verausgaben. Niemals stellte er dabei den Fernseher an. Statt dessen hörte er Wagner und Vivaldi. Er sagte, das beruhige und stabilisiere ihn mehr als die Morgennachrichten im Fernsehen. Schließlich führte er auch ein Sporttagebuch, in das er jede Verbesserung seiner Kondition eintrug. Die Niederschrift gab ihm das Gefühl, auch in einer Zeit, wo das Leben nicht gerade von Erfolgserlebnissen strotzte, etwas geleistet zu haben. Nach der Übung stellte er sich unter die Dusche, faßte aber auch diese Tätigkeit als eine Art mentaler und emotionaler Vorbereitung und Reinigung für den kommenden Tag auf. Bewußt hielt er seine Existenzangst auf Distanz. Er konzentrierte sich ganz auf den Augenblick – das Rauschen und die Berührung des heißen Wassers auf dem Körper, den Geruch reiner Haut.

Keiths Ritual innerer Sammlung

Noch ein anderes Durchhalteritual richtete sich Keith in seinem Wochenprogramm ein: Er verbrachte eine Stunde, jeweils Montags, Mittwochs und Freitags um zwei Uhr, damit, sich auf die Eigenschaften und Funktionen zu besinnen, die er außer seinen Fähigkeiten als Ingenieur besaß. Die Stunde begann mit ein paar Minuten tiefen Durchatmens, in denen sich Keith beruhigte und die Anstrengungen des Tages vergaß. War er dann entspannt, konzentrierte er sich speziell auf eine Funktion oder Eigenschaft, die er für besonders wertvoll hielt. Er fragte sich: »Was schätze ich an meinem Leben in diesem Augenblick am meisten?« Die restliche Stunde füllte er mit einer Tätigkeit aus, die sich auf diesen Wert bezog. Manchmal lief das einfach auf Tagebuchschreiben hinaus. Doch als ihm eines Tages speziell seine Vaterrolle in den Sinn kam, entschloß er sich, ein Video vom Strandurlaub noch einmal anzusehen, den die Familie letzten Sommer verbracht hatte. Dabei gab er sich besondere Mühe, gerade auf die Züge seines Wesens zu achten, die ihn als liebevollen und geduldigen Vater zweier kleiner Mädchen zeigten. An einem anderen Tag gedachte er in der Meditation seines jüngeren Bruders in Chicago, der soeben eine problematische Scheidung hinter sich hatte. Er schrieb diesem Bruder einen aufmunternden Brief, wodurch ihm seine Rolle als guter Freund und Vertrauter besonders bewußt wurde. An wieder einem anderen Tag malte Keith seiner Frau eine Karte zum bevorstehenden Hochzeitstag. Diese einfache Geste zeigte ihm nicht nur, wie sehr er seine Frau liebte, sondern unterstrich auch seine Funktion als ihr Freund und Liebespartner.

Um diese einstündigen Handlungen noch wirksamer zu gestalten, vollzog Keith sie in einem besonderen Raum des ausgebauten Kellers. Er schmückte die Kammer sorgfältig mit Fotos von Frau, Kindern, Bruder und Eltern. Sogar sein Saxophon holte er aus dem Verschlag und stellte es gut sichtbar in eine Ecke, um sich an seine fast vergessenen Talente als Musiker erinnern zu lassen. Und in der vierten Woche nahm er sich, nachdem er mit mir ausführlich über die Notwendigkeit, für etwas Neues bereit zu sein, gesprochen hatte, einen Topf mit Erde und säte eigenhändig ein paar Blumensamen hinein. Von da an wurde die sorgsame Pflege dieser Samen wichtiger Bestandteil seines Nachmittagsprogramms.

Wenn sich Menschen in schwierigen Zeiten zu Durchhalteritualen zurückziehen, gelangen sie oft zu tiefen Einsichten über ihr Leben. Für Keith bestand diese Einsicht darin, daß sein Leben schrecklich aus dem Gleichgewicht geraten war. »Nach etwa einem Monat dämmerte mir, daß ich zum Sklaven meines Berufes geworden war. Bis tief in den Abend hinein Überstunden zu machen, hätte die Ausnahme sein sollen. Aber ich hatte es jahrelang so gemacht! Infolgedessen versäumte ich viele wichtige Dinge, zum Beispiel den Tag der offenen Tür in der Schule meiner Tochter und sogar die Abendmahlzeiten im Familienkreis.« Diese Einsicht führte dazu, daß Keith und Marsha ihre Prioritäten neu setzten. Zuerst prüften sie eingehend, ob sie es sich nicht leisten konnten, daß Keith einen schlechter bezahlten Job mit mehr freier Zeit übernahm. Aber sie kamen zu dem Schluß, daß das im Moment nicht günstig wäre. Sie mußten schon jetzt jeden Cent zusammenkratzen, um ihre zwei Mädchen später aufs College schicken zu können. Statt dessen entschlossen sich die beiden, Durchhalterituale für die ganze Familie zu organisieren. Zum Beispiel kochten sie jetzt jeden ersten und dritten Sonntag des Monats gemeinsam eine besondere Mahlzeit. Jeder spielte der Reihe nach den Dekorationschef. Denn bei diesen Mahlzeiten muß das Eßzimmer besonders festlich aussehen. Aber es geht dabei um mehr als nur ums Vergnügen. Jedes Mitglied der Familie kann sich einmal entspannen und bewußt empfinden, wie wertvoll die Zugehörigkeit zu einer solchen Gemeinschaft ist.

Nur allzu häufig glauben Menschen, die ihre Arbeit verlieren, sie hätten damit auch die Achtung ihrer Angehörigen und Freunde verloren. In solchen Zeiten ist eine besondere rituelle Mahlzeit, die die Wichtigkeit jedes Familienmitglieds bestätigt, sehr hilfreich.

Keith hatte sich zwar schon während seiner regelmäßigen Nachmittagsbesinnungen um diese Perspektive bemüht. Doch wurde sie ihm erst jetzt durch diese gemeinsamen Abendessen wirklich bewußt.

Auch noch ein weiteres Ritual zelebrierten Keith und Marsha: eine einfache Gesprächsrunde mit den beiden Töchtern.

Jeden Donnerstag abend versammelt sich die Familie eine Stunde vor dem Schlafengehen im gemütlichen Kellerraum und bespricht die Sorgen und Probleme jedes einzelnen. Das bot nicht nur Keith eine gute Gelegenheit, seine Schwierigkeiten an den Mann zu bringen, sondern auch die Mädchen konnten ihre Befürchtungen und Frustrationen wegen der Arbeitslosigkeit des Vaters loswerden.

»Diese Zeit zusammen ist uns wirklich heilig«, sagt Marsha. »Die Musik wird abgestellt und der Telefonstecker im Keller herausgezogen. Wir sitzen in einem engen Kreis am Boden, Knie an Knie.« Die Muldaurs klingeln am Anfang und Ende ihrer Sitzungen auch mit einem kleinen Glöckchen. Solche Beigaben verwandeln die Versammlung in eine Zeremonie, ein Stück Raumzeit, in dem man mit weit größerer Wahrscheinlichkeit als sonst über heikle Themen spricht.

Indem Keith bewußt an diesen individuellen Ritualen teilnahm, bestätigte er sich, daß er, obwohl arbeitslos, trotzdem jemand war, der gebraucht wurde, geachtet von seiner Familie und von sich selbst. Allmählich fühlte er sich für sein Leben wieder verantwortlich und gewann neuen Zugang zu sich und seinen Angehörigen. Nach weiteren zwei Monaten fand Keith endlich Arbeit. Bis dahin mußte er so manche Attacke der Existenzangst erdulden. Doch dadurch, daß er die Möglichkeiten dieser Periode der Arbeitslosigkeit voll ausschöpfte, mehr Zeit mit seinen Töchtern verbrachte, Fachliteratur las, Sport trieb und sogar bei Technikprofessoren an einer benachbarten Universität Vorlesungen hörte, gelang es ihm, die Panik abzuwehren. Keith erzählt außerdem, er habe sich in einer Bürgerinitiative engagiert und dadurch die Versuchung, sich von der Welt zurückzuziehen, überwunden. »In gewisser Weise war ich nach dieser Phase der Arbeitslosigkeit stärker als zuvor. Vorher hatte ich wie ein Automat gelebt. Es bedurfte einer größeren Erschütterung, damit ich mich zusammenriß und mich nicht mehr wie ein träger Klotz durchs Leben treiben ließ.«

Wiedererschaffung des Selbst

Wie erwähnt, verwandeln sich Durchhalterituale-Programme, durch die wir uns in Zeiten des Umbruchs aufrecht halten, häufig in Mittel tiefer neuer Erkenntnis. Dieses plötzliche Bewußtwerden höherer Werte steckt als unvermutetes Geschenk in praktisch jeder größeren Übergangssituation.

Viele Menschen, die eine harte Zeit der Arbeitslosigkeit durchmachen, entdecken wie Keith, daß sie übermäßige Kräfte in ihre Arbeit gesteckt hatten, ohne das durch regenerierende, energiespendende Aktivitäten außerhalb des Berufs auszugleichen. Andere kommen zu der Einsicht, daß sie schon allzulange einer Beschäftigung nachgegangen sind, die ihnen gar keinen Spaß mehr macht, oder sie bemerken nach Jahren stärksten beruflichen Engagements, daß sie ein tiefes, ungestilltes Bedürfnis nach neuen Freunden oder Partnern haben.

Doch Einsicht ist immer erst der Anfang. Sobald wir damit beginnen, unsere Visionen auch zu verwirklichen, wird aus den kräftespendenden Ritualen, die uns im Gleichgewicht halten, ein wunderbares Instrument inneren Wachstums. Das Ritual erfaßt jetzt tiefere Schichten und macht uns die Phasen des Übergangs bewußt, über die wir im ersten Kapitel gesprochen haben: Loslassen, Wanderung, widerstrebende Kräfte und Emotionen, Vision eines Neubeginns, und Verankerung dieses Beginns im Alltag.

Schon die bloße Bewußtwerdung dieser Phasen des Übergangs kann dazu beitragen, daß wir bei allem Wechsel die Spur halten, statt einen raffinierten Eiertanz aufs Parkett legen zu müssen. Die einzige Bedingung, die unabänderliche Voraussetzung dafür, daß Sie heil durch große Veränderungen hindurchkommen, ist die, daß Sie sich Zeit nehmen, selbst zu erkennen, wo Sie im Augenblick stehen und wohin Sie gelangen wollen. Ohne ein solches Verständnis Ihrer Situation werden Ihnen alle Übergangsriten nichts nützen. Sie werden bloße Hülsen sein, nicht die Substanz, die Sie suchen.

Viele Leute wechseln den Beruf, um wieder Arbeit zu finden. Doch eine wachsende Anzahl nimmt einen solchen Wechsel noch aus anderen Gründen vor. Sie wollen etwas finden, was die Philosophie des Buddhismus »rechte Lebensführung« nennt: Arbeit, die ihren Wertvorstellungen und Idealen entspricht. So verläßt zum Beispiel ein Makler die Börse und eröffnet ein Touristenbüro. Ein 55jähriger Manager vertauscht den Aufsichtsratssessel mit einem Schulkatheder. Eine Frau, die sich fast zwanzig Jahre lang zu Hause um die Kinder gekümmert hat, drückt wieder die Schulbank, bildet sich zur Kauffrau aus und eröffnet dann ihr eigenes Geschäft.

Belinda Simon bezeichnet als den Wendepunkt ihrer Karriere das Jahr, in dem ihre Tochter den Hochschulabschluß machte. »Bei aller Aufregung, die ich empfand, als Cassie sich ihrem Examen näherte, fühlte ich mich selbst alt und verbraucht. Die ganze Familie ging mit Cassie durch diese große Veränderung, und doch hatte ich keine Ahnung, was als nächstes kommen würde – nur das Gefühl, es *müßte* etwas kommen.« Je angestrengter Belinda nach dem rettenden Ausweg suchte, desto unüberschaubarer schien ihr die Situation zu werden.

Die Phase der Wanderung

Belinda befand sich in der »Wanderungsphase« des Übergangs, jenem undurchsichtigen, oft quälenden Schwebezustand, der *jede* einschneidende Änderung in unserem Leben begleitet. Wenn es einen Aspekt der Persönlichkeitsentwicklung gibt, dem sich die meisten Menschen nur sehr widerstrebend nähern, dann ist es die Zeit der Unsicherheit, die jeder Perspektivenwechsel und jede Neuorientierung im Leben mit sich bringt. Denn während dieser Periode scheinbar ziellosen Umhertreibens ist kein spürbarer Fortschritt zu erkennen, nur Unruhe, Verwirrung, Bestürzung, sogar Hilflosigkeit, zuzeiten unterbrochen von seltsamen Augenblikken absoluter Flaute. Doch das eigentliche Problem sind gar nicht diese Empfindungen selbst, sondern unsere Reaktionen auf sie. Wir verlangen von uns, da möglichst schnell wieder herauszukommen. Aber selbst in traditionellen Gesellschaften, wo die Rollen, die jemand im Lauf des Lebens übernahm, klar definiert waren, wußte jedermann, daß Verwirrung und Bestürzung zum Wandlungsprozeß unbedingt dazugehören und daß Veränderung stets eine »Wanderung durch die Leere« mit sich bringt. In unserer schnellebigen Zeit jedoch wollen wir immer schon gleich alles hinter uns haben. Wir erwarten von uns, die Dinge im Hauruck-Verfahren zu erledigen, und diese Erwartung hängt wie eine furchteinflößende, drohende Wolke über uns, bis wir uns frustrierter und jämmerlicher vorkommen denn je. Und wenn dann unsere Zeit der Orientierungslosigkeit vorbei ist, haben wir in der Regel keine Ahnung, warum und wie das passiert ist. Mit dieser Ahnungslosigkeit ist unter Umständen die nagende Furcht gekoppelt, daß wir leicht wieder ins gleiche Chaos zurücksinken könnten.

Falls Sie aber diese Härtezeit akzeptieren und formalisierte Zeit, das heißt rituelle Zeit, daraus machen, also Frieden mit Ihrer Orientierungslosigkeit schließen, werden Sie weit leichter durchkommen, als wenn Sie nur darauf warten, daß sich von selbst etwas ändert. Jetzt haben Sie doch endlich Zeit, Bücher zu lesen, die nicht Ihre normale Fachlektüre sind, Zeit, neue Seiten an sich selbst zu erkunden, ohne ständig fragen zu müssen, ob Sie sich dadurch innerlich und äußerlich auch voranbringen. Sie lassen die Wirbel des äußeren Lebens für eine Weile hinter sich und öffnen sich Ihren Tiefenschichten. Eine der besten Methoden dafür ist, sich Zeit zu nehmen, möglichst ein paar Tage, um mit sich allein zu sein. Die meisten von uns haben Pflichten, die ihnen wenig Freizeit lassen (besonders Freizeit, die nicht schon wieder zweckgebunden ist!). Deshalb können wir nicht nachdrücklich genug betonen, wie wichtig es ist, sich einmal von dem voll durchprogrammierten Alltag freizumachen und dem Unbekannten zuzuwenden. Nehmen Sie sich diese Zeit für sich selbst, und Sie werden entdecken, daß unter Dunkelheit und Wirrnis neue Perspektiven zu keimen beginnen.

Loslassen

Nachdem Belinda lange nachgedacht, mit anderen geredet hatte und zur Ruhe gekommen war, stieg ein alter Lieblingsgedanke in ihr auf: Krankenschwester zu werden. »Ich erinnerte mich wieder an meinen schon in der High-School gehegten Wunsch, Krankenschwester zu werden. Aber damals war ich, ehe ich mich versah, verheiratet und hatte eine Tochter. Ich verkaufte Werbung beim Rundfunk und machte das besser, als ich je gedacht hätte. Doch der Schwesterntraum starb niemals. Er wurde nur verdrängt.«

Die Umstände für einen Berufswechsel hätten nicht besser sein können. Belinda mußte nicht mehr für ihre Tochter auf der Hochschule zahlen und konnte ihre Arbeitszeit beim Rundfunk kürzen, um die neue Ausbildung zu machen. Ihr Mann war sehr für ihren Plan. Doch obwohl alles so positiv aussah, bestürmten Belinda Zweifel, ob sie diesen großen Schritt wagen könnte oder auch nur sollte. »Im Lauf der Zeit«, berichtet Belinda, »wich die anfängliche

Begeisterung dem Gefühl, daß mein alter Job doch gar nicht so schlecht war. Dort kannte ich mich jedenfalls aus und wußte, ich konnte es.«

Was Belinda durch diese Zeit der Ungewißheit hindurchhalf, war eine genaue Selbstprüfung. Sie rechnete sich genau vor, was sie für das Neue aufgab, was der Übergang sie also wirklich kostete. Es handelte sich um die »Loslaß«-Phase bei jeder Veränderung, in der wir alte Bindungen lösen müssen, um neue ins Auge zu fassen, die besser zu unserem neuen Leben passen.

Die alte Redensart, daß die meisten Menschen lieber ein altes Problem haben als eine neue Lösung, ist mehr als ein Klischee. Denn im Unbewußten sind wir stets darauf bedacht, Kontinuität in unser Leben zu bringen, also das Alte möglichst nicht preiszugeben, selbst wenn es schon nichts mehr taugt. Das Ich setzt alles daran, seine Welt in Ordnung zu halten. Wie ein fanatischer Wohnungsinhaber, der beim Gedanken erbleicht, jemand könnte die Nippes im Wohnzimmer umstellen, leistet das Ich Widerstand, wenn wir ihm auch nur den geringsten Wechsel zumuten. Das ist ein Grund dafür, weshalb es so leicht ist, die Lösung der Probleme anderer zu erkennen, während es uns selbst heroische Anstrengungen kostet, das eigene Leben in die Hand zu nehmen.

Die meisten Übergangsriten dienen dazu, uns die Vorstellung schmackhaft zu machen, daß wir das alte Selbst loslassen müssen, um eine neue Identität Wurzel schlagen und wachsen zu lassen. Haben wir erst einmal verstanden, wie wichtig das Loslassen ist, verfügen wir über eine gute Waffe gegen jede Veränderungsangst. Leider akzeptieren die meisten von uns die Notwendigkeit des Loslassens erst in Extremsituationen, zum Beispiel wenn jemand stirbt. In Dingen, die wir für weniger wichtig halten – Arbeitsplatzwechsel, Pensionierung, Wandlung einer Beziehung oder Alterungsprozeß –, sind wir weit weniger bereit, in das Loslassen einzuwilligen. Dadurch wird die Reifung nur unnötig erschwert.

Dieses Manko wird durch unsere kulturellen Mythen noch verstärkt – besonders durch die Philosophie des »Machbaren« oder des »positiven Denkens«. Wo ein Wille ist, da ist auch ein Weg, pflegen wir zu sagen. Wie alle Mythen hat auch dieser Mythos bis zu einem gewissen Grad seinen guten Sinn. Betrachteten wir uns zum Beispiel prinzipiell als Versager, würden wir höchstwahrscheinlich auch so handeln und dadurch die Meinung von uns selbst bestätigen. Doch auch »positives Denken« wirkt destruktiv, sobald es zum Dogma wird.

Das Prinzip der »Machbarkeit« verführt uns zu der Ansicht, ein Wandel ergebe sich niemals dadurch, daß man das Vergangene loslasse, sondern nur, indem man mit aller Kraft seinen Wünschen nachstrebe – einem neuen Haus, einer neuen Diät, einer neuen Ehe. Wenn dann aber der Wunsch erfüllt ist und das Leben doch so bleibt, wie es war, stehen wir ratloser da denn je.

Im Extrem führt uns das Prinzip der Machbarkeit zu dem Schluß, Scheidung, Krankheit, ja sogar der Tod seien auf persönliche Fehler zurückzuführen. »Hätte ich mich nur etwas mehr angestrengt«, sagen wir dann und streuen noch das Salz der Schuldgefühle in die frische Wunde.

Positives Denken verschafft Ihnen auch keine Klarheit über die Motive, die in letzter Instanz hinter Ihren Zielen stehen. Es bezieht sich nur auf das Äußere, während Sie sich auf den Kern in der Schale konzentrieren müssen. So hat zum Beispiel Jane die fixe Idee, sich ein Landhaus mit weißem Lattenzaun kaufen zu müssen. Aber sie hat keine Ahnung, warum sie das will. Möchte sie endlich ihren Frieden haben? Oder das einfache Leben? Falls sie nicht bald zwischen Innerem und Äußerem zu unterscheiden lernt, wird sie schließlich das Haus erwerben – und ihr Leben wird nur komplizierter werden! Hohe Ratenzahlungen kommen auf sie zu, ganz zu schweigen von den Wochenenden, die sie fast alle zur Instandhaltung des neuen Besitzes drangeben muß. Sie wird also eher am einfachen, friedlichen Leben gehindert werden, statt es zu leben.

Ein anderer Mythos, der dem Loslassen im Wege steht, ist die Vorstellung, ein Mensch könne alles haben (im Weltmaßstab gesehen ist das der Mythos vom unbegrenzten Wachstum). Natürlich, wenn wir uns unter »alles« Arbeitsplatz und Familie vorstellen, ist nichts dagegen einzuwenden. Doch falls Sie glauben, Sie könnten Ihrem Leben neue Impulse geben und es zugleich bei den alten Prioritäten belassen, ist die Enttäuschung schon vorprogrammiert. Nehmen Sie Richard, 40, der nach zehnjähriger Ehe meinte, es sei höchste Zeit, sich mehr um seine Frau zu kümmern. Auf den ersten Blick sah es so aus, als könnte er das tun, ohne etwas anderes aufzugeben. Doch dann stellte sich heraus, daß er im Beruf kürzertreten mußte. Noch mehr: Er hatte Angst davor, die Beziehung zu seiner Frau zu vertiefen und mußte auch diese Angst noch überwinden.

Wachstum (und daher auch wachstumsfördernde Rituale) erfordert zum Teil, daß man Altgewohntes aufgibt, liebgewordene Gewohnheiten zugunsten größerer Sinnerfüllung opfert. Bei praktisch jeder Veränderung zum Positiven wird Ihnen die Einsicht in die Notwendigkeit des Loslassens die Wege ebnen, so daß Sie Ihr Leben besser meistern werden.

Intuitionen, Einfälle, Langeweile, Depression, Angst: Das alles sind Anzeichen dafür, daß sich in Ihrem Leben etwas Neues Bahn brechen will. Vielleicht haben Sie nicht immer Lust, auf solche Tips zu reagieren. Aber Sie können versichert sein, daß das Neue auf sich aufmerksam macht, vielleicht am Ende in Form einer Krankheit oder durch den Bruch einer Beziehung. Wenn Sie diese »Frühlingsgefühle« als Anzeichen für einen in Gang kommenden Veränderungsprozeß akzeptieren, wird Ihnen schon allein dadurch der Übergang leichter fallen. Ein Same keimt nur, falls der Garten gut umgegraben ist.

Belindas Ritual

Da Belindas Entschluß, Krankenschwester zu werden, eine der schwerwiegendsten Entscheidungen ihres Lebens war, wollte sie das Ereignis durch ein besonderes Ritual unterstreichen. »Ich wollte die Sache sehr bewußt angehen«, sagt sie, »und gut ausgerüstet die Reise antreten.« Als Schauplatz ihrer Zeremonie wählte Belinda einen ländlichen Park etwa eine Stunde östlich ihres Wohnorts, seit Jahren ein beliebter Familienausflugsort. Sie berichtet, oft habe sie beim Spaziergang durch die Wälder und Wiesen dieser Gegend wieder Hoffnung geschöpft. Dieses Gefühl sollte auch ihrer neuen Laufbahn zugute kommen. Eingedenk des Umstands, daß sich die Kraft eines Rituals durch Einbeziehung guter Freunde oder Verwandter ungeheuer steigern läßt, nahm sich Belinda vor, ihre beste Freundin, die 20jährige Kate, um Hilfe zu bitten. Jeden Schritt des Rituals schilderte sie Kate im voraus, damit die Freundin wußte, was von ihr an bestimmten Schlüsselstellen der Zeremonie erwartet wurde. Zusätzlicher Gewinn dieser Informationen war, daß auch Belinda selbst sich ihrer Erwartungen besser bewußt wurde. Allein durchs Aussprechen, so erkannte sie, nahmen ihre Absichten schon deutlichere Konturen an.

Die beiden Frauen fuhren kurz vor Tagesanbruch an einem warmen, wolkenlosen Maimorgen in den Park hinaus. Dieser Zeitpunkt für Belindas Ritual war beabsichtigt, da Morgendämmerung und Frühling einen Neubeginn symbolisieren sollten. Knapp zwei Kilometer wanderten sie und Kate schweigend einen Waldpfad entlang, bis sie zu einer Kreuzung kamen. Hier nahm Belinda den Rucksack ab und breitete eine Decke auf dem Boden aus. Eine Weile saßen sie gedankenverloren, Belinda bemüht, ruhig zu werden und die Motive ihres Hierseins noch einmal zu rekapitulieren, Kate im Bewußtsein ihrer Helferrolle. Nach etwa einer viertel Stunde stand Belinda auf und wanderte allein ein Stück auf dem Pfad zurück, den sie gekommen waren.

»Ich ging in den Wald, um vier Symbole zu sammeln«, erzählt Belinda. »Das erste sollte ein Hinweis auf meinen alten Beruf sein, den ich jetzt glücklich hinter mir lassen würde. Typisch für den Job war für mich gewesen, daß ich mich immer selbst unter Druck setzte, mehr und noch mehr zu verkaufen. Ich weiß, von Vertretern wird so etwas erwartet, aber ich war dessen müde. Es lag wie eine Last auf mir. Daher wählte ich als Symbol einen schweren Stein.« Sodann hielt Belinda nach einem Symbol für etwas Ausschau, das sie nicht so gerne aufgab. Sie wußte, es würde ihr schwerfallen, nicht mehr ihr eigener Herr zu sein und selbst entscheiden zu können. Zum Zeichen für diese bald verlorene Freiheit wählte sie eine schöne Drosselfeder. Das dritte Symbol sollte ein Stück aus Belindas altem Leben darstellen, das sie unbedingt in ihre Krankenschwesterlaufbahn mit hinübernehmen wollte. Nach einiger Zeit der Suche im Wald entschied sie sich für ein Eichenblatt. Die starke Eiche erinnerte sie an die Ausdauer und Geduld, die sie in den Jahren ihrer Verkaufstätigkeit entwickelt hatte. Das vierte und letzte Symbol sollte eine Eigenschaft repräsentieren, die Belinda in ihrem Leben künftig kultivieren wollte, einen Charakterzug, der in der Vergangenheit zu kurz gekommen war. Zu diesem Zweck pflückte sie eine wunderschöne Lavendelblüte. Die Farbe suggerierte die weiblichen Eigenschaften der Hingabe und Zuwendung, die in ihrem neuen Leben als Krankenschwester besonders gefragt sein würden.

Zum Kreuzweg zurückgekehrt, erklärte Belinda Kate diese Symbole. Hierauf nahm sie den Stein (den Druck, unbedingt verkaufen zu müssen) und warf ihn so weit sie konnte in den Wald hinein. Als nächstes legte sie die Drosselfeder (die Möglichkeit, ihr eigener Herr zu sein) behutsam neben den Weg, den sie gekommen war. Das Eichenblatt, das für Ausdauer stand, und die violette Blume, Sinnbild der Hingabe, wickelte sie in ein schönes rotes Halstuch. Mit dem Bündel in der Hand begab sie sich wieder zur Kreuzung und wanderte ein Stück auf bisher unbegangenem Weg. »Ich war mir des symbolischen Aktes sehr wohl bewußt: des neuen Pfades, auf dem ich ging, und der Zeichen für die neuen Eigenschaften, die ich zukünftig entwickeln wollte. Ich schritt langsam dahin und warf Blicke zu den Bäumen hinüber und zum Himmel hinauf. Es war mir, als sähe ich das alles zum erstenmal.«

Als Belinda nach einer halben Stunde zur Kreuzung zurückkam, hatte Kate schon einige Lebensmittel auf der Decke ausgebreitet, alles Übergangssymbole. »Sonnenblumenkerne und gefüllte Eier«, erzählt Belinda, »standen für den Neubeginn. Auch gab es schöne rotbackige Äpfel. Sie verkörperten die innere Reife hinter dem Entschluß, ein doch wohlgeregeltes Leben zu verlassen.« Diese Art der Symbolik, so einfach sie erscheinen mag, ist die Sprache, durch die wir unsere Absichten unseren tiefsten Seelenschichten mitteilen. Damit wollen wir nicht sagen, das Bewußtsein sei bei problematischen Übergängen bedeutungslos. Eine echte Wandlung erfordert, daß wir alle inneren Ressourcen mobilisieren, von der Intuition bis zum Intellekt. Aber eine Gewohnheit oder Einstellung lediglich mit dem Intellekt verändern zu wollen, ist ein aufreibendes Geschäft, bei dem man immer den kürzeren zieht.

Bezieht man jedoch das Unbewußte durch Symbole mit ein, kann das inmitten des größten Chaos erhebliche Erleichterung bringen, die man dann auch dringend braucht. Ein Mensch zum Beispiel, der auf einer Strandwanderung zur Ruhe kommt, wird den gleichen Effekt auch durch Einbeziehung einer schönen Muschel in sein Ritual erzielen können. Und was ebenso wichtig ist: Symbole verbinden uns stärker mit Tendenzen, die sich gerade an die Oberfläche des Bewußtseins emporarbeiten wollen. Sie kräftigen und konkretisieren noch vage, halbbewußte Ahnungen über den Weg, den unser Leben nehmen könnte. Im Falle einer beruflichen Neuorientierung wird das Aufgeben eines ungeliebten Jobs, ohne daß zugleich die Vorstellung von etwas Neuem da ist, nur momentan Erleichterung bringen, dann aber zu Depressionen führen.

Zum Abschluß ihres Rituals ging Belinda ein kurzes Stück in den Wald hinein und nahm eine kleine, schön mit Geschenkpapier umwickelte Schachtel mit. Aus dieser Schachtel zog sie ein extra für diese Gelegenheit gekauftes einfaches lavendelfarbenes Wollkleid hervor und schlüpfte hinein. (Am nächsten Tag wusch sie die Kleider, die sie bis dahin bei dem Ritual angehabt hatte, und brachte sie zu einer Kleidersammelstelle.) Dann gingen Belinda und Kate zum Auto zurück und fuhren zu einem ruhigen Café, wo sie eifrig über ihre Empfindungen beim Ritual und ihre Zukunftserwartungen sprachen.

Heute sieht Belinda, inzwischen staatlich geprüfte Krankenschwester, auf ihr Ritual als auf ein hochbedeutsames Ereignis zurück. »Ich freute mich so auf den ersten Unterricht. Wie soll ich es Ihnen erklären? Das Ritual gab mir das Gefühl, daß ich den richtigen Schritt tat.« Das soll nicht heißen, daß Belinda überhaupt niemals schwankte. Im Gegenteil, dann und wann mußte sie hart kämpfen, um bei der Stange zu bleiben. Manchmal bedeutete das, daß sie sich für einige ruhige Stunden wieder in ihren Park begab. Wenn es ihr besonders schlecht ging, schrieb sie sich ihre Sorgen in einem speziellen »Sorgenbuch« von der Seele, riß dann die Seiten heraus und verbrannte sie im Kamin. Das im Ritual verwendete Eichenblatt und die Lavendelblüte rahmte sie und hing sie über ihren Schreibtisch. Belinda sagt, sie weiß jetzt, wie wertvoll Rituale sind – in ihrem eigenen Leben und in dem ihrer Patienten. »Ich bin ein großer Befürworter der Praxis, daß Familien ihre Rituale mit ihren Angehörigen im Krankenhaus feiern: Geburtstage, Zeugnisse, Hochzeitsjubiläen. Das Ritual half mir, mitten in den Strom des

Lebens zu springen. Stellen Sie sich vor, wie Sie sich nach so etwas sehnen, wenn Sie flach auf dem Rücken im Krankenbett liegen!«

Verankerung

All diese Handlungen – daß Belinda auch in den folgenden Monaten immer wieder in den Wald ging, daß sie sich mit ihren rituellen Symbolen umgab, daß sie Familien Mut machte, ihre Feste im Krankenhaus zu feiern – sind Teile einer wichtigen Phase des Rituals: der Verankerung. Das neue Verhaltensmuster muß im Alltag verankert werden.

Gleichgültig, wie sehr wir uns nach einem Neubeginn sehnen – ein einmaliges Ritual reicht selten dafür aus. Selbst nach einer besonders kraftvollen Zeremonie müssen wir uns weiter mit greifbaren Beweisen umgeben, daß wir wirklich neue Wege eingeschlagen haben und tatsächlich eine neue Identität aufbauen wollen.

Joselyn zum Beispiel markierte den Zeitpunkt, zu dem sie in Rente ging, indem sie ein Immergrün im Hausgarten pflanzte. Schon der Akt des Pflanzens gab ihr das Bewußtsein, daß neues Leben innerhalb der Beschränkungen des Alltags keimte. Doch ebenso wichtig ist, daß sich Joselyn jedesmal, wenn sie die Pflanze pflegt, begießt und düngt, die Vorstellung vom neuen Leben wieder in Erinnerung ruft. Weil das Pflanzen von Bäumen und Blumen ein Symbol der Hoffnung und des Trostes ist, mit dem man immer wieder Verbindung aufnehmen kann, ist es weltweit zu einer der beliebtesten Formen des Rituals geworden. Dieser wesentliche Gedanke, daß unsere Bestrebungen auch im Alltag verwirklicht werden müssen, ist in einer berühmten Statue des Buddhakindes sehr schön ausgedrückt: Mit einer Hand deutet es zum Himmel, mit der andern zur Erde.

Aber so wirksam Ihr erstes Ritual auch gewesen sein mag: Sie werden nicht darum herumkommen, zusätzlich kleinere Handlungen oder Zeremonien zu organisieren, um in Ihrer neuen Identität endgültig Fuß zu fassen. Edith Wharton hat einmal gesagt, Furchtlosigkeit bei aller Veränderlichkeit könne uns trotz Krankheit und Schmerz zu intensiverem Leben verhelfen. Doch innere Veränderungen, von denen wir hier sprechen, verlangen mehr als Mut. Sie verlangen konzentrierteste Aufmerksamkeit. Sie müssen sich immer wieder einen kleinen Stoß geben, und ihr Innerstes drängen und überreden, herauszukommen, ans Licht zu treten.

Eine besonders gute Methode, ein Ritual zu verankern, ist, daß Sie ein Stück Ihres »neuen Selbst« anderen schenken. Sie brauchen sich ein solches Geschenk nicht schon im voraus auszudenken. Die Einzelheiten ergeben sich in der Regel während des Rituals von selbst, vor allem, wenn Sie bei der Zeremonie von Zeit zu Zeit an diese Möglichkeit denken. Josie, eine alleinstehende Frau, entwarf ein einfaches Ritual nach ihrem Entschluß, noch einmal zu studieren und ihr juristisches Examen zu machen. Mit diesem Gedanken hatte sie seit Jahren gespielt, ihn aber aus Mangel an Selbstvertrauen immer wieder fallenlassen. Im Verlauf ihrer Zeremonie kam ihr in den Sinn, sie könnte ihren Übergang auf besondere Weise verankern. Sie bräuchte nur etwas mehr Zeit mit ihrer sechzehnjährigen Nichte zu verbringen, die gerade ihre eigene stürmische Phase des Selbstzweifels durchmachte. In den folgenden Monaten traf sich Josie jeden zweiten Samstag im Monat zum Essen oder Einkaufen mit ihrer Nichte und vereinbarte mit ihr auch, sie jede Woche anzurufen, um zu sehen, wie sich die Dinge entwickelten. Dadurch wurde ihr eigener Weg leichter, wie sie sagt. »Ich beschäftigte mich mit meinem Examen nicht nur meinetwegen, sondern auch weil ich Sherry zeigen wollte, daß sie alles erreichen konnte, was sie sich vornahm.«

Begegnung mit dem Ungeheuer

So seltsam ist der Mensch geartet, daß er, gerade wenn er nach den Sternen und höchster Erkenntnis greift, die Gewohnheiten und Triebe reaktiviert, die ihn in die Tiefe hinabziehen wollen. Im Begriff, sich auf ein höheres Niveau hinaufzuschwingen, erlebt er einen besonders starken Sog von unten her. Diese Aktivierung sogenannter negativer Kräfte ist aber im allgemeinen ein gutes Zeichen. Es bedeutet, daß bestimmte eingewurzelte Gewohnheiten – alter Zorn, Ressentiments, selbstzerstörerische Vorwürfe zum Beispiel – bemerken, es geht ihnen jetzt wirklich an den Kragen. Sie wissen, wir machen ernst und werden eines Tages stark genug sein, unser gesamtes Innenleben neu zu ordnen. Daher tun sie alles, was in ihren Kräften steht, um uns wieder in den früheren Status zurückzulocken. Betrachten wir diese Triebe als etwas Böses oder Verbotenes, werden wir bald in schwere Kämpfe mit ihnen verstrickt sein. Der sicherste Weg, einer unerwünschten Emotion oder Empfindung neue Kraft zuzuführen, ist, sie zu verdrängen.

Um einen Schatten auszulöschen, muß er im Gegenteil ans Licht gezogen werden. Ein Großteil der Heldenfahrt, von der Joseph Campbell sprach, besteht in einer Konfrontation mit unseren Ängsten – den inneren Ungeheuern, wenn Sie so wollen –, die am Weg vom jetzigen Zustand zu dem gesteckten Ziel lauern. Die Entscheidung spitzt sich dann darauf zu, ob wir unseren Weg schließlich doch verlassen, was zu einem Verlust an Hoffnung und Lebensmut führen würde, oder mit aller Entschlossenheit dennoch einer neuen Zukunft entgegengehen, im Vertrauen darauf, daß wir mit jedem Ungeheuer, das sich am Weg zeigt, trotzdem irgendwie fertig werden.

Immer, wenn einer meiner Ratsuchenden in einer schwierigen Übergangssituation steht, reservieren wir genügend Zeit für die Auseinandersetzung mit negativen Gefühlen. Jackie zum Beispiel war noch sechs Wochen nachdem sie ihren Arbeitsplatz verloren hatte, schrecklich wütend auf ihre Firma. Einfach rausgeschmissen hatte man sie! Im einen Augenblick überließ sie sich hilflos ihrem Zorn und stellte sich vor, daß eines Tages die Verantwortlichen schon noch »ihr Fett abbekommen würden«, im andern tadelte sie sich heftig wegen solcher Gedanken. Endlich entschloß sie sich, zum Handeln überzugehen. Sie schrieb der Firma einen vier Seiten langen Brief, gespickt mit bösen, wütenden Vorwürfen. Aber sie schickte ihn nicht ab, sondern ging zu einem Picknickplatz am See hinaus und verbrannte den Brief dort Blatt für Blatt. Das heißt nun nicht, daß Jackie jetzt niemals mehr zornig auf ihren früheren Arbeitgeber gewesen wäre. Im Gegenteil. Aber mit dem Ritual des Briefeschreibens und -verbrennens hatte sie einen Anfang gemacht. Sie war jetzt nicht mehr das Opfer ihres Zornes, sondern kam zu der Einsicht, daß sie Herr über ihn werden müsse.

Leben ist Übergang. Abbruch und Aufbau des Selbst mit allen dabei auftretenden Emotionen bilden das Rad, das sich durch alle Tage Ihres Lebens dreht. Denken Sie daran: Was Sie im Moment vor Augen haben, ist nicht die Gesamtsumme Ihrer Existenz, sondern nur ein winziges Stück vom Ganzen.

Kapitel 3

Ritual und Partnerbeziehung

»Partnerschaft bedeutet, daß wir in einer Beziehung so sein können, wie wir sind, und dem Partner das gleiche zugestehen.«

HARRIET GOLDHOR LERNER,
»Zärtliches Tempo«

Es war kein mutiger Entschluß, sondern ein quälendes Gefühl des Verlusts, das John Sabin an diesem heißen Julinachmittag in Kathleens Büro führte. Er saß mit zusammengepreßten Händen da, sein Schmerz stand ihm ins Gesicht geschrieben, und schilderte, wie er, als er vor zwei Tagen von der Arbeit nach Hause kam, seine Frau beim Packen antraf, im Begriff, ihn zu verlassen. »Ich weiß alles«, sagte sie nur. Damit bezog sie sich auf eine Affäre Johns, und zwar die zweite innerhalb von vier Jahren. Sofort ging er zur Verteidigung über und versprach seiner Frau hoch und heilig, er werde sich bessern, die Beziehung abbrechen und ihr von jetzt an treu sein. Als sie den letzten Koffer vor die Tür schleppte, lag er praktisch vor ihr auf den Knien und flehte sie an zu bleiben. Aber nichts half. »Es ist vorbei«, sagte er jetzt, »es ist vorbei«, und wiederholte den Satz immer wieder, als wolle er sich von der Wirklichkeit des Abschieds überzeugen. Jetzt reicht es. »Ich muß mich ändern. Ich muß mich unbedingt ändern. Ich möchte mit jemandem zusammen alt werden.«

Zwei Wochen vor Johns Besuch hatte Linda, eine 30jährige Lehrerin, ihrerseits ihre Probleme als alleinstehende Frau beschrieben. »Niemand kann es mir recht machen«, begann sie. »Als ich mich mit Bob einließ, war alles super. Aber in letzter Zeit habe ich das Gefühl, ich könnte nicht mehr atmen. Irgendwie gelingt es Bob, sein Leben weiter so zu führen wie zum Zeitpunkt unseres Kennenlernens. Doch meine Welt scheint immer enger zu werden. Warum bleibt mir so wenig Spielraum außerhalb meiner Beziehung?«

Wie Tausende Männer und Frauen sehen sich Linda und John mit der Tatsache konfrontiert, daß ihre persönlichen Idealvorstellungen von zwischenmenschlichen Beziehungen zu unerträglichen Zuständen führen. Bei seinen Beziehungen zu Frauen ist John im tiefsten Wesen davon überzeugt, daß er nur ein richtiger Mann ist, wenn er die attraktiven Frauen, denen er begegnet, erobern oder zumindest für sich interessieren kann. Linda andererseits hat in ihrem Leben immer gesehen, daß sich ihre Mutter und ihre Freundinnen an dem jeweiligen Lebenspartner orientierten. Sie möchte sich gerne als selbständiges Wesen, ohne Bezug auf Bob, definieren. Doch sobald sie sich in diese Richtung bewegt, hat sie Schuldgefühle und kommt sich egoistisch vor. So kamen John und Linda aus scheinbar ganz verschiedenen Gründen zur Therapie. Doch sind beide fest an die Überzeugung gefesselt, ihre eigentliche Identität gründe sich auf Beziehungen zu anderen Menschen. Beide mußten erst noch lernen, daß sie in erster Linie eigenständige Persönlichkeiten sind, die dann – zusätzlich – auch noch Partnerschaften eingehen können.

Mythen als Fessel

Wenn Selbsterkenntnis ein so herrliches Rezept ist, gute Beziehungen aufzubauen, warum benutzt man es dann so selten und hält nichts davon? Es war nicht immer so. Die meisten großen Mythen, Parabeln und sogar Märchen der Weltliteratur waren vor allem Aufforderungen an den Menschen, sich selbst zu erforschen und zu erkennen. Die vielen Geschichten von großen Helden zum Beispiel, die von Fischen und Seeschlangen verschlungen werden, sollten daran erinnern, daß wir nur neu geboren werden und die Welt neu sehen und erleben können, wenn wir auch in die dunklen Bereiche unseres Inneren hinabsteigen. Ein Großteil der modernen Psychologie mit ihrem Fachjargon und ihren komplizierten Theorien ist nur Ausdruck dieser uralten Thematik.

Leider hat man uns im Lauf der Jahrhunderte Mythen und Fabeln oft nur in Versionen präsentiert, die zu den jeweiligen Konventionen paßten. Das Märchen vom Aschenbrödel etwa ist ein gutes Beispiel. Ursprünglich war das junge Mädchen eine wirkliche

Heldin. Sie überwand alle Hindernisse, mit denen auch wir uns während des Reifeprozesses auseinandersetzen müssen. Doch 1796 wurde »Aschenbrödel« von dem französischen Schriftsteller Perrault neu formuliert, und in dieser Fassung wurde uns die Geschichte überliefert. Das gilt auch für viele andere Märchen.

In der ursprünglichen Fassung war klar, daß Aschenbrödel gegen ihren Willen in der Asche saß. In Perraults Version dagegen *wählt* sie diesen Zustand aus freien Stücken. Dadurch wird das Ganze verharmlost, und Aschenbrödel verwandelt sich aus einem Mädchen, das sich mit der Bosheit der Welt auseinandersetzt, in ein unschuldiges, bemitleidenswertes Kind. Auch war es in der früheren Fassung nicht so, daß Aschenbrödel unter der Drohung eines bösen Zauberspruchs den Ball verlassen mußte. Sie hatte im Gegenteil völlige Freiheit, zu bleiben, so lange sie wollte. Perrault hielt es auch für besser, daß Aschenbrödel am Schluß dem Prinzen nicht im Lumpenkleid begegnet. Statt dessen zieht ihr ihre Stiefmutter die prächtigsten Kleider an. Dadurch wird der Kern der Sache verfälscht, daß nämlich der Prinz sich von Aschenbrödel wegen ihrer inneren Qualitäten, nicht wegen ihrer äußeren Schönheit angezogen fühlt. Anstelle der Geschichte über eine Jugendliche, die sich mühsam ihr Selbstbewußtsein erobert, wird uns die Story eines hilflosen, durch magischen Zauber zu einer Schönheit verwandelten Mädchens vorgesetzt. Nur ihre Schönheit macht dann einen jungen Mann auf sie aufmerksam, der sie schließlich rettet.

Das ist kein Einzelfall. Das kleine Rotkäppchen wird aus einem Mädchen, das ihren eigenen Weg zwischen Pflicht und Vergnügen sucht, zu einem kleinen Luder, das sich nur zu gerne vom Wolf verführen läßt. Perrault fügt sogar noch ein Gedicht hinzu, mit der Moral von der Geschicht', daß brave Mädchen niemals vom rechten Weg abkommen. Das ist das gerade Gegenteil vom eigentlichen Inhalt der Geschichte. Sie besagt im Kern, daß alle Kinder beim Erwachsenwerden die von ihren Eltern vorgegebenen Verhaltensmuster in Frage stellen müssen.

Solche Adaptionen wirken besonders absurd, wenn man sich klarmacht, daß in den meisten Mythen und Märchen die weiblichen und männlichen Rollen praktisch austauschbar sind. So gibt es beispielsweise zahllose »Dornröschen«-Geschichten, bei denen

Jungen im Mittelpunkt stehen. Der Beginn der Pubertät ist durch eine Periode des Rückzugs – des »Schlafes« – gekennzeichnet. Des weiteren hatten in der Mehrzahl der Märchen die Helden ursprünglich keine geschlechtsspezifischen Namen, so daß der Hörer sie sich als Jungen oder Mädchen vorstellen konnte. Eine Neufassung der Mythen, bei der genaue Geschlechterrollen festgelegt wurden, war aber nicht nur eine Auswirkung patriarchalischer Tendenzen. Es wurde dadurch auch die bis dahin selbstverständliche Einsicht verdrängt, daß jeder von uns eine männliche und weibliche Seite besitzt.

Früher entstanden auf diesem Wege allgemein verfügbare Lebensperspektiven und Beziehungsmuster. Heute sind sie verlorengegangen, und wir müssen sie uns neu erarbeiten. Rituale sind Instrumente, mit deren Hilfe sich Männer und Frauen neue Beziehungsmuster aufbauen können. Sie führen über veraltete Konventionen, was im Bereich der Geschlechter als schicklich und unschicklich gilt, hinaus und verbinden uns wieder mit der Gesamtheit der Möglichkeiten des Männlichen und des Weiblichen, wie sie sich in jedem von uns vorfinden. Ohne einen solchen »Wiederaufbau« von Grund auf werden Frauen weiterhin von einer Kindheit geprägt werden, in der sie »ihre Stimme verlieren«, wie es die Harvardprofessorin Carol Gilligan formuliert hat. Sie verlernen allmählich, daß sie ein eigenes Selbst und eigene Sexualität besitzen. Und ohne eine neue Perspektive wird es auch in Zukunft wenig Männer geben, die sich in ihrer Selbsteinschätzung nicht an Frauen orientieren und sich mit den Augen ihrer Mutter oder, später, mit denen ihrer Partnerin sehen. Sie werden so ihre inneren Möglichkeiten kaum ausschöpfen und Frauen immer nur beschützen, dann erobern wollen.

Neue Mythen

Wir sind John und Linda am Anfang dieses Kapitels begegnet. Ihre Aufgabe besteht darin, die alten Mythen über den Stellenwert von Beziehungen – erlernt in der Familie und verstärkt vom kulturellen Umfeld – durch Überzeugungen zu ersetzen, die ihren persönlichen Bedürfnissen besser entsprechen. Zwar ist es niemals leicht, alte Einstellungen gegen neue auszutauschen. Aber möglich ist es.

Es gibt zum Glück keinen Mangel an Modellen, die unserem Anliegen besser entsprechen als die alte Heldenpose für den Mann und die duldende Passivität der jungen Frau. Viele der jetzigen weiblichen Rollenmuster lassen sich Jahrhunderte zurückverfolgen, zu Figuren wie Hera, Hestia und Persephone – die griechischen Göttinnen der Ehe, des Heims und des Herdes. Sie repräsentieren auch ein passives Bedürfnis, anderen zu gefallen. Doch weist Dr. Jean Shinoda Bolen darauf hin, daß diese Figuren nur einen Bruchteil der mythologischen »Palette« für charakteristische Fraueneigenschaften ausmachen. Man denke beispielsweise an Artemis, die »die unabhängige, leistungsorientierte Frau« personifiziert, oder an Athene, Verkörperung der »logischen, selbstbewußten Frau«. In ähnlicher Weise sprechen in ihrem Buch »Der Weg der Partnerschaft« Riane Eisler und David Loye über die in der minoischen Mythologie auftretende »abenteuerliche Heldin«, dargestellt durch die Stierkämpferin und Schiffskapitänin. Auch heutzutage gibt es eine Fülle von Vorbildern für alternative Heldinnen in allen Bereichen des beruflichen, gesellschaftlichen und politischen Lebens.

Auch Männer hatten früher eine weit größere Auswahl an Identifikationsmustern als nur die Götter der Macht und des Krieges. Da gab es den schöpferischen Genius, den verkrüppelten Hephaistos. Es gab Hermes, den verschlagenen, redegewandten Vermittler. Eisler und Loye berichten von einer in der kretischen Kultur verehrten Gestalt – dem »Mann der Natur« –, dessen Aufgabe die Nahrungs- und Informationsbeschaffung für seine Gemeinschaft war. Auch gab es Friedensstifter, die mit allen Mitteln versuchten, Gegner an einen Tisch zu bringen, und Helden in Gestalt großer Retter. In moderner Zeit lassen sich Züge solcher Retter an Männern wie Martin Luther King und Mahatma Gandhi erkennen. Es ist doch so: Wenn Männer den Mut aufbrächten, sich selbst einmal gründlich zu analysieren, würden sie entdecken, daß sie ebensogut als Beschützer der Erde und Retter der Menschheit auftreten könnten wie als Eroberer und Unterdrücker. Wer sich auf eine solche Rolle einläßt, braucht kein bißchen weniger Mut, als wenn er einem Ruf zur Schlacht folgt.

Selbstfindung

Nur wenn wir uns selbst sehr gut kennen, können wir uns als ganzheitliche Persönlichkeit in eine Beziehung einbringen. Wir sind dann zu gegenseitigem Austausch bereit und erliegen nicht der Versuchung, von einer einzigen Beziehung alles zu verlangen. Wir wissen, wohin die Reise geht, und *wählen* uns einen Weggefährten.

Rituale sind für Menschen mit Beziehungproblemen von unermeßlichem Wert. Erstens bilden sie ein sicheres Terrain zur Erkundung der eigenen Einstellung zu einer Beziehung. Zweitens bieten sie die Möglichkeit zum Aufbau neuer Einstellungen und Gewohnheiten, die dann, drittens, langsam und voll bewußt in den Alltag übernommen werden können.

Wir geben Ihnen im folgenden vier Übungen für Sie und Ihren Partner, durch die Sie Ihre Beziehung fördern können. Sie sind dazu gedacht, Ihr Gefühl für die eigene Identität zu klären und zu stärken, und bestehen aus 1. Konzentration, 2. Darstellen der Eigenschaften, die Ihre Beziehung haben soll, 3. Akzeptieren Ihres Partners als integrale Persönlichkeit und 4. Schenken. Auch wenn Sie derzeit in keiner Partnerschaftsbeziehung leben, werden Sie durch die ersten beiden Schritte Ihre Bedürfnisse besser verstehen, mit Ihren Freunden, Mitarbeitern und Angehörigen rücksichtsvoller umgehen lernen und Verhaltensweisen für künftige Partnerschaften einüben. Natürlich sind diese Schritte für sich genommen eher Handlungen als Rituale. Doch werden sie weit wirksamer sein, wenn Sie sie mit den Grundelementen aller rituellen Praxis verbinden: Regelmäßigkeit, exklusivem Ort und exklusiver Zeit, und Einsatz sinnvoller Symbole.

Stellen Sie sicher, daß Sie sich in einer gemütlichen, einladenden Umgebung befinden, wo Sie absolut ungestört sind. Sie sollten entspannt, keinesfalls übermüdet sein. Sollte es Ihnen schwerfallen, die Instruktionen für die meditativen Abschnitte der folgenden Übungen im Gedächtnis zu behalten, sprechen Sie sie auf Band. Sprechen Sie aber langsam und lassen Sie viele Pausen zwischen jedem Schritt. Wahrscheinlich werden Sie feststellen, daß man diese Übungen besser nicht an einem einzigen Tag durchzieht, sondern auf längere Zeit verteilt. Reservieren Sie sich ein paar Abendstunden pro Woche oder an einem Wochenende, bis Sie die ganze Serie durchgearbeitet haben.

Schließlich erfordern diese Übungen eine gewisse mentale Flexibilität, nicht nur in bezug auf Ihre Bedürfnisse und Wünsche. Sie müssen in der Lage sein, neben den ersehnten auch die gefürchteten Situationen ins Auge zu fassen. Rational betrachtet mag Ihnen eine derartige Mentalgymnastik kaum sinnvoll erscheinen. Doch wenn Sie lernen wollen wie man mit Veränderungen umgeht, ist es erforderlich, daß Sie das ganze Spektrum der dabei möglichen Gefühle überschauen. Ein Mensch zum Beispiel, der emotionale Nähe fürchtet, muß dieser Furcht direkt ins Auge sehen lernen und zugleich imstande sein, vorsichtig zurückzuweichen, wenn es ihm zuviel wird. Die unter Schritt 2 beschriebenen Übungen werden Sie befähigen, sich geschickter als bisher durch das scheinbar chaotische, unkontrollierbare Gewirr von Emotionen hindurchzumanövrieren. Ein solches Manövrieren ist wesentlich, wenn Sie die Energien dieser Emotionen zu Ihrem Vorteil nutzen wollen.

Schritt 1: Konzentration

Konzentration ist der Schritt, durch den Sie sich beruhigen und in einen Zustand der Gelassenheit versetzen, um den inneren Dialog ernsthaft aufzunehmen. Konzentration ist etwas sehr Einfaches, sollte deshalb aber nicht leichtgenommen oder schnell abgehakt werden. Fassen Sie Konzentration als eine Art ritueller Schwellenerlebnisse auf – eine Tür, durch die Sie jene gesammelte, entspannte Geisteshaltung erreichen, die Ihnen die richtige Einsicht in sich selbst und Ihren Partner ermöglicht. Viele Sportler erzielen Spitzenleistungen, indem sie sich vor einem Wettkampf konzentrieren. Das Fehlen jeder Ablenkung kommt ihren Anstrengungen zugute. Das gleiche gilt für Sie.

Viele von Kathleens Patienten beginnen den rituellen Konzentrationsprozeß mit einem Bad. Damit rufen sie, bewußt oder unbewußt, die alte Vorstellung wach, man müsse sich, bevor man auf Wahrheitssuche geht, reinigen. Andere kaufen sich ein besonderes Kleidungsstück, ein Gewand oder einen Rock in bestimmter Farbe und Stoff, den sie nur bei ihren Kontemplationsstunden tragen.

Das beruht auf der uralten Anschauung, daß, wer bei einem Ritual ein Kostüm oder eine Maske annimmt, eine neue Persönlichkeit anlegt. Auch können Sie zu Beginn Ihrer Konzentrationssitzungen Kerzen anzünden und am Schluß wieder löschen. Oder Sie versuchen es mit Musik, die Sie und Ihr Partner besonders entspannend finden.

Schritt 2: Vorstellen der Eigenschaften Ihrer Beziehung

Setzen Sie sich bequem und atmen tief durch die Nase. Lassen Sie sich ein paar Minuten lang zur Ruhe kommen. Beginnen Sie jeden Atemzug tief unten im Bauch. (Um ein besseres Gespür für die geeignete Atemtechnik zu bekommen, legen Sie sich die Hand auf den Bauch. Fühlen Sie beim Einatmen, wie er sich gegen Ihre Hand wölbt, beim Ausatmen, wie er zusammenschrumpft. Versuchen Sie, das alles nur mit dem Bauch, nicht mit der Brust zu machen.)

Sobald Sie sich total entspannt fühlen, lassen Sie ganz langsam eine Phantasie in sich aufsteigen – einen Tagtraum, wenn Sie so wollen –, die Phantasie von einer schönen Liebesbeziehung. Wenn dann angenehme und schöne Szenen auftauchen, versuchen Sie deren Kennzeichen festzustellen. Was macht in emotionaler Hinsicht Ihre Phantasie so anziehend? Fühlen Sie sich geliebt? Friedlich? Stark?

Leute, denen es schwerfällt, sich etwas vorzustellen, könnten irgendein Symbol verwenden, einen Sonnenuntergang, eine Blume, eine Farbe, eine Gestalt. Lassen Sie das Symbol auf sich wirken. Welche Empfindungen assoziieren Sie damit? Versuchen Sie jetzt, sich diese Beziehung in der Zukunft vorzustellen. Wie sieht sie in fünf Jahren aus? In zehn Jahren? Wenn Sie beide alt sind? Gewinnt sie an Tiefgang, wächst sie, entfaltet sie sich? Richten Sie Ihre Aufmerksamkeit wieder besonders auf die Eigenschaften hinter den eigentlichen Bildern. Lösen Sie sich dann von Ihrer Phantasie und legen Sie Ihre Erfahrungen, schriftlich oder als Bild, nieder, sowohl die vom Anfang als auch die von der entwickelten Beziehung. Nehmen Sie sich genügend Zeit für diese Übung. Wenn Sie die

Bilder genau protokollieren – buchstäblich oder symbolisch –, leisten Sie gründliche Vorarbeit für das folgende.

Lassen Sie nach Erstellung des Protokolls nun wieder die angenehmen Phantasien Ihrer Beziehung kommen und stellen sich diesmal die Frage: »Welche Wünsche soll mir diese Beziehung erfüllen? Was verlange ich von ihr?« Ihre Antworten auf diese Frage sollen aber nichts anderes als eine »Wunschliste« sein. Beurteilen Sie also Ihre Einfälle in keiner Weise. Bei diesem Stand der Dinge haben »aufregender Sex« oder ein »Frühstück im Bett« denselben Stellenwert wie der Wunsch nach einer Partnerschaft, in der Sie mit dem Partner Ihre tiefsten Geheimnisse austauschen können. Lösen Sie sich jetzt wieder aus dem Zustand des Nachdenkens und schreiben alles auf, was Ihnen eingefallen ist.

Gehen Sie erneut zum Nachdenken über und konzentrieren sich auf die angenehmen und schönen Bilder. Rufen Sie jetzt die obige Wunschliste vor Ihr inneres Auge. Wenn es soweit ist, stellen Sie sich die Frage: »Was davon brauche ich eigentlich? Was brauche ich wirklich, unbedingt?« Mit größter Wahrscheinlichkeit werden sich nun ein oder zwei der Ihnen bewußt gewordenen Wünsche in den Vordergrund schieben, vielleicht Zufriedenheit oder Selbstvertrauen oder Mut, Ihre Persönlichkeit zu entfalten. Es könnte auch das Gefühl, geliebt und umsorgt zu werden, sein, oder innige Freundschaft. Da das Unbewußte gern in Bildern spricht, ist es möglich, daß auch hier wieder Symbole anstelle von Worten und Szenen auftauchen. Erzwingen Sie die Deutung dieser Symbole nicht. Lassen Sie das Bild nur aufsteigen. Es entwickelt sich dann in seinem eigenen Tempo. Wenn Sie Lust haben, machen Sie noch einen zweiten Versuch.

Sobald Ihnen ein oder zwei Eigenschaften der Beziehung klargeworden sind, ohne die Sie nur schwer auskommen könnten, besteht der nächste Schritt wieder in einer Entspannung. Versuchen Sie sich vorzustellen, daß Ihre Bedürfnisse erfüllt sind. Wie wäre es dann, wenn Ihre Beziehung noch mehr solcher Eigenschaften hätte, oder wenn Sie über sie hinausgewachsen wären? Vielleicht erleben Sie jetzt das genaue Gegenteil von dem, was Sie suchen – eine unerfüllte Sehnsucht nach einer bestimmten Eigenschaft. Sie drückt sich entweder als Angst aus, daß Sie das Gewünschte doch niemals finden werden, oder als tiefe Trauer und Bedauern, daß Sie es in Ihrem jetzigen Leben entbehren müssen.

Erschrecken Sie nicht bei solchen Empfindungen. Wie im vorhergehenden Kapitel erwähnt, tauchen entgegengesetzte Gefühle – Polaritäten – mit Notwendigkeit beim Prozeß neuer Identitätsfindung auf. Statt aber diese unangenehmen Empfindungen unterdrücken zu wollen, warten Sie einfach ab und lassen Sie sie kommen. Manchen Menschen gelingt das am besten, wenn sie sie aus einer gewissen Distanz betrachten, wie als Wissenschaftler – objektiv, interesselos –, und nur zur Kenntnis nehmen, wie seltsam sich ihr Innenleben gebärdet. Andere weinen sich am liebsten aus oder zittern ganz bewußt vor Angst. Wenn dann die Empfindungen schwächer werden, lotsen Sie sich wieder zu den angenehmeren Gedanken an die ein oder zwei Eigenschaften zurück, die Sie wirklich brauchen. Bewegen Sie sich für eine Weile unter diesen angenehmen Gefühlen bei den von Ihnen gewünschten Eigenschaften, und stellen sich vor, daß sie in Ihrem Leben verwirklicht sind. Setzen Sie sich dabei auch immer mit den Ängsten und der Trauer auseinander, die möglicherweise auftauchen, ohne sich jedoch von ihnen überwältigen zu lassen.

Bevor Sie den meditativen Zustand wieder verlassen, treffen Sie zum Abschluß eine bewußte Wahl. Nehmen Sie sich ernstlich vor, alles zu tun, um diese oder jene Eigenschaft in Ihrem Leben zu verwirklichen. Sprechen Sie Ihre Absichtserklärung laut aus und lassen sie tief in sich Widerhall finden. Öffnen Sie jetzt die Augen. Durch welche Schritte, große oder kleine, könnten Sie in Ihrem Leben die gewünschte Eigenschaft hervorrufen? Wenn auf Ihrer Liste zum Beispiel der Wunsch nach mehr Vergnügen obenan steht, könnte Ihr erster Gedanke sein, einen vierzehntägigen Urlaub mit Ihrem Partner zu verbringen. Doch vielleicht gibt es kleinere Schritte, die Sie sofort verwirklichen könnten? Wie wäre es mit der Idee, zwei Stunden am Sonntagnachmittag für reizvolle Unternehmungen zu reservieren, wobei Sie abwechselnd Vorschläge machen? (Man kann dabei so verfahren, daß jeder zehn Ideen auf Papierschnipsel schreibt und sie in einen Topf wirft. Jedes Wochenende zieht man dann einen heraus.) Könnten Sie allmonatlich ein Picknick veranstalten? Wie wäre es mit einem Kinobesuch am Abend nach der Arbeit? Schreiben Sie auf, was Ihnen in den Sinn kommt.

Schritt 3: Akzeptieren Ihres Partners als integrale Persönlichkeit

Der dritte Schritt besteht darin, daß Sie mit Ihrem Partner die Vorstellungen von Schritt 2 verwirklichen. Wie hatte die ideale Partnerschaft ausgesehen und wie hatte sie sich angefühlt? Welche Wünsche und Bedürfnisse waren Ihnen eingefallen? Aber nehmen Sie Rücksicht aufeinander beim Versuch, die Ergebnisse Ihrer inneren Reisen gemeinsam zu verwirklichen. Jeder von Ihnen muß bereit sein, die Wünsche und Bedürfnisse des anderen ohne Kritik, ohne Verbesserungsvorschläge und ohne Korrekturen zu akzeptieren.

Fangen Sie an, indem Sie sich einander gegenübersetzen, auf Stühlen oder auf dem Fußboden. Das Telefon wird abgestellt. Bei Bedarf stellen Sie eine Kerze zwischen sich. Beim Anzünden machen Sie sich klar, daß Sie jetzt in eine heilige Zeit eintreten, Zeit, die über kleinlichen Sorgen und Ablenkungen steht und, was noch wichtiger ist, über vorgefaßten Meinungen des einen über den anderen. Jeder schaue nun beim Sprechen dem andern in die Augen und erzähle ihm den Abschnitt der vorhergehenden Übung, wo Sie sich eine schöne Liebesbeziehung vorgestellt hatten – sowohl in der Gegenwart als auch in der Zukunft. Wenn der eine seine Vorstellungen genau beschrieben hat, wiederholt der andere sie noch einmal, um sicherzustellen, daß er alle Empfindungen – Heiterkeit, Freude, Selbstvertrauen –, die in der Beschreibung vorkamen, auch richtig verstanden hat. Solche Mitteilungen dürfen nur nacheinander gemacht werden. Sie werden entdecken, daß dabei die Fähigkeit des Partners, zuzuhören und zu lernen, stark zunimmt.

Auch hier ist es sehr wichtig, daß keiner versucht, das Gehörte zu verbessern oder umzudeuten. Aufgabe des Erzählers ist, seine Vorstellung von einer Beziehung genau und vollständig mitzuteilen, während der Zuhörer sich darauf beschränkt, das Gehörte zur Kenntnis zu nehmen.

Jeder läßt seine Vision in den geweihten Bezirk eintreten und darin das Tageslicht erblicken. Damit machen Sie den ersten Schritt zu persönlicher Zufriedenheit und damit zu einer erfüllten Beziehung.

Haben Sie beide Ihre Vorstellungen mitgeteilt, schildern Sie im nächsten Schritt Ihre Wunschliste, die Ihr Partner laut wiederholt. Schließlich erzählen Sie sich die hauptsächlichen Bedürfnisse, die Ihnen bei dieser Liste eingefallen sind. Wenn Sie glauben, auch die Ursachen hinter diesen Bedürfnissen zu kennen, berichten Sie dem andern ebenfalls darüber. Sie können zum Beispiel das Bedürfnis nach mehr Selbstvertrauen haben, weil Sie glauben, alte Versagensängste hielten Sie von voller Selbstverwirklichung ab. Oder Sie brauchen Ihrer Meinung nach mehr Vertrauen zu Ihrer Beziehung. Vertrauen könnte die Wunde aus einer früheren Beziehung heilen, die Sie stets in unliebsamer Distanz zu Ihrem Partner hält.

Bei dieser Übung ist eine Einstellung erforderlich, die Ihren Partner als ein ganzheitliches, für sich selbst verantwortliches Individuum sieht. Nur allzu häufig gewinnt bei einem Paar, das sich liebt und sich seine Wünsche und Bedürfnisse auf die eben beschriebene Weise mitteilt, der Zuhörende den Eindruck, der andere wolle ihn durch seine Äußerungen zur Erfüllung dieser Wünsche auffordern oder bitten. Ein solches Verhalten wäre eher eine Beleidigung. Denn sie unterminiert die Vorstellung von Ihrem Partner als einer voll funktionsfähigen Persönlichkeit. Es ist ein gewaltiger Unterschied, ob Sie jemand bittet, bei seiner Selbstverwirklichung mitzuwirken und eine Art Katalysator bei der ersehnten Änderung zu sein, oder ob er versucht, Sie für diese Veränderung einzuspannen. Sie werden in diesem Prozeß nur gebeten, Seite an Seite mit Ihrem Partner durchs Leben zu gehen. Sie sind nicht dazu da, für ihn seine Drachen zu erschlagen, auch nicht dazu, auf die Bedürfnisse Ihres Partners einzugehen, wie wenn er ein Kind wäre.

Die Phase der Mitteilung ist eine wunderbare Gelegenheit, einmal das »Sprechstabritual« auszuprobieren. Der Sprechstab braucht nicht unbedingt ein Stock zu sein, ein beliebiger Gegenstand vom Stein bis zum Lieblingsschnickschnack, vom Foto bis zum Schmuck tut es auch. Der Witz dabei ist, daß nur derjenige, der diesen Gegenstand gerade hält, reden darf. Schon daß Sie das Ding beim Sprechen in der Hand halten, wird Ihre Konzentration verbessern und Ihren Glauben an das Gewicht Ihrer Worte stärken. Und wenn Sie nach Ihrer Redezeit den Sprechstab weitergeben, wird Ihnen das helfen, in die Rolle des aufmerksamen Zuhörers zu schlüpfen.

Schritt 4: Schenken

Das einzig wirkliche Geschenk ist ein Stück vom eigenen Wesen, sagte Emerson einmal. Eine kleine Anstrengung, Ihrem Partner etwas zu geben, was er wirklich braucht, ohne daß Sie dabei Ihre eigene Identität und Ihre gute Stimmung verlieren, ist eine wunderbare Methode, Ihre Vorstellung von einer guten Beziehung im Leben zu verankern. Die wirksamsten Geschenke in einer Beziehung sind nicht Diamanten oder rote Ferraris, sondern Zärtlichkeit und Freundlichkeit, körperliche Zuwendung und Humor, Achtung vor dem Partner in Gegenwart anderer.

Versuchen Sie einmal, wie Sie Ihrem Partner auf einfachste Weise ein oder zwei Wünsche, die er im Übungsabschnitt des Akzeptierens geäußert hat, erfüllen können. Als sich Daryl und Mira, zwei vielbeschäftigte Angehörige gehobener Berufe aus Sacramento, letztes Jahr zu dieser Übung hinsetzten, entdeckte Daryl, daß seine Frau ein starkes Bedürfnis nach Vertiefung ihrer Beziehung hatte. »Mira hatte erzählt, sie stelle sich vor, daß wir die innigsten Freunde wären – uns zum Essen träfen, ins Kino gingen, Neues miteinander erlebten.« Im Sinne dieser Vorstellung übergab Daryl Mira bei ihrem Geburtstag sechs handgefertigte Bons für gemeinsame Stunden. Darunter waren ein Nachmittag im Kunstmuseum, ein gemeinsamer Volkshochschulkurs nach Miras Wahl, ein Nachmittag im botanischen Garten und ein Tag Ski fahren im Squaw Valley. An die Bons war eine rote Rose geheftet mit einer netten Karte: »Meiner besten Freundin durch fünfzehn Jahre – in der Erwartung, sie besser kennenzulernen.«

Machen Sie sich nichts daraus, wenn Ihnen die Idee, durch Geschenke auf die Wünsche Ihres Partners zu reagieren, noch nicht ganz behagen sollte. Denken Sie ein wenig darüber nach. Sprechen Sie bei Bedarf mit einem Therapeuten oder Freund, warum Sie hier zögern, oder ziehen Sie ein Buch zu Rate, das sich mit solchen Problemen beschäftigt.

Vergessen Sie schließlich nicht, sich entsprechend Ihren eigenen Bedürfnissen auch selbst Geschenke zu machen. Denken Sie daran, daß Sie Freundschaften auch mit anderen Leuten unterhalten können und sollten, natürlich nur so weit, daß Ihre wichtigste Beziehung dadurch nicht belastet wird. Sind Sie an intellektuellen Abenteuern interessiert, Ihr Partner jedoch nicht, so treten Sie einem Buchclub bei oder treffen gleichgesinnte Freunde. Tanzen Sie gern, Ihr Partner aber nicht, könnten Tanzstunden genau das richtige für Sie sein. Je stärker und glücklicher Sie sind, ein desto besserer Partner werden Sie sein.

Jan und Steve

Jan Semple und Steve Waring brauchten drei Wochen für die ersten »Mitteilungsübungen«. »Wir gehören zu den Menschen«, erklärt Steve, »die sich gerne Zeit zum Verdauen der Dinge nehmen, die Dinge reifen lassen. Wir übten etwa eine Stunde am Samstagnachmittag und kümmerten uns dann eine Woche nicht mehr darum. Wenn wir am nächsten Samstag wieder zusammensaßen, verstanden wir beide schon besser, worum es ging.«

Wie viele andere Paare gaben auch Steve und Jan an, sie hätten überrascht festgestellt, wie weit sich ihre Bedürfnisse und Wünsche deckten. Das mag bei einem verheirateten Paar seltsam klingen. Es müßte doch automatisch so sein, daß sich zwei Menschen, die durch gemeinsame Interessen zueinander gefunden haben, in vielem entsprechen. Doch ebenso, wie es möglich ist, daß wir durch unsere alltägliche Arbeit oder unsere Elternpflichten allmählich den Kontakt mit anderen Aspekten unseres Selbst verlieren, kann uns das auch mit unseren Lebenspartnern passieren. Langsam, unmerklich verringert sich der Informationsfluß. Hoffnungen, Werturteile, Bestrebungen bleiben unausgesprochen. »Am Anfang spricht man über alles miteinander«, sagt Jan. »Man hat große Pläne. Aber plötzlich arbeiten beide, ein paar Kinder erscheinen auf der Bildfläche und es sieht so aus, als ginge es ganz von selbst weiter. Nach acht Jahren Ehe war es geradezu aufregend, uns wieder einmal über unsere Träume und Bedürfnisse zu unterhalten. Ich erfuhr Dinge über Steve, die ich noch nicht wußte, und Dinge über mich, die ich ganz vergessen hatte.«

Als Jan und Steve die dritte Übung beendet hatten, in der sie sich ihre Vorstellungen von einer idealen Beziehung mitteilten, verspürten sie den Drang, konkreter zu werden, nicht nur zu reden. Sie brauchten ein Ritual, um zu demonstrieren, wohin die Reise gehen sollte – das Ziel war ihnen jetzt viel klarer als vorher –, auch um zu demonstrieren, daß jeder die Wünsche des Partners unterstützen wollte.

Jan und Steve suchten nach Ideen für eine geeignete Zeremonie und kamen schließlich auf die überall üblichen Hochzeitsbräuche. Aber so ganz schienen sie ihnen doch nicht zu passen. »Die Ringe und das ›Bis daß der Tod euch scheidet‹ bezogen sich mehr auf uns beide zusammen«, sagte Steve, »und waren eher eine Demonstration unseres Status als Paar. Das wäre zwar auch schön gewesen, aber dieses Mal wollten wir etwas Individuelleres.« Jan und Steve wollten ihrem Streben nach persönlicher Identität Ausdruck geben. Sie begriffen ihre Beziehung als Möglichkeit, einander weiterzubringen, nicht füreinander zu sorgen.

Sie entschlossen sich, an einem Wochenende das Haus am Samstagmorgen einzeln zu verlassen und einen Tag und eine Nacht getrennt an einem abgeschiedenen Ort ihrer Wahl zu verbringen. Steve wollte in der Wohnung eines alleinstehenden Freundes, der im Urlaub war, übernachten, Jan ein Häuschen in einer nahe gelegenen Stadt mieten. An besagtem Morgen nahmen sie jeder ein Bad und kleideten sich so, daß ihre individuelle Note möglichst gut zum Ausdruck kam. Währenddessen herrschte völlige Stille im Haus, kein Fernseher oder Radio lief, das Telefon war abgeschaltet. Bevor sie gingen, stellten sie sich im Garten unter einem Baum einander gegenüber und zogen die Eheringe ab. Sie wollten die Ringe weiter bei sich tragen (Jan befestigte den ihren an einer Halskette), aber erst am Sonntag wieder an den Finger stecken. Damit sollte zum Ausdruck gebracht werden, daß sich jeder in den nächsten 24 Stunden ganz auf sich als unabhängige, sich selbst bestimmende Persönlichkeit konzentrierte.

Jan und Steve hatten einem engen Freund von ihrer Zeremonie erzählt. Er hatte vorgeschlagen, sie sollten von Freitag abend bis Sonntag fasten. Der Vorschlag gefiel ihnen. Für Jan war Fasten eine Art physischer und psychischer Reinigung. Was Steve betrifft, so leuchtete ihm die Symbolik ein, daß man sich am Sonntag »leer« wieder treffen würde, um dann etwas Neues in sich aufzunehmen.

Während ihrer Zeit allein mußten Steve und Jan zwei Aufgaben erfüllen: Erstens sollte jeder ein kleines Foto, auf dem er ganz zu sehen war, hernehmen, die Figur von Kopf bis Fuß ausschneiden und dann auf ein DIN-A4-Blatt kleben. Um dieses Foto herum mußte er Szenen oder Symbole der Eigenschaften zeichnen oder sonstwie darstellen, die sie in den folgenden Monaten und Jahren ihrer Beziehung verwirklichen wollten. Die zweite Aufgabe war, daß jeder ein kurzes, einfaches Zitat aussuchte, das seinem Partner bei dessen Bemühen um Selbstverwirklichung gute Dienste leisten konnte. Sie schrieben es auf eine Karte und schmückten diese ebenfalls mit geeigneten Symbolen. Steve hatte geäußert, er wünsche sich mehr Freude und Lachen in seinem Leben. Deshalb wählte Jan einen Satz von Reinhold Niebuhr, dem Autor des berühmten »Gebets um Heiterkeit«: »Humor ist das Vorspiel zum Glauben, und Lachen der Anfang des Betens.« Auf den Kartenrand malte Jan Bilder des Sommers: Sonne, Vögel und Blumen. Ähnlich bezog sich Steve auf den Umstand, daß Jan sich mehr Gelegenheit gewünscht hatte, ihre kreativen Fähigkeiten einzusetzen, im eigenen Leben wie auch in ihrer Beziehung. Also schenkte er ihr folgenden Ausspruch von C. G. Jung: »Ohne das Spiel der Phantasie hat noch kein Kunstwerk das Licht der Welt erblickt.«

Jan und Steve trafen sich wieder um neun Uhr am Sonntagmorgen in einer schönen Anlage am Flußufer. Zuerst tauschten sie ihre Porträts aus und unterhielten sich eine gute Stunde über die daneben abgebildeten Eigenschaften. Dann lasen sie sich ihre Zitate vor und überreichten einander die Karte, auf der sie standen. Beide saßen ein paar Minuten schweigend mit diesen »Wortgeschenken« in der Hand und dachten über die angesprochenen Eigenschaften nach.

Steve hatte für diese Sonntagsbegegnung einen billigen Drachen vorbereitet und mitgebracht, auch ein paar leichte Stoffstreifen für den Schwanz. Er und Jan bohrten vorsichtig kleine Löcher in die Karten mit den Zitaten und befestigten sie an den Schleifen. Dann ließen sie den Drachen steigen und vergnügten sich damit, abwechselnd die Schnur zu halten. Er stieg höher und höher. Schließlich ergriffen beide gemeinsam ein kleines Taschenmesser, schnitten die Schnur durch und sahen, wie das bunte Ding über die Stadt hinwegflog. Bis zum heutigen Tag können weder Steve noch Jan genau sagen, warum sie gerade diese Geste für ihr Ritual wählten. Trotzdem löste sie aufregende Empfindungen in ihnen aus. »Ich hatte das Gefühl, ich löste mich aus einem Kampfgetümmel«, erklärt Jan. »Die Schnur durchzuschneiden, war, als überließe ich alles dem großen Universum.«

»Vielleicht«, fügt Steve mit einem Grinsen hinzu, »brauchte der glückliche Finder des Drachens die Sprüche auf dem Schwanz ebenso dringend wie wir.«

Als letzte Handlung vor Verlassen des Parks steckten sie einer dem andern die Eheringe wieder an. Danach gingen sie zum Mittagessen. Am Abend rahmten sie ihre Fotos und hängten sie sich übers Bett, wo sie sich heute noch befinden.

Der Schlüssel, ein Paar aus einer Beziehungssackgasse zu befreien, ist also, ihnen ihren Status als Einzelpersönlichkeiten wiederzugeben. Rituale der Art, wie sie Jan und Steve entwickelten, können ungemein stark sein – teils weil die beiden damit ihre Individualität unterstrichen, teils, weil sie noch einen guten Freund mit hinzuzogen. Wenn Ihr Partner Ihrem Wunsch, der zu werden, der Sie sein wollen, Beifall spendet, dann ist das ein gewaltiger Ansporn, sich auch wirklich zu ändern. Und dieser Entschluß kann sich auch später immer wieder in Ihnen bemerkbar machen, selbst in Lebenslagen, wo Sie es niemals erwartet hätten. Jan sagt, bis zu dem Zeitpunkt, an dem sie und Steve die Mitteilungsübungen praktizierten, habe sie immer Schwierigkeiten gehabt, Steve ihre sexuellen Wünsche mitzuteilen. »Nach unserer Zeremonie schien es mir selbstverständlich, ihn darum zu bitten.«

Um das Eisen der Veränderung zu schmieden, solange es heiß war, gingen Jan und Steve dazu über, die Mitteilungsübungen, die sie bisher einmal pro Woche abgehalten hatten, durch ein monatliches Zwiegespräch zu ersetzen. Ein solches Zwiegespräch soll nur der Aufarbeitung aktueller Probleme, Erfolge, Hoffnungen oder Sorgen dienen. Die beiden vollziehen diese Zeremonie vor einem brennenden Kamin im Untergeschoß. Dann vertraut jeder seinem Tagebuch in ein paar Zeilen an, was er während des Gesprächs empfunden hat, woraufhin sie ein einfaches Abendessen in einem Restaurant in der Nähe einnehmen. Jan hat auch mit Meditationsübungen dreimal pro Woche begonnen. Zum Teil arbeitet sie dabei mit der oben beschriebenen Technik. Sie stellt sich zuerst die Eigenschaft vor, die in ihrem Leben mehr Raum gewinnen soll, und setzt sich dann mit den Ängsten bei der Vorstellung auseinander, diese Eigenschaft sei verwirklicht.

Denken Sie daran, daß auch Sie die Wachstumsprozesse, die Sie in Ihren Anfangsübungen oder -ritualen in Gang gesetzt haben, ununterbrochen pflegen müssen. Sicher, ein einziges Ritual kann stark genug sein und Sie zu einer Entscheidung, Ihr Leben positiv zu ändern, veranlassen. Aber Sie können dann die Dinge genausowenig auf sich beruhen lassen, wie Sie etwa zu Beginn des Sommers ein Beet bepflanzen, es einmal begießen, und sich dann bis zum Herbst nicht mehr darum kümmern.

Weggabelungen

Gleichgültig wie ehrlich und offen Sie und Ihr Partner über Ihre Bedürfnisse sprechen, es kann doch immer eine Zeit kommen, wo Ärger, Frust und das Gefühl einer Auseinanderentwicklung die Oberhand gewinnen. Der Familientherapeut Dr. Howard Protinski am Polytechnischen Institut in Virginia schlägt ein interessantes Ritual für Paare vor, die nicht wissen, ob sie noch beisammenbleiben sollen. Ein Trennungsentschluß wird oft in einer Grauzone verwirrender Empfindungen und Mißverständnisse gefaßt. Um diese so wichtige Entscheidung besser zu strukturieren, begibt sich das Paar für drei Tage in relative Abgeschiedenheit, fern der vertrauten Umgebung, ohne jede Ablenkung. Am ersten Tag muß jeder so handeln, als wäre die Trennung schon erfolgt. Ohne Zorn und Bosheit sprechen die beiden über alles, was sie aneinander oder an ihrer Ehe nicht leiden konnten und was sie von einer Zukunft ohne den Partner erwarten. Am nächsten Tag machen sie es umgekehrt. Sie verbringen den Tag, als ob sie zusammenbleiben wollten, erörtern die Gründe dafür und reden über alles, was ihnen an ihrer Beziehung wertvoll erscheint. Unter Benutzung des Sprechstabrituals ist jeder zu bestmöglichem Zuhören und klarem Vortrag in der Lage. Der dritte Tag ist für ein ungezwungenes Miteinander reserviert. Jeder tut, was ihm gerade einfällt.

Ein Paar, das so vorging, Mary und Rob, berichtete, der zweite Tag sei weit besser als der erste verlaufen. »Wir stellten fest, daß wir eine wirklich wertvolle gemeinsame Vergangenheit hatten«, sagt Mary. »Wir erinnerten uns an vieles Schöne, das unter den bösen Wunden begraben war.« Am dritten Tag machten Mary und Rob lange Spaziergänge im Wald, ja liebten sich sogar im Freien, was sie seit Jahren nicht mehr getan hatten. Aber auf der Fahrt nach Hause schien es beiden das beste zu sein, wenn doch jeder seinen eigenen Weg einschlüge.

»Das war traurig, natürlich«, meint Rob. »Aber es ging auch friedlich dabei zu. Obwohl wir beide jeder für sich sein wollten, hatten wir das Gefühl, uns im Frieden zu trennen und in den kommenden Monaten nicht mit einer Wut im Bauch herumlaufen zu müssen.«

Solche »Polaritätsrituale«, bei denen Sie nacheinander die zwei Seiten einer schwierigen Entscheidung ausprobieren können, sind unter Umständen auch in jeder anderen problematischen Lebenslage sinnvoll.

Onno Van der Hart erzählt eine interessante Geschichte von einem Paar, das mittels Ritualen seine Ehe neu beleben wollte. Als sie das erste Mal in die Beratung kamen, hing der Haussegen reichlich schief, vor allem, weil der Ehemann gerade eine Affäre hinter sich hatte. Doch im Lauf der Zeit und mit viel innerer Arbeit begann diese Wunde zu heilen. Sie entschlossen sich, es noch einmal zu versuchen. Um diesen Entschluß zu dokumentieren, wählten sie jeder ein früheres Hochzeitsgeschenk aus, fuhren zum Hafen und warfen es ins Meer. Mit dieser Geste wollten sie bekunden, daß der erste Teil ihrer Ehe nun der Vergangenheit angehörte und ein neues Kapitel des gemeinsamen Lebens aufgeschlagen wurde. (Verständlicherweise sträuben sich vielen Leuten heutzutage die Haare bei dem Gedanken, einen wertvollen Gegenstand in einen See oder ins Meer zu werfen. Aber Sie können ihn auch vergraben oder weggeben, etwa in die Altkleidersammlung oder sonst eine soziale Einrichtung.)

Doppelverdienende Paare

Die große Schwierigkeit in jeder Beziehung ist, daß beide Partner treu miteinander verbunden bleiben und doch als Einzelpersönlichkeiten wachsen wollen. Leider haben doppelverdienende Paare, wie Karen Schwartz von der Georgia State University vor einigen Jahren schrieb, »kaum brauchbare und allgemein akzeptierte Methoden, sich bei wichtigen Übergängen einvernehmlich auseinanderzusetzen«. Das Geheimnis, darauf wiesen Karen Schwartz und andere hin, besteht hier in der Entwicklung von besonderen Schwellenritualen. Denn dauernd kommen die Betreffenden zusammen und werden wieder auseinandergerissen. In der einen Minute sind sie berufstätig, in der anderen Vater oder Mutter und nebenbei auch noch Ehefrau und Ehemann. Solche Rituale sind dazu bestimmt, zwei berufstätige Partner am Ende einer langen Geschäftsreise oder auch nur am Feierabend nach einem hektischen Tag wieder zusammenzubringen. Sie sind im buchstäblichen Sinn Öl im Getriebe einer Beziehung.

Rituale des Wiedersehens

Wäre allein die Entfernung tagsüber das Trennende zwischen Ihnen und Ihrem Ehepartner, ginge das Wiedersehen relativ problemlos vonstatten. Doch anstrengende Arbeit und zusätzliche Sorgen, die zu Hause auf einen warten, erschweren das Umschalten vom Beruf auf die Familie ungemein. Das ist der Grund, weshalb so häufig Streit mit Ihrem Partner ausbricht, wenn Sie sich am Ende eines langen Tages oder einer Geschäftsreise wiedersehen. Gerade dann, wenn Sie mit einem Bein zu Hause, mit dem andern aber noch in der Firma stehen, ist die emotionale Kluft zwischen Ihnen beiden wahrscheinlich am größten.

Wo aber unter Spannungen stehende Menschen miteinander verkehren, wird aus einer Begegnung, die dann mehr ein unkontrollierter Austausch von Emotionen als eine echte Verständigung ist, leicht ein zorniger Schlagabtausch, bei dem sich jeder durchsetzen möchte. Das sture, grollende, nicht enden wollende Schweigen, das auch um neun Uhr abends noch anhält, ist nur die Fortentwicklung eines Spiels, das um sechs Uhr seinen Anfang genommen hat. (Solche Probleme sind aber nicht auf Paare beschränkt. Auch alleinstehende, berufstätige Eltern erleben mit ihren Kindern häufig dieselben Kommunikationsschwierigkeiten.)

Die Lösung besteht hier darin, daß man den Akt des Wiedersehens ritualisiert und einfache Schwellenhandlungen aufbaut, in denen jeder Partner die Berufsrolle allmählich abstreift und in die Eltern- oder Partnerrolle schlüpft. Schon etwas so Einfaches, wie daß man durch nichts abgelenkt zusammen in einem Raum sitzt und volle zehn Minuten kein Wort spricht, ist ein solches Ritual. Doch häufiger bestehen Schwellenrituale darin, daß sich jeder Partner mit einer Tätigkeit beschäftigt, die man »Entgiftung« nennen könnte, zum Beispiel Sport, einer Dusche oder einem Bad, Yoga, Meditation und Musikhören. Paare, die sich regelmäßig solchen »Entgiftungen« unterziehen, bemerken, daß diese im Lauf der Zeit immer wirksamer werden. »Bob und ich sprechen erst richtig miteinander, wenn ich zwei Kilometer gelaufen und er in den Keller gegangen ist und 15 bis 20 Minuten Musik gehört hat«, berichtet eine Anwältin von der Westküste. Als diese Frau mit ihren Spaziergängen begann, brauchte sie jeden Meter der Strecke, um sich von ihrem Bürokram innerlich freizumachen. »Jetzt aber«, sagt sie, »spüre ich das innere Umschalten fast schon, während ich mir noch die Wanderschuhe zuschnüre.«

Um bis zu dem Punkt zu gelangen, wo Sie unerwünschte Spannungen schnell abschütteln können, müssen Sie die gleiche Tätigkeit etwa zur selben Tageszeit und über längere Zeit hin regelmäßig wiederholen – drei Monate ist eine gute Faustregel. Am besten wird aus der »Entgiftung« bald eine liebgewordene Gewohnheit, nicht etwas, was man nur manchmal und notgedrungen tut.

Sollte es Ihnen schwerfallen, wirksame Wiedersehensrituale zu entwerfen, ziehen Sie sich für eine Weile zurück und versuchen sich ruhig vorzustellen, was ein schönes Wiedersehen wäre. Was brauchen Sie? Kommen Sie nach Hause, begierig, den restlichen Tag mit Ihrem Partner zu verbringen, oder müssen Sie sich erst einmal entspannen? Wie könnte in diesem Fall Ihre Entspannung aussehen? Eine halbe Stunde Gartenarbeit? Still in der heißen Badewanne liegen? Denken Sie daran, daß Sie sich bei dieser Vorstellungsarbeit nur auf Ihre eigenen Bedürfnisse konzentrieren dürfen, nicht auf die Ihres Partners. Denn damit ein Wiedersehensritual funktioniert, muß jeder von Ihnen beiden wissen, was er sich unter einem schönen Wiedersehen vorstellt. Erst wenn Sie das wissen, können Sie sich aufeinander einstellen und Kompromisse schließen. Sie setzen sich dann zusammen und tauschen Ihre Ideen untereinander aus.

Übrigens fällt es manchen Leuten schwer, Übergangsrituale für zu Hause zu entwickeln. Es gibt dort zu viele Ablenkungen, vor allem, wenn kleine Kinder da sind. In diesem Fall sollte man die rituelle Handlung auf die Nachhausefahrt verlegen. Halten Sie zehn Minuten an einem Park und gehen Sie kurz spazieren, legen Sie eine gute Kassette ein und machen Sie einen Umweg, setzen Sie sich fünfzehn Minuten auf eine Bank, einen Block vom Kinderhort entfernt, und lesen Sie einen Roman oder lassen Sie Ihre Gedanken schweifen – alles, was Sie über die Schwelle vom Beruf zur Privatsphäre geleiten könnte.

Rituelle Feste

Wenn beide Partner sehr leistungsorientiert und ehrgeizig sind, können starke Neidgefühle auftreten, besonders, wenn sich der eine dem anderen wegen dessen beruflicher Erfolge unterlegen fühlt. Spezielle Zeremonien zur Hervorhebung besonderer Leistungen sind der Weg, beiden Partnern das Gefühl einer Anerkennung zu vermitteln und dadurch das positive Band zwischen ihnen zu stärken.

Noch mehr: Wenn Ihnen die Karriere überaus wichtig ist, wenn Sie einen Großteil Ihres Lebens dafür verwenden, sich einen guten

Platz im Beruf zu sichern, liegt es ja auf der Hand, daß ein großes Geschäft, ein gewonnener Fall, eine Gehaltserhöhung, Beförderung oder ein neuer Arbeitsplatz wichtige Meilensteine für Sie sind. Veranstalten Sie dann ein kleines Festessen oder dergleichen mit Ihrem Partner, um solche Gelegenheiten zu feiern. Aber das sollte nicht wieder nur das übliche Abendessen im Restaurant sein. Geben Sie der Unternehmung Glanz. Erklären Sie Ihrem Partner – oder gegebenenfalls Ihren Kindern –, was dieses Ereignis wirklich für Sie bedeutet. Lassen Sie durchblicken, wie Sie Ihr Partner bei diesem Erfolg unterstützt hat. Und welchen Einfluß hat der Erfolg auf Ihre Zukunftspläne? Welche Sorgen machen Sie sich deshalb? Müssen Sie etwas zurücklassen, das Ihnen vielleicht fehlen wird?

Über Hoffnungen, Zufriedenheit, Verluste und Erwartungen – die Begleiterscheinungen des Wandels – zu sprechen, gehört als entscheidend wichtiger Bestandteil zu solchen Ritualen. Nur die Hektik unseres Lebens pflegt zu verhindern, daß solche Erfolgserlebnisse richtig oder überhaupt wahrgenommen werden. Ohne Gespür für die besonderen Einzelheiten, die Farbe und die Substanz unserer Leistungen fühlen wir uns unter Umständen am Ende ziemlich leer und einsam. Wer aber ein berufliches Ereignis voll auskostet, bremst die Hektik seines Lebens. Und dadurch wird ihm bewußt, wofür er sich eigentlich so verausgabt. Wenn es Ihnen nicht gelingt, ein Gleichgewicht zwischen produktivem Energieverbrauch und seelischer Nahrungszufuhr herzustellen, werden Sie über kurz oder lang ausgeblutet sein.

Einem uns bekannten, in gehobenen Berufen tätigen Paar war aber die Feier eines großen Erfolges noch nicht genug. Sie entdeckten ein wunderbares Mittel, ihr Ritual in einem größeren sozialen Zusammenhang zu verankern – nämlich ihr Erlebnis »weiterzuschenken«. Jedesmal, wenn es zu einer Gehaltserhöhung oder Beförderung kam, aßen sie in einem besonders feinen Restaurant zu Abend. Irgendwann während der Mahlzeit suchten sie sich insgeheim einen anderen Tisch mit Speisenden aus – meist eine Familie, die auch noch etwas gelangweilt aussah – und bestellten unbemerkt für diesen Tisch eine Runde Desserts. Ihre »Geschenke« bleiben stets vollkommen anonym. »Es ist einfach Spitze, so verblüffte und überraschte Gesichter zu beobachten«, erklärt das Paar, »besonders wenn die Leute dann im ganzen Lokal herumschauen und keinen Bekannten entdecken können. Was uns betrifft, so fühlen wir uns schon beim Eintritt in das Restaurant blendend. Aber wenn wir dann gehen, ist es einfach super.«

Andere Paare verbinden ihre Feste mit großem Erfolg mit Wochenendbesuchen in Kurorten. »Ein paar Tage in Crystal River reichen uns vollauf«, erklärt Ruth, eine 40jährige Finanzierungsexpertin aus Colorado Springs. »Bei den warmen Bädern, den Massagen, dem Aerobic und Yoga leben wir schließlich nur noch für den Augenblick.« Aber der eigentliche Höhepunkt dieses Rituals, fährt Ruth fort, kommt erst nach der Kur auf der zweistündigen Heimfahrt am Sonntagnachmittag. »Wir sprechen dann darüber, was der Erfolg wirklich für uns bedeutet, was er uns für die Zukunft bringt. Und wir unterbrechen die Fahrt und machen einen langen Spaziergang um den See bei Marlin Park.«

So feierte dieses Paar seine beruflichen Erfolge, was ein probates Mittel ist, auch unter dauernder Beanspruchung fit zu bleiben.

Doppelverdienenden Paaren fällt es meist schwer, ihre Beziehung richtig zu pflegen. Sie sollten versuchen, aus traditionellen, nicht mehr passenden Rollenmustern auszusteigen und neue, bessere zu finden. Da Rituale doppelverdienende Paare zu gemeinsamen Unternehmungen veranlassen, können sie sehr wirksame Änderungsimpulse darstellen. Sie sind häufig der Wendepunkt einer Beziehung – denn sie fördern die Bereitschaft, ihr durch Sensibilität und Verständnis neues Leben einzuhauchen.

Sollten Sie etwas aus diesem Kapitel gelernt haben, ist es, wie wir hoffen, dies: Welche Befriedigung Ihnen Ihre Beziehung langfristig schenkt, hängt davon ab, wie weit Sie, unabhängig von dieser Beziehung, Ihre eigene Persönlichkeit entfalten und respektieren – und Ihrem Partner dasselbe Recht einräumen. Sogar der sexuellen Bereich hängt auf lange Sicht von Ihrer persönlichen Selbstverwirklichung ab. Der Schriftsteller Sam Keen weist darauf hin, daß nur ein in sich ruhender Mensch sich einem anderen liebend hingeben kann. Liebe und Hilfsbereitschaft kommen erst richtig zum Zuge, wenn sich beide Partner ihrer individuellen Bedürfnisse bewußt geworden sind. Solange das eigentliche Selbst nicht entdeckt und voll akzeptiert ist, wird eine dauerhafte Beziehung wenig mehr als ein Wunschtraum bleiben.

Kapitel 4

Übergangsriten und Rituale in der Familie

»Ich betrachte meine Familie als Prozeß, nicht als fertiges Produkt. Wir sind immer im Werden.«

MARGARET, Architektin, Anfang Vierzig

Würden Sie an diesem klirrend kalten Winterabend durchs Fenster ins Wohnzimmer der Familie Naler-Burgess spähen, würden Sie denken, einem Gesellschaftsspiel zuzusehen, bei dem es hoch hergeht. Fünf Kinder und zwei Erwachsene sitzen locker im Kreis, einige auf Stühlen, andere an irgendwelche Möbel gelehnt auf dem Boden. Ein Küchenwecker, auf die nächste Stunde eingestellt, tickt in der Ecke. Man kann zwar nichts hören, aber offenbar spricht immer nur eine Person. Noch seltsamer ist, daß der Sprecher immer einen kleinen, glattpolierten Stock in der Hand hält. Hat er ausgeredet, übergibt er den Stock dem links neben ihm Sitzenden. Aber anscheinend hat nicht jeder etwas zu sagen. Manche halten den Stock nur einen Augenblick, wie in Gedanken verloren, und reichen ihn dann weiter.

Was Sie hier sehen, ist der wöchentliche Gesprächskreis, ein Ritual, das seit fast zwei Monaten in der Stieffamilie Naler-Burgess eingeführt ist. Der Stock, den Sie bemerkt haben, ist ein »Sprechstab«. Der Begriff stammt aus einem Ritual, das bei vielen Stämmen der Natives in ganz Amerika seit langem üblich ist. Nur wer diesen Gegenstand in Händen hält, darf reden. Dadurch haben die gesprächigeren Mitglieder dieser Familie besser zuhören gelernt, und die eher Schüchternen werden auch wirklich angehört. Dieser spezielle Stock wurde übrigens von einem prachtvollen Eichbaum hinter dem Haus geschnitten. Kim, die fünfzehnjährige Tochter von Ken Burgess, hatte den Vorschlag gemacht, ihn als Sprechstab zu benützen. Wie sie sagt, hatte ihr dieser Baum schon immer gefallen, weil er so groß und stark ist – eine sichere Bleibe für die dort nistenden Vögel und ein guter Schattenplatz im heißen Sommer.

Die Familie Naler-Burgess achtet bei ihrem Gesprächskreis auf genaue Einhaltung der Fristen. Wenn der Wecker nach einer Stunde klingelt, darf der Sprechende nur noch seinen Satz zu Ende führen. Und allenfalls wird die Sitzung, wenn alle einverstanden sind, verlängert, aber höchstens um zehn Minuten. Es hatte sich auch herausgestellt, daß sich alle besser konzentrieren und aktiver teilnehmen können, wenn vorher eine Entspannungsübung gemacht wurde (jeder schließt die Augen und atmet mehrmals tief durch).

Die Nalers und Burgess' sind jetzt an die 18 Monate beisammen, und wie die meisten neuen Stieffamilien sind sie noch sehr damit beschäftigt, Gemeinsamkeit einzuüben. Dazu trägt dieses einfache Ritual mehr bei, als man vermuten sollte. »Nichts und niemandem, weder Freunden noch Arbeit noch Fernsehen wird unser Gesprächskreis geopfert«, sagt Sally.

Das Ritual habe besonders gute Dienste beim Aufbau ihrer eigenen Beziehung zur Stieftochter geleistet, fährt sie fort. »Ich habe versucht, für Kim ein Mittelding zwischen Freundin und guter Bekannter zu sein. Aber wenn ich offen sein soll, es gibt Zeiten, wo keiner von uns weiß, was er vom anderen halten soll. Doch während des Gesprächskreises haben wir guten Kontakt. Ich glaube, wir spüren beide, daß es der andere ernst und ehrlich meint. Und diese Ehrlichkeit schafft Vertrauen.«

»Ich glaube, ich weiß jetzt, warum sich Ben so sonderbar benimmt«, sagt Kim über ihren zwölfjährigen Stiefbruder. Bei einem Gespräch brach Ben in Tränen aus und regte sich auf, er kenne sich gar nicht mehr aus, alles sei anders als früher. »Er ist verletzt«, sagt Kim. »Das wußte ich vorher nicht.«

Verständigungsrituale

Rituale wie die Gesprächszirkel können für jede Familie von Vorteil sein. Erstens bieten sie allen Gelegenheit, offen über ihre Bedürfnisse, Gefühle, Hoffnungen und Erfolge zu sprechen. Zweitens bilden sie ein Forum, auf dem die Familie beschließt, wie es in den kommenden Monaten und Jahren weitergeht. Gerade in Familien, die solche Gelegenheiten zur Klärung, Festigung ihrer

Identität und Richtungsbestimmung nicht haben, entstehen Mißverständisse, Konflikte und ein allgemeines Gefühl der Hilflosigkeit.

Der Gesprächskreis der Naler-Burgess' kommt dem Kommunikationsbedürfnis moderner Familien sehr entgegen. Und doch standen die Elemente dieses Rituals – die Schrauben und Bolzen, die das Ganze zusammenhalten – seit Jahrhunderten auf Abruf bereit. Vor langer Zeit, als die meisten Gesellschaften weniger auf Familien- als auf Claneinheiten aufgebaut waren, bedienten sich die Menschen schon sehr intensiv solcher Techniken. Sie kannten den Wert bewußter Verständigungsmethoden sehr gut, die die Beziehungen innerhalb des Clans festigen und die Rollen seiner Mitglieder bestätigen oder neu definieren können. Außerdem stellten solche Verständigungsrituale genau wie heute willkommene Pausen im Arbeitsalltag dar, in denen man neue Kräfte sammelte und bündelte oder auch Gedanken über Zielsetzungen und Status der Mitglieder austauschte.

Leider fehlen dem Familienleben heute meist solche förderlichen Voraussetzungen. Die meisten Eltern wissen nicht, wie man neue Rituale kreiert, und beschränken sich auf das Nachahmen von Traditionen, die sie in ihrer eigenen Jugend schon als sinnentleert empfunden haben. Sicher, es hat einiges für sich, Bräuche und Sitten generationenlang aufrechtzuerhalten. Wenn aber ein Ritual wirklich nützlich sein soll, muß es den aktuellen Bedürfnissen Ihrer Familie entsprechen und sich einer Sprache und Symbolik bedienen, die jeder Beteiligte versteht. Die eigentliche Stärke eines Rituals liegt nicht so sehr in den Handlungen selbst als im Sinn und der Bedeutsamkeit dieser Handlungen.

Nehmen Sie Helen, jetzt in den Fünfzigern. Viele Jahre lang war es eine geheiligte Tradition in Helens Familie, daß Helen an Weihnachten Plätzchen für ihre Tochter Chelsea backte und sie am Weihnachtsmorgen damit überraschte. Als Chelsea eine Arbeit in einem anderen Landesteil antrat, dachte Helen, sie dürfe nicht ganz mit dieser Tradition brechen, auch wenn die Tochter in den Ferien nicht zu Hause war. Wenn jetzt Chelsea nicht heimkommen kann, schreibt ihr Helen ein besonderes Feriengedicht. Aber das genügt Helen nicht: Auch jetzt noch walzt sie ihren Plätzchenteig aus. Letztes Jahr backte sie noch mehr Plätzchen als sonst und ließ sich von zwei Kindern aus einem Heim in der Nähe helfen. Sie hält also die Beziehung zu ihrer Tochter mit Hilfe einer neuen rituellen Kreation aufrecht (dem Schreiben von Gedichten) und gibt zusätzlich das Plätzchengeschenk an eine größere Kindergemeinschaft weiter.

Rituelle Mahlzeiten

Eine andere Zeremonie, die eine der besten Gelegenheiten zum Gedankenaustausch bietet, ist die gemeinsame Vorbereitung einer rituellen Mahlzeit. Am sichersten trifft man alle fünf Mitglieder der Familie Gailen-Thomas an, wenn man sie am dritten Dienstag im Monat gegen sieben Uhr besucht. Sie werden dann die fünfzehnjährige Sharon sehen, die sich mit ihrem vollen Sportprogramm und vielen sozialen Kontakten sonst ziemlich rar macht. Auch ihr Bruder Jim, vierzehn Jahre alt, wird da sein, kaum weniger beschäftigt als Sharon, sowie ihr Stiefbruder Andy, der bald sechs wird. Natürlich fehlen auch die Eltern, Art Gailen und Joan Thomas, nicht, vielleicht etwas müde von ihrer ganztägigen Arbeit als Abteilungsleiter in einem Kaufhaus und Zeitungsreporterin. »In der Redaktion verlasse ich niemals die Überholspur«, sagt Joan. »Mißverstehen Sie mich bitte nicht – ich habe es gerne aufregend und improvisiert. Aber am Dienstag abend lockere ich die Zügel. Dann ist der Zeitpunkt da, andere Rollen zu spielen.«

Als sich die Familie Gailen-Thomas entschloß, wöchentlich eine besondere Abendmahlzeit einzurichten, gab es zunächst gewisse Widerstände, vor allem bei der sechzehnjährigen Karen. »Sie mauerte«, erzählt Joan. »Sie sagte, darauf könne sie sich nicht einlassen, es könnte Unvorhergesehenes passieren, womit sie sich dann auseinandersetzen müsse. Tatsächlich hatten Art und ich ganz ähnliche Bedenken. Es ist wirklich ein Kunststück für Art, sich rechtzeitig von der Arbeit loszueisen, wenn ihm wichtige Leute fehlen. Und was mich betrifft, na ja, bei der Zeitung gibt es immer Überraschungen.« Doch im Endeffekt blieben Art und Joan hart. »Wir sagten den Kindern, man könnte sich über den Abend und den Zeitpunkt unterhalten, nicht aber über die Einrichtung selbst«, erzählt Art. »Ein- oder zweimal haben wir eine Ausnahme gemacht. Aber im großen und ganzen bestehen wir streng auf unserer Regelung.«

Beim letzten Abschnitt eines Familienessens wird immer schon das nächste Menü festgelegt. Art und Jean sind fürs Einkaufen zuständig, und jedes Kind übernimmt einen Teil der Vorbereitung und des Aufräumens. »Fertiggerichte kommen nicht in Frage«, sagt Joan. »Sicher, ein Menü zu planen und vorzubereiten, ist nichts Besonderes. Aber für uns ist es eine Supergelegenheit, gemeinsam an einer Aufgabe zu arbeiten. Wir lernen Teamwork dabei. Übrigens hatte ich mit meiner fünfzehnjährigen Tochter beim Gemüseeinkauf wahrscheinlich meine besten Gespräche überhaupt.«

Um diese Mahlzeiten zu etwas ganz Besonderem zu machen, benutzt die Familie ihr bestes Geschirr und Silberbesteck. Auch werden die Speisen – und nur bei dieser Gelegenheit – auf einem selbstgemachten Flicken-Tischtuch serviert. An seiner Herstellung war die ganze Familie beteiligt. Jeder besorgte sich zwei Flikken. Der eine Flicken sollte den jeweiligen Spender verkörpern – mit einer von ihm bevorzugten Farbe oder Form –, der andere zeigte, wie diese Person ihre Familie als ganzes einschätzte. Alle einzelnen Stoffetzen wurden dann an einem Samstagnachmittag im Februar, an dem es ununterbrochen schneite, per Hand zusammengesteppt. Joan nähte schließlich den Saum mit ihrer Nähmaschine.

Während dieses Essens bei Gailen-Thomas erzählt jeder mindestens ein Ereignis, über das er froh oder auf das er stolz ist, und sagt den anderen, worauf er sich in den kommenden Wochen freut. Auch hier geht es um ein bewußtes Pausieren, eine Frist, die ausreicht, die Leistungen aller anderen zur Kenntnis und an ihren Träumen Anteil zu nehmen. »Es spielt im Grunde keine Rolle, über was wir uns freuen«, meint Art. »Zum Beispiel erzählte uns Andy letzten Monat, er habe einen Regenwurm gegessen. Nur die Mitteilung als solche zählt.«

Was Joan und Art betrifft, so geben sie sich alle Mühe, aus diesen Mahlzeiten eine feierliche, freudig erwartete Zeremonie zu machen. Der Leser ahnt schon, daß es durchaus Wochen gab, wo die

Kinder, besonders die beiden Teenager, gelangweilt und geistesabwesend wirkten. »Sie wissen, uns liegt daran, daß alle mitmachen«, sagt Art, »aber wenn es einmal schlecht läuft, machen wir keine große Sache daraus. Das Essen ist nicht die Zeit und der Ort zu streiten.«

Auch Familie Fowler aus Palo Alto in Kalifornien veranstaltet rituelle Mahlzeiten. »Am Freitag vor dem Essen«, sagt Karen, »setzen wir uns zusammen und planen. Jeder hat eine Stimme.« Diese Planungsphase macht ungeheuren Spaß, vor allem seit Karen und Jeff auch »symbolische Speisen« eingeführt haben. »Die Woche, bevor unsere Tochter Louise auf die High-School kam, machten wir eine phantastische Quiche«, erzählt Karen. »Eier stehen, das wissen Sie, für einen Neubeginn. Letzten Monat sagte mein Sohn Mark, der im Teenageralter ist, wir sollten scharf gewürztes mexikanisches Essen kochen. Seiner Meinung nach war es zu Hause zum Einschlafen, und dagegen mußte etwas unternommen werden. Das mit dem mexikanischen Essen war ein guter Einfall, denn schließlich endete unser Essen damit, daß wir für den folgenden Monat einen besonderen Wochenendausflug vereinbarten.«

Die Fowlers legen Wert darauf, ihren Tisch so zu decken, daß alles schön und harmonisch wirkt. Sie wollen ihren Mahlzeiten eine besondere Note geben. Eines Dienstags, nach einer besonders spannungsreichen und schwierigen Woche, begab sich die Familie ins Eßzimmer und stellte überrascht fest, daß Jeff auf jeden Teller ein Blatt lavendelfarbenes Papier gelegt hatte, worauf sich kleine Olivenzweige von einem Baum im Vorgarten befanden. Auf jedem Papier stand in sorgfältig gemalter Schrift das Wort »FRIEDE«. Jeff hatte auch die Mühe nicht gescheut, sich über Olivenzweige als Friedenssymbol zu erkundigen, und gab diese Informationen vor Beginn der Mahlzeit weiter.

Julio und Juanita Vasquez, die kleinere Kinder haben, setzen sich jeden Mittwoch um sieben Uhr zu ihrer rituellen Mahlzeit zusammen. Außer daß jeder bei der Vorbereitung mithilft, übermittelt er auch nach dem Gebet einem anderen Familienmitglied ein kurzes Dankeschön für irgend etwas, was ihm in der vergangenen Woche positiv aufgefallen ist. Die Speisen dienen als Symbole und tragen zu dem Gefühl bei, jeder lebe dank seiner Familie, und der

Mensch beziehe aus guten, liebevollen Kontakten zu anderen Energie und seelische Nahrung.

Vor ein paar Monaten entschloß sich die Familie Vasquez, die wöchentlichen Mahlzeiten anders enden zu lassen als bisher. Wenn jetzt alle fertig, die Teller aber noch nicht abgeräumt sind, zündet Juanita eine Kerze an und gibt sie reihum weiter. »Der Gedanke dabei ist, daß jeder, der die Kerze hält, zugleich der Familie etwas Gutes für die kommende Woche wünscht. Wenn alle die Kerze gehalten haben, stellt sie der letzte mitten auf den Tisch, jeder holt tief Atem, und wir blasen sie zusammen aus. Dann räumen wir ab, versorgen Speisen und Geschirr und jeder geht wieder seiner Wege.«

Sollten Sie Lust haben, rituelle Mahlzeiten für Ihre Familie zu organisieren, dann denken Sie an folgende Punkte:

1. Bei jedem Schritt für ein rituelles Mahl, angefangen von der Auswahl der Gänge für das Menü über die Festlegung des Zeitpunktes und des Rahmens bis zu den notwendigen Arbeiten müssen alle Mitglieder der Familie beteiligt sein. Stellen Sie außerdem sicher, daß genügend Zeit für das Essen zur Verfügung steht, damit es keine Hektik gibt. Wenn Ihre Tochter ihren Salat mit Begeisterung durchkauen will und Sie eingreifen, weil sie Ihnen zu langsam ist, zerstören Sie ihre Bereitschaft zum Mitmachen.
2. Sie sollten regelmäßige Zeiten für die Mahlzeiten festlegen und unter allen Umständen einhalten. Ein oder zwei Essen pro Monat reichen bei älteren Kindern gut aus. Kleinere Kinder mögen es lieber einfach, aber dann einmal wöchentlich.
3. Fernsehen und Vorträge oder Nachrichten im Radio sind höchst unerwünscht. Nur unaufdringliche Musik ist unter Umständen günstig. Und wenn Sie keinen Anrufbeantworter haben, legen Sie Ihr Telefon still.
4. Versuchen Sie Speisen zu kochen, an deren Zubereitung sich mehrere Personen beteiligen können – Suppen, Chili con Carne, Eintopf. Einerseits sind solche Essen leicht vorzubereiten, andererseits symbolisieren sie das Familienprinzip an sich – eine Anzahl einzelner Talente fügt sich zu etwas Größerem als nur der Summe der Teile.

5. Erinnern Sie sich an die Notwendigkeit des »exklusiven Ortes«? Denken Sie eine Weile darüber nach, wie Sie den Eßraum zu etwas Besonderem machen könnten. Wie wäre es mit Kerzen oder einem außergewöhnlichen Tischtuch? In manchen Familien werden eigene Stoffservietten oder Sitzkissen bei diesen Mahlzeiten verwendet, manchmal sogar ein besonderer Tafelaufsatz.
6. Versuchen Sie schließlich auf keinen Fall, aus Ihren Essensritualen Krisensitzungen zu machen. Die besten Essensrituale sind die, wo man sich Hoffnungen und positive Erfahrungen mitteilt und über Dinge spricht, die in Beziehung zu den Familienplänen in den nächsten Monaten stehen. Probleme können zu anderen Zeiten behandelt werden, zum Beispiel in einem Gesprächskreis.

Ein Wort über Ferien

Wie nach der Stoppuhr drängen sich jeden Januar Menschen in den Praxisräumen der Therapeuten, erfüllt von Angst, Zorn und Ratlosigkeit, weil wieder einmal ein Familienurlaub schiefgegangen ist. Sie haben genug davon, wie ihre Verwandten, besonders die Eltern, mit ihnen umgegangen sind. Sie wollen nicht mehr wie ein Kind behandelt werden. Sie schwören sich, denselben Fehler nie wieder zu machen.

Es ist aber wichtig, sich klarzumachen, daß wir uns selbst und unseren Partnern und Kindern gegenüber die Pflicht haben, aufbauende Traditionen zu pflegen, die Zusammenhalt fördern statt Zwiespalt. Und wenn das ein Weihnachtsfest auf einer Skihütte, einem Kreuzschiff oder in einem Zelt mitten in der Mojave-Wüste wäre, dann sollten Sie es auch so machen. Ferien sind dazu da, neue Energien und Hoffnungen zu tanken, was wir zum größten Teil sehr nötig haben. Aber solche Empfindungen fallen nicht vom Himmel und uns in den Schoß, nur weil wir zufällig mit unserer Familie um einen Tisch sitzen. Sie ergeben sich dadurch, daß wir in Ritualen Zeit und Ort mit anderen teilen, die ehrlich um größere Freude und Zusammengehörigkeitsgefühl bemüht sind.

Noch vor zwei Jahren war der Gedanke an Ferien für Geena Prather, eine alleinstehende Mutter, unerträglich. »Die fünf oder sechs Tage, die ich jedes Jahr bei meinen Eltern verbrachte«, erzählt Geena, »mußte ich mir ständig zwei Dinge anhören. Erstens meinten meine Eltern, ich sollte wieder heiraten, was ich aber auf keinen Fall möchte. Zweitens konnte fast niemand verstehen, daß ich lieber in einem Manhattan-Appartement wohne als ›standesgemäß‹ in Ohio. Jedes Jahr war es der gleiche Tanz, und er ging mir unglaublich auf die Nerven.« Geena sagt, sie habe ihr Möglichstes versucht, ihrer achtjährigen Tochter Kelly zuliebe gute Miene zum bösen Spiel zu machen. Aber sogar Kelly durchschaute sie schließlich. Als sie einmal wieder nach New York zurückfuhren, fragte Kelly ihre Mutter mit trauriger Miene, weshalb sie Weihnachten nicht mehr möge. »Da wußte ich, es mußte etwas geschehen.« Also machten es Geena und Kelly im nächsten Jahr ganz anders. Geena hatte nicht vor, ihre Eltern im Urlaub völlig zu meiden – sie mochte sie ja. Also nahm sie auf sie Rücksicht und verkürzte nur die Dauer ihres Aufenthalts dort. Am Weihnachtsmorgen flogen sie und Kelly nach Ohio, verbrachten zwei volle Tage mit der Familie und nahmen am nächsten Morgen das Flugzeug ins Disneyland. »Wenn das Ganze auf 48 Stunden beschränkt bleibt, bin ich zu jeder Schandtat bereit«, lacht Geena. »Schon der Gedanke, es handle sich um eine erträgliche Zeitspanne, beruhigte mich.«

Doch gab es etwas, was dieses Weihnachten noch erfreulicher machte als in den letzten Jahren. Denn diesmal erwartete Geena von ihren Eltern nicht mehr, so zu sein, wie sie gar nicht waren. Sie hoffte nicht und wartete auch nicht darauf, daß sie plötzlich über ihren Job als Kleidereinkäuferin in Begeisterung ausbrechen würden, wie sie es ja früher auch nie getan hatten, oder daß ihr Onkel Mike in der Wohnzimmerecke keine schmutzigen Witze mehr erzählen würde. Und als sie ihre unrealistischen Erwartungen erst einmal losgelassen hatte, empfand sie enorme Erleichterung. »Sie sind halt, wie sie sind«, sagte Geena einige Wochen danach. »Alles, was ich tun kann, ist, eine gemeinsame Basis zu finden.«

Damit wollen wir nicht sagen, daß störende Verhaltensmuster in Familien nicht geändert werden könnten. Aber solche Muster brechen nicht von selbst zusammen und müssen jedenfalls nicht gerade im Urlaub neu definiert werden. Sie können die gemeinsame Vergangenheit mit Ihren Verwandten auch genießen, ohne zu erwarten, daß diese nur darauf erpicht sind, Ihr Bedürfnis, bewundert zu werden, zu erfüllen. Fallen Sie nicht darauf herein, was Ihnen die Gesellschaft – und vor allem die Werbung – suggeriert, wie Sie während des Urlaubs sein und sich fühlen müßten. In Wahrheit ergibt sich für die allerwenigsten jene tiefe Befriedigung, nach der sie sich sehnen, allein schon aus der Tatsache eines Familienurlaubs. Machen Sie sich bewußt, was Sie sich von diesen paar Wochen im Jahr am meisten wünschen – Frieden, Gemeinsamkeit, Liebe, Freundlichkeit, Freude, Spiel – und planen dann mit den Menschen und an den Orten Ihren Urlaub, die diesen Wünschen voraussichtlich am ehesten entsprechen.

Wenn Sie unliebsame Begegnungen in den Ferien partout nicht vermeiden können, planen Sie mit Ihrer Familie doch auch rituelle Unternehmungen zu anderen Zeiten des Jahres:

»Vor zwei Jahren brachte Lynn aus dem Buchladen einen Kalender mit, der alle Feiertage enthielt«, erzählt Ken Wibaux. »Wir hatten in unserer Familie schon darüber gesprochen, daß wir den gewohnten Jahresablauf einmal durch etwas Neues, Besonderes unterbrechen müßten. Dieser Kalender war das perfekte Planungsinstrument.« Ken und Lynn beriefen eine Familiensondersitzung ein. Sie begannen mit der Stillegung der Telefone und zündeten dann eine große Kerze auf dem Tisch an. Ziel der Sitzung war, daß jeder seine Vorstellungen vom idealen Urlaub äußern sollte. »Unser Neunjähriger schlug vor, wir sollten jeder ein Bild mit diesen Vorstellungen malen«, sagt Lynn. »Eine prima Idee! Nach der Reihe sagte dann jeder, was die wichtigsten Dinge auf seinem Bild waren. Am Schluß blieben übrig Natur, gutes Essen, Spaß, Lieder, warmes Wetter und Spiele.« Lynn berichtet weiter, nach Auffassung der Familie sollte die geplante Zeremonie auch mit etwas für alle Beteiligten sehr Wichtigem verbunden sein.

Nach dieser Übung blätterte die Familie Wibaux den Kalender durch, vor allem die warmen Monate, und suchte nach einem freien Tag, der allen gut paßte. Schließlich einigten sie sich auf den »Tag der Erde«. »Die Natur stand also im Mittelpunkt, was uns allen super vorkam«, erzählt Lynn. »Außerdem hatten wir hier eine große Auswahl an Möglichkeiten.« In den folgenden Wochen setzte sich die Familie Wibaux noch einmal an den Tisch, zündete die Kerze wieder an und begann mit der Planung der Einzelheiten der Zeremonie. Als der große Tag da war, nahmen sie gemeinsam ein besonderes Frühstück ein, umrahmt von Musikstücken, die die Natur thematisieren. Hierauf gab es ein herrliches Ritual im Garten, wo die Familie ein in der unweit gelegenen Gärtnerei gekauftes Kiefernbäumchen pflanzte. Am Nachmittag fuhren sie in einen Park in der Nähe und veranstalteten ein Picknick mit Speisen, die nur aus Baumfrüchten bestanden. Der Rest des Tages gehörte dem Vergnügen – auf Bäume klettern und im Wald wandern.

»Das Schöne dabei war«, sagt Lynn von dieser Zeremonie, »daß wir so wunderbar unter uns waren. Niemand konnte uns mit seinen Erwartungen in die Quere kommen. Wir taten einfach, was wir mögen, und zeigten, was wir sind.«

Andere Familien haben schöne rituelle Feste an anderen Feiertagen veranstaltet, zum Beispiel am Kwaanzatag, dem afrikanischen Erntefest. An Kwaanza huldigt man sieben wesentlichen Merkmalen des Lebens und der Gemeinschaft. Das Fest wurde von einem Afroamerikaner als Alternative zur zunehmenden Kommerzialisierung von Weihnachten eingeführt. Aber solche Feste müssen die traditionellen Feiern nicht unbedingt ganz ersetzen. Fassen Sie sie als Extrageschenk für Ihre Familie auf, als Gelegenheit, gemeinsame Werte neu zu beleben, in einer warmen und herzlichen Atmosphäre.

Besondere Probleme in Stieffamilien

Man kommt nicht um die Tatsache herum, daß besonders eindrucksvolle Familienrituale – Feste und Traditionen, die dem Wir-Gefühl der Familie besonders gut entsprechen – nur aus gemeinsamem Schicksal entstehen können. In einer neuen Stieffamilie gibt es ein solch gemeinsames Schicksal natürlich noch nicht und muß erst langsam und mühsam aufgebaut werden. Das Leben in einer neuen Stieffamilie kommt manchmal dem Versuch gleich, Öl und Essig zu mischen. Sie können quirlen und rühren bis zur Erschöpfung, und doch bleiben die Flüssigkeiten höchstens kurze Zeit beisammen. (Vor mehreren Jahren dokumentierte die Familienforscherin Patricia Papernon von der Universität Boston die

Entwicklungsphasen einer Stieffamilie vom ersten Zusammenkommen bis zur Entstehung einer festen, funktionierenden Gemeinschaft. Der ganze Prozeß dauert, wie sie feststellte, normalerweise vier bis sieben Jahre.) Alle Stiefeltern haben den festen Wunsch, die neue Familie möglichst rasch zu stabilisieren. Aber einem so empfindlichen System mit starren Regeln beikommen zu wollen, ist der sichere Weg in die Katastrophe. Statt dessen sollte das Familienleben allmählich und bedächtig durch langfristige Traditionen und Bräuche gefestigt werden – immer wiederholte Feste, gemeinsame Ferien usw. –, wie Pinselstriche auf einer Leinwand, deren Farbe und Struktur sich auch erst festigen müssen, bevor der nächste aufgetragen wird.

Welche Art von Unternehmungen eignen sich also in den ersten Jahren einer neuen Stieffamilie? Natürlich ist es niemals falsch, einen Versuch mit Gesprächskreisen und Familienessen zu machen, obwohl Sie sich nicht wundern dürfen, wenn ältere Kinder vorerst höchstens Zaungäste spielen. Diese ersten Jahre sind eine harte Zeit für Kinder, besonders wenn sie den Verlust der alten Familienbräuche noch nicht verwunden haben. Wie katastrophal die frühere Ehe der Eltern eines solchen Kindes auch gewesen sein mag – eine neue Familie stellt es vor die Aufgabe, den Traum, daß diese Ehe eines Tages doch wieder funktionieren könnte, aufzugeben. Das ist wie eine Art Tod und erfordert, wie jeder Tod, Trauerarbeit. Auch in Fällen, wo ein leiblicher Elternteil des Kindes gestorben ist, wirkt die Beziehung zwischen diesem und dem Kind weiter. In ihrem Buch »Ein Leben als Stiefkind« erzählen R. Roosevelt und J. Lofas von einer Frau namens Helene, die eine kleine Stieftochter hatte. Das Kind hatte Angst, Helene könnte ihm die Erinnerung an seine leibliche Mutter, die vor zwei Jahren gestorben war, rauben. Helene baute ihrem Stiefkind eine Brücke. Sie besorgte sich ein Bild der Verstorbenen, rahmte es und schenkte es dem kleinen Mädchen. »Du weißt, das Herz hat viele Kammern«, sagte sie dabei, »und es wächst, während du selbst wächst. In deinem Herzen wird immer eine Kammer voll Liebe für die Mami bleiben. Aber du hast andere Kammern im Herzen für die Liebe zum Papi und zu Schwester und Bruder. Beim Älterwerden wirst du noch mehr Menschen in dein Herz einschließen, ja du wirst immer mehr Kammern bekommen.« Helene und ihre Stieftochter suchten dann gemeinsam einen schönen Platz für das Bild im Zimmer des Kindes.

Zögern Sie niemals, Traditionen mit Ihren Kindern beizubehalten, die wichtiger Bestandteil Ihres Lebens vor Ihrer neuen Ehe waren. Die beste Methode dabei ist, nicht die Traditionen der einen Familie denen der andern vorzuziehen, sondern beide zusammenzufügen.

(Wenn Kinder gegen einen neuen Stiefelternteil rebellieren, dann oft, weil sie das Gefühl haben, dieser wolle die Rituale oder Überzeugungen ändern, die ihnen bisher zur Strukturierung der Umwelt gedient haben. Denken Sie immer daran, daß für Kinder in dieser Lage der Übergang von der Auflösung alter Lebensordnungen über eine Zeit der Wirrnis bis zum schließlichen Neubeginn besonders schwierig ist.)

Als Claire Adams und Rick Stoddard heirateten, hatten Claire und ihr elfjähriger Sohn die Christmette immer abends in einer bestimmten Kirche besucht, während Rick und seine beiden Kinder am weihnachtlichen Vormittagsgottesdienst in einer anderen Kirche teilzunehmen pflegten. In den ersten beiden Jahren gingen die Familien sonntags jede weiter in ihre gewohnte Kirche. Dann besuchten sie an Weihnachten und Ostern Gottesdienste an beiden Orten. »Wir wollten damit zum Ausdruck bringen, daß beide Traditionen wichtig waren«, erklärt Rick. »Außerdem werden die Kinder auf diese Weise mit unterschiedlichen religiösen Auffassungen bekannt gemacht.«

Das gleiche gilt für die Ferien. Wenn eine Familie in den Sommerferien immer zum Campen ging, während die andere in der Stadt blieb, dürfte es in den Anfängen der neuen Stieffamilie das beste sein, beides miteinander zu verbinden. Hat dann die Familie eine neue Identität gefunden – was zwischen zwei bis vier Jahre zu dauern pflegt –, können Sie etwas Neues versuchen.

Stärkung des Familiengefühls

Es wäre zwar verkehrt, zu erwarten, daß man neue Traditionen gleich unmittelbar nach einer zweiten Eheschließung aufbauen könnte. Aber das heißt nicht, daß Sie nicht von Anfang an das Zusammengehörigkeitsgefühl stärken könnten, aus dem eines Tages solche Traditionen erwachsen. Der beste Weg dazu sind ein neues Fotoalbum oder Videofilme für Ihre neue Familie. Auch wenn vielleicht im Augenblick nicht alle von dieser Idee begeistert sind, werden die Plätze, an die Sie gehen, und die gemeinsamen Erlebnisse dort allmählich als wichtige, ja wertvolle Bestandteile der Familiengeschichte aufgefaßt werden. Halten Sie also immer die Augen offen und versuchen Sie Ihre Kinder in bedeutsame Übergangsriten mit einzubeziehen. Als zum Beispiel Rick und Martha letztes Jahr heirateten, fungierte Marthas sechsjähriger Sohn Donny als Überbringer der Trauringe. Ricks Sohn, der vierzehnjährige Matt, las während der Zeremonie aus der Bibel vor, während der andere Sohn, sechzehn Jahre alt, als Ministrant wirkte.

Ebenso ließen sich Lila und Peter, während sie kurz vor ihrer Hochzeit eine neue Wohnung suchten, von ihren Kindern begleiten. »Zuerst veranstalteten wir auswärts ein großes Frühstück«, erzählt Lila. »In jedem Bezirk, wo wir uns umschauen wollten, fingen wir bei der Schule an und schwärmten dann fächerförmig aus. Als wir schließlich etwas Geeignetes fanden – ein hübsches kleines Haus in der westlichen Vorstadt wie auf dem Dorf –, hatte jeder den Eindruck, zu dieser Entscheidung beigetragen zu haben.« Die Familie feierte dann ihren Erfolg mit einem besonderen Abendessen. Sicher, so etwas macht die Dinge etwas aufwendiger für Vater und Mutter. Aber Unternehmungen wie die Suche nach einer Wohnung sind starke Rituale. Und die Einbeziehung der Kinder in unsere Rituale ist der sicherste Weg, ihnen bewußtzumachen, daß sie wertvolle Mitglieder der Familie sind.

Eine andere Aktivität, zu der Sie vielleicht Lust haben, vor allem bei Kindern unter zehn, ist die Anfertigung eines Familienwappens. So etwas ist nicht nur vergnüglich, sondern trägt auch sehr zur Stärkung des noch schwachen Zusammengehörigkeitsgefühls bei. Es eignet sich vor allem für Stieffamilien, die erst neun bis zwölf Monate zusammen sind.

Die Familie Johnston-Magee lebt seit fünfzehn Monaten zusammen. »Nach einer sehr harten Zeit«, berichtet Roger Johnston, »sieht es so aus, als gäbe es allmählich eine Wendung zum Besseren.« Um das zaghaft wachsende Familiengefühl zu unterstützen, haben sich die Johnston-Magees entschlossen, ihr eigenes Familienwappen zu entwerfen. Auf diese Möglichkeit sind sie von einem Stieffamilien-Workshop gebracht worden. Jedes Familienmitglied versichert uns, daß dieses Wappen etwas ganz Ungewöhnliches wird – eine Collage mit Bildern und Symbolen, die verkörpern, was jedem an der neuen Familie besonders gefällt. Die Mutter, Julie Magee, malt einen Sonnenaufgang. Sie habe dieses Thema gewählt, meint sie, weil ihr die neue Familie Helligkeit und Hoffnung gebe, so wie sie sich fühlt, wenn sie an einem klaren Sommermorgen aufwacht und die Sonne gerade über den Horizont steigt. Ihr zehnjähriger Stiefsohn Mark hat einen Wikingerseemann gezeichnet. Er erklärt, Schiffe und Matrosen hätten etwas Aufregendes und Abenteuerliches für ihn, und genauso sei es ihm ergangen, als die neue Familie fünf Tage am Crater Lake wanderte und campte. Und der achtjährige Kyle hat sich mit dem Gesicht eines Clowns gehörig abgemüht. »Mein Stiefvater lacht dauernd«, erklärt er. »Dann muß ich auch lachen.«

Wenn jeder sein Bild fertig gemacht und es der übrigen Familie erklärt hat, werden die Bilder ausgeschnitten und so arrangiert, daß sie eine Art Emblem bilden: ein Familienwappen.

Manche Familien bringen darauf noch gekreuzte Schwerter an, so daß sie wirklich wie Adelswappen aus alten Zeiten aussehen. Andere plazieren in der Mitte ein Foto vom Haus oder schreiben ihre Namen in kühn geschwungenen Buchstaben darauf – was ihnen eben gerade einfällt. Roger Johnston fühlt sich inspiriert, einen Kreis als Symbol der Einheit hinzuzufügen. Er sammelt ein paar kleine Zweige und bindet sie mit einem Faden ringförmig um das Brett, auf dem die Bilder stehen. Schließlich ist das Wappen der Johnston-Magees fertig und gerahmt. Sie hängen es an einer auffälligen Stelle im Eßzimmer auf, wo jeder es sieht. Was und wer die einzelnen vorher auch gewesen sein mögen – dieses Bild wird sie stets daran erinnern, worum es in ihrer Familie geht.

Ortswechsel

Sich zwischen zwei Elternhäusern hin und her zu bewegen, ist für Kinder an und für sich schon eine schwierige Situation, aus der leicht Trennungsängste und Ratlosigkeit resultieren. Sie können Ihren Kindern diese kurzfristigen Übergänge erleichtern, indem Sie einfache Rituale erfinden, die jedesmal beim Wechsel von Familie zu Familie durchgeführt werden. Die Eltern Stephanie Lindsey und Duayne White leben in verschiedenen Gegenden des Landes und haben einen gemeinsamen »Wachdienst« eingerichtet. Ihre beiden Kinder, neun und elf, besuchen den anderen Elternteil viermal im Jahr. Um den Sprößlingen dabei behilflich zu sein, haben beide Eltern einfache »Schwellenrituale« entwickelt, die die Kinder besser an die neue Umgebung gewöhnen sollen. Wenn diese zum Beispiel abends in Duaynes Stadt ankommen, halten sie auf dem Weg vom Flughafen immer beim selben Restaurant, um eine bestimmte Pizza zu essen. Dann erst fahren sie nach Hause, wo sie sich im Eßzimmer vor dem Fernseher auf den Boden setzen, in Decken gehüllt, an die sie seit Jahren gewöhnt sind. Am Morgen des Abschieds machen sie immer einen langen Spaziergang im nahe gelegenen Park, füttern die Enten und landen schließlich zu einem großen Frühstück in einem Lokal. Erwachsenen mögen solche Rituale übertrieben vorkommen. Aber für ein Kind, das sich in eine neue Umgebung eingewöhnen soll, können sie entscheidend sein.

Auch sollten Sie sich bewußt sein, daß Ihre Kinder je nach Alter vielleicht eine Schonfrist von einigen Stunden, ja einem ganzen Tag, brauchen, um sich der neuen Lage anzupassen. Legen Sie am ersten Tag noch keinen so großen Wert darauf, daß die Zahnbürsten im richtigen Halter stecken oder die Kleider in der dafür vorgesehenen Kammer und Schublade liegen.

»Ich bin dazu übergegangen, diese Zeit mit den immer gleichen Tätigkeiten auszufüllen«, sagt Denise, die zugleich Mutter und Stiefmutter ist. »Am ersten Tag, wenn Kevin oder Lisa zurückkommen, sind wir relativ ruhig. Wir essen zu Hause. Wir verbringen den Abend zu Hause, schauen uns einen Film an oder spielen ein Spiel. Sollte es Benimmprobleme geben, verschieben wir die Regelung auf den nächsten Tag.« Eltern, die das Kommen und Gehen ihrer Kinder durch Rituale und besondere Schonfristen zur Orientierung begleiten, werden in diesen Perioden weit weniger Konflikte erleben als andere.

Gleichgültig, wie lange die Kinder bei Ihnen bleiben: sie brauchen ihren eigenen Bereich. Wenn Sie ein eigenes Zimmer für sie haben, gut. Falls nicht, geben Sie ihnen eine Kammer, eine Schreibecke, eine Kommodenschublade – etwas, was sie als ihr persönliches, exterritoriales Gebiet betrachten können. Der Vater der achtjährigen Shelly Warren, Jeff, wohnt in einem Wohnmobil, wo Platz Mangelware ist. Als sie das erste Wochenende zu Besuch kam, nahm sie Jeff in ein Gebrauchtmöbellager mit, wo sie eine alte Kommode fanden. Dann kaufte Shelly im Haushaltswarenladen zwei Farben, die sie gerne mochte, und bemalte am Nachmittag mit ihrem Vater die Kommode schön bunt. Am nächsten Tag säumten sie die Schubladen mit grünen und gelben Papierstreifen und banden noch ein duftendes Trockensträußchen daran. »Viel ist es nicht«, sagt Shellys Vater. »Aber sie weiß, es gehört ihr.« Fragen Sie Ihre Kinder, wo sie die Ecke für ihre Privatsachen gerne haben würden. Wo fühlen sie sich am wohlsten?

Alte Mythen

Man sollte unbedingt daran denken, daß das Entstehen einer neuen Identität in Stieffamilien sehr erschwert wird, wenn Eltern verbreitete, doch möglicherweise gefährliche Überzeugungen – soziale Mythen – in die Ehe mitbringen.

Der Disziplin-Mythos

Sowohl Mütter als auch Väter gewöhnen sich meist nur sehr schwer an die Vorstellung, daß sie zwar bei ihren eigenen Kindern, nicht aber bei den Stiefkindern das Sagen haben. Dieses Problem stellt sich besonders gravierend für die Millionen Frauen, die die

Konvention verinnerlicht haben, daß die Frau für alle Erziehungsfragen zuständig ist. Der neue Partner kann gewöhnlich nicht mehr tun, als den anderen bei seiner gewohnten Erziehung zu unterstützen (außer die Kinder sind noch sehr klein). In den meisten Fällen sind Stiefkinder nicht an einem Elternersatz interessiert. In den gesündesten Stieffamilien kann ein Stiefelternteil offen sagen: »Ich weiß, es sind nicht meine Kinder. Sie haben ja einen sehr guten Vater bzw. Mutter. Ich lebe nur mit ihnen zusammen.«

Aber was Sie Ihren Stiefkindern in den ersten Jahren durchaus geben können – und das ist vielleicht der größte Vorteil einer Stieffamilie –, sind die neuen Perspektiven, Fähigkeiten und Hilfestellungen, die sich daraus ergeben, daß Sie nicht völlig in der traditionellen Elternrolle aufzugehen brauchen. Stiefeltern sollten sich vielleicht am besten als »eng verbundene Außenstehende« auffassen. Sie sind weit genug von ihren Stiefkindern entfernt, um gute Vertrauenspersonen bei problematischen Themen wie Sex und Drogen abzugeben, und doch wiederum nahe genug, um die meisten einschneidenden Erfahrungen des Kindes mitzuerleben.

Der Mythos von der »Liebe auf den ersten Blick«

Ob es Ihnen gefällt oder nicht: Die Wahrheit ist, daß Sie die Kinder Ihres neuen Partners nicht schon im gleichen Augenblick lieben oder von ihnen geliebt werden, wo Sie mit ihnen unter demselben Dach schlafen. Das heißt ebensowenig, daß Sie gefühlskalt sind, oder daß das Kind ein egoistisches Balg ist, nur weil es Zeit zum Aufbau einer Beziehung zu Ihnen braucht. Sie und Ihre Stiefkinder beginnen praktisch als Fremde, und Ihre Beziehung ist anfangs ebenso lose, wie wenn Sie auf einem Kaufhausparkplatz zufällig aufeinanderstießen. Erst im Lauf der Zeit werden Sie Freunde werden. Und erst dann – Jahre später – werden Sie sich wirklich als Familie fühlen.

Der biologische Mythos

Dieser Mythos sitzt gewöhnlich Stiefeltern, die keine eigenen Kinder haben, wie ein Stachel im Fleisch. Wenn Sie mit den Kindern Ihres Partners eine Kraftprobe nach der anderen durchstehen müssen, wenn Ihre Wohnung Ihnen weniger als Heim denn als Schlachtfeld erscheint, liegt der Gedanke verführerisch nahe, Sie hätten diese Probleme nicht, wenn Sie der biologische Vater bzw. die Mutter der Kinder wären. Bekommen Sie diesen Gedanken nicht in den Griff, kann er sich zu einem tiefen Ressentiment auswachsen, und Sie werden ständig der Vergangenheit nachtrauern. Aber die Wahrheit ist natürlich, daß Sie als biologischer Vater bzw. Mutter ebenso große Probleme hätten wie jetzt, nur anderer Art. Versuchen Sie also, Ruhe zu bewahren. Stieffamilien sind eine Art Prozeß. Mit der Zeit wird sich Ihre neue Familie zu einer Gemeinschaft entfalten, die weit harmonischer und ganzheitlicher ist als jetzt.

Der Mythos von der »bösen Stiefmutter«

Sollten Sie je daran gezweifelt haben, daß uns die in der Kindheit gehörten Mythen und Märchen auch noch als Erwachsene nachhaltig beeinflussen können, dann versuchen Sie nur, eine Frau in zweiter Ehe zu finden, der nicht mitunter die Vorstellung von der bösen Stiefmutter durch den Kopf gegangen wäre. Leider endet es meist damit, daß solche Frauen um jeden Preis beweisen wollen, daß sie es nicht sind. Gewöhnlich werden »Supermütter« daraus, die sich geradezu überschlagen, um es allen recht zu machen, wobei sie sich selbst zugrunde richten.

Der Rettermythos

Pauline, ohne eigene Kinder, war mit der festen Überzeugung in ihre zweite Ehe gegangen, daß sie die Kinder ihres neuen Mannes, deren Mutter vor drei Jahren gestorben war, »retten« müsse. Sie war sehr gekränkt, als nach etwa einem gemeinsamen Jahr die Kinder sie immer noch nicht mochten. Zuerst reagierte sie so, daß sie sich von der Familie innerlich zurückzog, um sich keine weiteren Wunden schlagen zu lassen.

Ebenso kam Roberto in seine zweite Ehe mit der Gewißheit, seine jetzige Frau würde die vollkommene, unentbehrliche Mutter für seine Kinder sein. So begierig war er, diese Vorstellung in die Wirklichkeit umzusetzen, daß er der Frau von Anfang an fast alle elterliche Verantwortung zuschob, womit er aber in ihr und den Kindern nur Ärger auslöste. »Manchmal ist es schwer zu unterscheiden, was ich für meine Stieftöchter und was für meinen Ehemann tue«, bekennt Robertos Frau. »Handle ich aus Liebe zu ihnen oder um ihm zu gefallen?«

Welche Art von Mythos haben Sie in Ihre Stieffamilie mitgebracht? Wie beeinflußt er unter Umständen Ihren Versuch, gute Beziehungen zu den neuen Verwandten aufzubauen? Nehmen Sie sich ein paar Minuten und denken über folgende Fragen nach:

1. Welche Rollen schrieben Ihre eigenen Eltern einer Mutter und Ehefrau, einem Vater und Ehemann vor? Was fällt Ihnen ein, wenn Sie über Ihre Eltern als Ehepaar nachdenken? Wie sehen im Vergleich dazu Ihre Erwartungen an die neue Ehe aus? Nehmen Sie sich die Zeit, um mit Ihrem Partner darüber zu sprechen.
2. Welche Funktion hatten Namen und Spitznamen in Ihrer Herkunftsfamilie? Sollten sie besondere Freundlichkeiten oder Informationen ausdrücken? Hat man Sie manchmal als »unser Dummerchen«, »kluges Köpfchen« oder »Spielverderber« bezeichnet?
3. Könnte es sein, daß Sie in einer problematischen Umgebung negative Mythen übernommen haben, die noch weiterwirken? Viele erwachsene Kinder von Alkoholikern und Opfer anderer Kindheitstraumata hängen noch an alten Überlebenstaktiken. Vielleicht haben Sie Angst vor tiefen Gefühlsbeziehungen zu Ihrem Partner, weil Sie Schlimmes befürchten, etwa daß Ihr Partner fremdgeht oder sich Ihnen sonstwie entzieht?
4. Da Rituale Ausdruck unserer privaten und kollektiven Mythen sind, sollten Sie die Rituale und Traditionen Ihrer früheren Familie unbedingt einmal untersuchen. An welche klammern Sie sich und welche würden Sie am liebsten über Bord werfen?

Sprechen Sie mit Ihrer neuen Familie darüber und analysieren vor allem, welche Eigenschaften sich in den von Ihnen am meisten geschätzten Traditionen ausdrücken. Was denkt Ihre neue Familie über diese Eigenschaften? Ist sie bereit, Sie bei der Verwirklichung dieser alten Werte zu unterstützen? Können Sie Ihre alten Rituale modifizieren und den gegenwärtigen Bedingungen und Bedürfnissen anpassen?

Eine andere wunderbare Methode, die Einstellungen Ihrer neuen Familie kennenzulernen, besonders wenn kleine Kinder dabeisind, ist folgende: Lassen Sie alle zusammenkommen und möglichst ähnliche Figuren von Ihren Angehörigen anfertigen, entweder in Form von Puppen, die man über die Hand zieht, oder von ausgestopftem Spielzeug. (Die Figuren sollten neu sein, also nicht solche, an die sich die Kinder schon gewöhnt haben oder die sie vom Fernsehen und Film her kennen.) Als Bühne kann alles mögliche dienen, schon eine Tischplatte oder ein Sofakissen reicht aus. Die Puppen wandern vielleicht draußen im Wald umher, kaufen am Markt ein oder befinden sich weit weg in einem fremden Land. Hand- und Stoffpuppen sind ein untrügliches Sprachrohr, durch das Kinder ihre wahren Gefühle weit lieber und besser ausdrücken als sonst. Nehmen Sie das Spiel auf jeden Fall auf Video auf, auch wenn Sie sich die erforderliche Apparatur erst ausleihen müssen. Denn meist bekommt man erst später, wenn man sich das Band noch einmal anschaut, den richtigen Eindruck von der Dynamik der Familie.

Nach dieser ersten Aktion rufen Sie die Familie zu einer weiteren Aktion zusammen. Diesmal ist Inhalt des Theaterspiels, was aus der Familie einmal werden soll. Das ist eine vorzügliche Methode, geheime Wünsche offenzulegen, und jeder hat dabei das Gefühl, er trägt etwas Wichtiges zum gemeinsamen Ziel bei. Sprechen Sie danach eine Weile über die Art von Familie, die Sie gerne haben möchten. Wie sieht sie aus und wie fühlt man sich in ihr? Was werden Besucher in fünf Jahren über Ihre Familie sagen?

Eine Möglichkeit, diese neue Vision im Leben zu verankern, ist, daß man schriftliche Versprechen austauscht. Alle verpflichten sich, sich in Zukunft so zu verhalten, daß die geäußerten Ziele auch erreicht werden. Als die Familie Hollings das Puppenspiel ihrer Zukunft aufführte, erkannten die Teilnehmer, daß sie viel entspannter und vergnügter waren als jetzt. Sie scherzten und lachten und spielten einander Streiche. Als sie sich dann ihre Versprechungen machten, versprach die Stiefmutter Brenda – nach ihrer eigenen Einschätzung die »Strengste« der Familie – ihren sieben- und neunjährigen Stiefsöhnen, sie am nächsten Samstag in einen Vergnügungspark mitzunehmen. Denken Sie daran, daß bei diesen gegenseitigen Versprechungen noch mehr herausspringt, wenn man sie in ein Ritual einbettet. Geben Sie Ihre Versprechen zum Beispiel als Teil einer Gesprächskreiszeremonie oder am Ende eines besonderen Familienessens.

Schließlich könnte es auch sein, daß Sie einmal einen Versuch mit Rollenspielen wagen wollen. Dabei tut jeder für eine Weile so, als sei er ein anderes Familienmitglied. Er spricht und bewegt sich übertrieben, um diese andere Person zu charakterisieren. »Wenn ich mich überfordert fühle, ducke ich mich und weiche zurück«, sagt Kristen Conner, die vor zwei Jahren Stiefmutter der dreizehnjährigen Wendy wurde. »Aber wir waren noch keine zwei Wochen beisammen, als Wendy mir in dieser Hinsicht den Spiegel vorhielt. Als wir zum ersten Mal das Rollenspiel machten, stellte sie mich dar und wankte mit ausgestreckten Armen und halbgeschlossenen Augen, wie die Zombies in alten Filmen, durchs Zimmer. Es war sehr komisch. Ich erkannte dadurch, daß ich kontaktfreudiger sein und meinem Mann und meiner Stieftochter sagen mußte, was in mir vorging.« Versuchen Sie dieses Experiment aber nicht, bevor jeder bereit und fähig ist, gut gelaunt, ohne Zorn und Bosheit, dabei mitzumachen.

Im Lauf der Zeit

Ab dem Zeitpunkt, wo Sie und Ihr Partner sich endgültig als »Elternteam« etabliert haben, wird es bedeutend leichter werden, Rituale und Traditionen in Ihrer Stieffamilie einzuführen. Nur wenn Eltern ihren eigenen Lebensrhythmus gefunden haben, wenn sie sich gegenseitig über die Regeln informieren, die sie für ihre leiblichen Kinder aufstellen, und dann gemeinsame, für alle gültige

Normen festlegen, werden sie entdecken, daß auch ihre Kinder sich mehr und mehr einbringen. Erst ein solches gemeinschaftsbildendes Verhalten verwandelt Familien aus einem Konglomerat von unverbunden vor sich hin lebenden Personen in einen gesunden, funktionierenden Organismus. »Wenn Stieffamilien Probleme haben, muß ich mich selten um die Kinder kümmern«, berichtet Susan Barkin, die seit Jahren mit Stieffamilien in ihrer Privatpraxis in San José, Kalifornien, arbeitet. »Denn wenn erst einmal das Elternteam richtig arbeitet und die Zügel fest in der Hand hält, ordnen sich die Angelegenheiten der Kinder von selbst.«

In der Regel stellen sich bei zum zweiten Mal Verheirateten nach drei bis sieben Jahren regelmäßig echte, persönliche Erfahrungen und Erlebnisse ein, nicht nur mit den Stiefkindern, sondern auch mit dem jeweiligen Partner. Damit soll nicht gesagt sein, daß es dann keine Probleme mehr gibt. Natürlich gibt es noch welche. Aber sie tauchen jetzt in einer relativ sicheren und gefestigten Zweierbeziehung unter Erwachsenen auf sowie einem klar definierten, befriedigenden Verhältnis zwischen den Kindern und ihren Stiefeltern. Damit ist der Zeitpunkt gekommen, stabile Rituale einzuführen, wiederholt durchgeführte Handlungen, die schließlich zu Traditionen werden.

Drei Jahre nach der Hochzeit reservierten die Lorraines in Pensacola, Florida, den Sonntagnachmittag für Ausflüge aufs Land. »Irgendwann«, erzählt Rob Lorraine, »ergibt sich dabei immer Gelegenheit, auszusteigen und Spiele zu machen, selbst bei schlechtem Wetter.« Die Familie ist auch bestrebt, in den Ferien neue Traditionen einzuführen. »Es hat sich schließlich das sichere Gefühl eingestellt, daß wir eine Familie sind«, sagt Rob. »Und mit diesem Gefühl kommt auch der Wunsch, Dinge nur auf unsere Art zu tun.« Solche Rituale der Kontinuität definieren die Familienidentität. Sie sind Ausdruck ihrer Einzigartigkeit. Und derartige Selbstdefinitionen führen dazu, daß alle sich am richtigen Ort und in der richtigen Beziehung aufgehoben fühlen, daß sie Selbstvertrauen entwickeln und ihren eigenen Stil finden.

Bis aus einer Stieffamilie ein von Liebe getragener, funktionierender Organismus wird, muß sie bestimmte Entwicklungsstufen durchlaufen. Die ersten Stufen sind die schwierigsten. Vielleicht sehnen Sie sich nach Familienbindungen, die aus einer gemeinsamen Vergangenheit resultieren. Aber Sie können hier nichts überstürzen. Beginnen Sie mit einfachen Kontakten und versuchen Sie, alte Rituale, die unter den neuen Bedingungen noch Sinn machen, beizubehalten. Benützen Sie ein Fotoalbum oder eine Videokamera, um gemeinsame Erlebnisse festzuhalten. Tiefergehende Rituale und Traditionen ergeben sich später, wenn Sie und Ihr Partner einen befriedigenden, verläßlichen Lebensrhythmus gefunden haben.

Denken Sie auch daran: Ein Kind gewöhnt sich besser an neue Verhältnisse in einer Stieffamilie, wenn beide Partner ihm besondere Schonräume gewähren. Ihre Kinder bauen eine neue Identität auf, neue Beziehungen. Solche Schonräume werden ihnen diesen Prozeß sehr erleichtern. Setzen Sie außerdem alles daran, vergnügliche Rituale einzuführen, die das Kommen und Gehen eines Kindes von einem Elternhaus ins andere markieren.

Unser alltägliches Beziehungsverhalten ist Ausdruck unserer Weltsicht. Die Entstehung einer Stieffamilie ist die beste Gelegenheit, die Überzeugungen, die Sie mitbringen, einmal unter die Lupe zu nehmen. Der Aufbau eines arbeitsfähigen Elternteams verlangt, daß Sie erkennen, ob Ihre persönlichen Ansichten zu denen anderer Familienmitglieder passen oder nicht.

Familien können Rituale wohlüberlegt einsetzen, um die beim Aufwachsen der Kinder und Älterwerden der Eltern entstehenden Konflikte und Nöte in eine Energiequelle für positives Wachstum umzuwandeln. Wir können nicht genug betonen, wie wichtig geregelte exklusive Zeiten sind, bei denen jedes Familienmitglied die Möglichkeit der Selbstbestätigung hat, Zeiten, wo es sich das Bedürfnis nach Anerkennung und Geborgenheit erfüllen kann.

Und doch führt kein Weg daran vorbei, daß der Gang durch die normalen Wechselfälle des Lebens für Kinder und Erwachsene manchmal ein Drahtseilakt ist. Wie groß unsere Bereitschaft ist, auf diesem schmalen, unebenen Pfad zu wandeln, das hängt davon ab, ob wir uns zu der Gewißheit aufschwingen können, daß unter uns ein Sicherheitsnetz gespannt ist. Ohne Rituale wird eine Familie weit weniger zu dieser Gewißheit durchdringen. Im Lauf der

Zeit werden Ihnen allen die Rituale Ihrer Familie zu einer positiven Entwicklung verhelfen, individuell und kollektiv, so daß Sie sicheren Schrittes alle Veränderungen meistern können.

Kapitel 5

Erneuerung verlorener Jugendrituale

Bei uns sind es nicht mehr die Menschen, die von Generation zu Generation Identitätsmuster weitergeben. Bei uns tun das die Institutionen. Und sie tun es ohne Liebe. So stehen wir Heutigen, besonders die Jugendlichen, einsam und allein in menschenleerer Wüste. Aus der Ferne mag das wie Freiheit aussehen. Doch am eigenen Standort fühlt sich der einzelne in der grenzenlosen Weite wie verloren.

Der Anthropologe DAVID MAYBURY-LEWIS

Bei diesem heutigen Abendessen der Familie Metcalf herrscht eine positive, hoffnungsfrohe Stimmung – aufgeräumte Atmosphäre an einem warmen Juniabend. Die Eltern, Rich und Jean Metcalf, haben den Tisch für ein besonderes Mahl gedeckt: Das allerbeste Porzellan steht auf einem blütenweißen Spitzentuch, und in der Mitte flackert eine helle Kerzenflamme im Luftzug vom offenen Fenster. Die Kinder der Metcalfs, die elfjährige Anne und der fünfzehnjährige Jason, haben ihre schönsten Kleider an. Heute abend sitzt Jason zum allerersten Mal auf seines Vaters Platz. Seine Miene drückt Selbstbewußtsein aus, »als wisse er etwas, was er gestern noch nicht wußte«. So beschrieb ihn seine Mutter später.

Jasons Vater stellt nun eine kostbare Glaskaraffe mit funkelndem Apfelwein auf den Tisch und ergreift das Wort: »Mein lieber Jason, morgen beginnt also dein großes Abenteuer – 1100 Kilometer Radfahrt. Dein Geburtstag nähert sich, du wirst ihn unterwegs feiern. Wenn wir uns wieder sehen, bist du 15. Das ist einer der Gründe, weshalb deine Mutti und ich dieses besondere Essen für dich veranstaltet haben. Aber es gibt noch einen anderen. Unsere Beziehung ändert sich von nun an. Du wirst lernen müssen, erwachsen zu werden, und wir, weniger als Eltern aufzutreten. Das ist für beide Teile nicht leicht.

Wir haben dir diese Fahrt zum Geburtstag geschenkt, weil wir hoffen, dadurch einen Markstein für deinen neuen Lebensabschnitt zu setzen. Wir bezahlen zwar, doch du trittst die Pedale. Du wirst die Berge hochstrampeln, immer aufs neue am nächsten Morgen den Sattel besteigen und von vorne beginnen müssen. Ich weiß, du wirst dich super schlagen. Aber du sollst wissen: Bei allem, was du von jetzt an tust, darfst du ruhig besser sein als ich – du darfst mehr als ich erreichen und mehr von dir selbst entdecken, als mir geglückt ist.« Jetzt tritt Jean neben ihren Mann, ein zerknittertes Blatt Papier in der Hand. Sie lächelt, und ihre Augen glänzen feucht. »Jason«, sagt sie, »für mich ist das alles ein bißchen zuviel. Ich bin glücklich und stolz und traurig und ängstlich, und alles zu gleicher Zeit. Denn wenn du jetzt erwachsen wirst, ändert sich auch meine Lage. Dein Vati und ich werden dich immer liebhaben und für dich dasein. Aber wir können nicht zu der Zeit zurück, als du klein warst. Wir müssen dir jetzt größere Verantwortung übertragen. Und du mußt sie übernehmen.«

Mit diesen Worten gießen Jean und ihr Mann jedem Familienmitglied ein Glas von dem funkelnden Apfelwein ein und bringen einen Toast auf ihren Sohn aus. »Wir sind sehr froh«, sagt Rich, »daß du zu unserem Leben gehörst. Wir wünschen dir viel Liebe, Freude und Mut.«

Nachdem Rich und Jean am nächsten Morgen zugeschaut haben, wie Jason mit der ganzen Gruppe, an die hundert Jungen und Mädchen, die aufgeregt durcheinanderlachen und -sprechen, abfuhr, umarmen sie sich kurz und gehen zum Auto zurück. Während sie wortlos eine Reihe verwinkelter schattiger Nebenstraßen entlangkurven, langt Jean in ihren Beutel und holt ein Paar Babyschuhe von Jason heraus. Sie dreht und wendet sie in der Hand, staunt, wie klein sie sind, und untersucht die abgenützten Sohlen. Ein paar Minuten später steuert Rich den Wagen vor die Kleiderbox an der St.-Mary-Mission, hält und stellt den Motor ab. Einen Augenblick sitzen die beiden schweigend und starren durch die Windschutzscheibe ins Leere. Schließlich steigen sie aus, ziehen die kühle Morgenluft tief in die Lungen. Jean gibt Rich einen

Schuh und behält den andern. Sie binden sie mit den Schnürsenkeln zusammen, öffnen die Klappe der Kleiderbox und werfen sie vorsichtig hinein.

Weder Rich noch Jean gehen heute zur Arbeit. Statt dessen fahren sie zum Cooper Beach hinaus, wo sie sich vor 18 Jahren kennengelernt haben. Die Schönheit und Erhabenheit der Stelle geben ihnen Kraft. Der Rhythmus des Wellenschlags wirkt beruhigend, ein Gegengewicht gegen die Melancholie des Morgens.

Wurzeln und Flügel

Der Radio- und Fernsehjournalist Hodding Carter bemerkte einmal, wenn alles gesagt und getan sei, gebe es nur noch zwei Dinge, die wir unseren Kindern mitgeben könnten: Wurzeln und Flügel. Beides findet häufig seinen klarsten und tiefsten Ausdruck in Familien-Übergangsritualen. Wohlüberlegt eingesetzt, sind Rituale ein Mittel, Kinder und Eltern durch das Chaos verwirrender Empfindungen zu bugsieren, das beim Heranwachsen der Kinder und Älterwerden der Eltern zu entstehen pflegt.

Wenige Kindheits- und Jugendrituale sind in unserer Gesellschaft übriggeblieben: Kommunion, Konfirmation, Übertritt ins Gymnasium, Teenagerzeit, Schulabschluß. Meist sind sie sinnentleert und bedeutungslos geworden. Sie markieren ein besonderes Ereignis, leisten aber wenig zum Verständnis dessen – weder bei Kindern noch bei Eltern –, was die neuen Rollen im Leben eigentlich bedeuten. Eine Schülerin zum Beispiel, die einen Realabschluß macht, erhält Karten, Geschenke und Gratulationen. Aber das Ereignis selbst trägt kaum zu der Einsicht bei, daß jetzt für sie ein neues Verhältnis zum Leben beginnt. Auch hilft es ihr so gut wie gar nicht bei der Überlegung, daß sie, Gewinn und Verlust dieses Übergangs verarbeitend, ein neuer, innerlich vielleicht stärkerer Mensch wird.

In entscheidenden Übergangssituationen – Schulabschluß, erste Menstruation, 18. Geburtstag, Auszug von zu Hause – sind Jugendliche für Aktionen, die ihnen zu größerer Klarheit über sich selbst verhelfen könnten, besonders empfänglich. Macht man aus solchen Aktionen Rituale, plaziert sie also in einen exklusiven Zeit-

und Raumrahmen und bezieht bedeutsame Symbole und Bilder mit ein, verstehen und akzeptieren Jugendliche weit besser, was mit ihnen passiert. Jugendlichen beim Erkennen einer Übergangssituation zu helfen und mit ihnen in Form von Ritualen zu arbeiten, um dieses Erkennen weiter zu konkretisieren, ist eins der größten Geschenke, das Sie ihnen machen können.

Wissen Sie erst einmal, welche Stadien des Übergangs der Jugendliche durchzumachen hat, werden Sie auch geeignete Schwellenrituale kreieren können. Es handelt sich hauptsächlich um drei Stadien: Loslassen, Suchen und Finden. Sie treten ganz ähnlich in allen größeren Übergangssituationen des Lebens auf. Natürlich präsentieren sie sich selten in ordentlicher, nahtloser Reihenfolge.

Zuerst kommt das Loslassen, also das Aufgeben alter Rollen, Ansichten und Gewohnheiten, die dem Kind noch gemäß waren, dem Heranwachsenden jedoch nicht mehr. Je älter wir werden und neue Freiheiten und Rechte dazugewinnen, desto bewußter müssen wir unsere Entschlüsse fassen und Verantwortung übernehmen.

Dem schließt sich eine längere Periode des Suchens an, in der alles offen ist. Es ist für alle Beteiligten, Jugendliche wie Erwachsene, eine schwierige Zeit. Aber zu Ihrer Beruhigung sei gesagt: Jugendliche, die zumindest begreifen, daß solch ein Stadium ganz natürlich ist und nicht ewig dauert, lassen sich nicht so leicht zu Verzweiflungstaten hinreißen. Wie wir in der Einleitung gesehen haben, steht im Zentrum vieler Pubertätsrituale der Völker der Erde ein Aufenthalt in einer ungewohnten Umgebung (Verlassen des Altvertrauten) und eine individuelle Prüfung (die Suche), gefolgt von einem Fest im Schoß der Gemeinschaft, wenn der Heranwachsende seine neue Identität gefunden hat. Daß dem Suchen ein Fest folgt, unterstreicht ein elementares Lebensgesetz: Keine Problemsituation währt ewig.

Schließlich kommt das eigentliche Finden und die Verwurzelung des Kandidaten in neuen Rollen und Verhaltensmustern. Als Jason von seiner Fahrradtour zurückkam, veranstalteten seine Eltern wieder eine rituelle Sitzung mit ihm – zu besonderer Zeit, an besonderem Ort – und besprachen seine neuen Pflichten und Rechte mit ihm. Zum Beispiel erhielt er mehr Ausgang, doch wurde ihm andererseits klargemacht, daß er, sobald er seinen Führerschein hatte, einen kleinen Teil seines Monatsverdienstes als Lagerangestellter für zusätzliche Autoversicherungskosten beisteuern müsse. Rich und Jean erlauben ihm jetzt, größere Strecken zu fahren. Doch mußte er erst versprechen, sie vorher anzurufen, falls er jemals in die Situation kommen würde, mit jemandem zu fahren, der unter Alkohol oder Drogen stand.

Aus diesen Elementen – Zurücklassen, Suchen und Übernehmen neuer Rollen – besteht also die Übergangssituation eines Jugendlichen. Glücklicherweise sind die Mittel, durch diese Schwierigkeiten zu führen, fast so zahlreich wie die Heranwachsenden, die mit ihnen kämpfen.

- Maria, mit ihrem Hauptschulabschluß beschäftigt, sprach des längeren mit ihren Eltern darüber, wie man dieses Ereignis besonders hervorheben könnte. Endlich gab sie ihrer Kindheit mit folgendem einfachen Ritual den gebührenden Abschluß: Sie brachte ihren geliebten Teddybär in ein Heim für alleinstehende Mütter.
- Jason Metcalf entdeckte, daß er durch seine Fahrradtour ganz von selbst mehrere wichtige Lektionen übers Erwachsenwerden gelernt hatte. Erstens spiegelte die körperliche Anstrengung den Umstand wider, daß er jetzt in einen Lebensabschnitt des unablässsigen Suchens und Forschens eintrat. Zweitens gab es Zeiten unterwegs, in denen er sich, wie es sein Vater am Abend vor der Abfahrt vorausgesagt hatte, Gewalt antun mußte. Dadurch unterstrich die Tour ganz praktisch die Einsicht, daß er mit konzentrierter Bemühung und Hingabe wichtige Ziele realisieren konnte – zum Beispiel diese große Fahrt. Solche Einsichten wären ihm längst nicht so bewußt geworden, hätten die Eltern die Tour nicht mit einem speziellen Abendessen vor der Abfahrt verbunden.
- Am Abend seines zehnten Geburtstags wollte David Rawkins – mit voller Billigung seiner Eltern – nachts allein draußen im Garten schlafen. Am nächsten Morgen gaben die Eltern diesem Ereignis noch einen stärkeren Akzent, indem sie ihm sein Lieblingsfrühstück machten und ihn ausfragten, wie er sich fühle. »Mit dieser Nacht gab er erstmals freiwillig Bequemlichkeit und

Sicherheit auf«, erklärt der Vater. »Was er dadurch gewann, war eine aufregende neue Erfahrung.«

- Als Cindy Hoffer vierzehn Jahre alt wurde, feierten sie und ihr Vater den Geburtstag durch eine dreitägige Wanderung mit Rucksack. Außer daß solche Unternehmungen automatisch wunderbare exklusive Orte bereitstellen, sind es auch perfekte Rituale für Heranwachsende, weil Kinder dabei buchstäblich »ihre eigene Last tragen müssen«. Die relativ bescheidene körperliche Belastung ist ein gutes Bild dafür, daß man sich mit dem Heranwachsen zunehmend Pflichten auflädt.
- Am Abend, bevor Minel Washington sein Elternhaus verließ, um ab 1. September an der Oregon State University zu studieren, halfen ihm seine Eltern diesen Übergang ernst zu nehmen und organisierten eine besondere Abschiedsfeier mit Freunden in der Baptistenkirche. Tags darauf brachten ihm Mutter und Vater zwei spezielle Erinnerungsstücke in die neue Wohnung. Das eine war ein schön gerahmtes Zeugnis, das Minel im Vorjahr für seine freiwillige Arbeit in einem Zentrum für Umweltschutz an der Küste erhalten hatte. Beim zweiten handelte es sich um einen eisernen Kochtopf, in dem die Familie seit fast fünfzehn Jahren jeden Samstag abend Chili con Carne gekocht hatte. Am Schluß führten Minels Eltern ihn und seinen Zimmergenossen zu einem besonderen Essen aus, Symbol der Energieaufnahme für neues Leben und neue Beziehungen.

Die Lehre der Menstruation

Als Linda Sorenson sechs wurde, kaufte ihr ihre Mutter Nancy ein hübsches kleines Apfelbäumchen, eine Baumart, die, wie ihr der Baumschulbesitzer erklärte, in sechs bis sieben Jahren ausgereift ist. Noch am gleichen Tag, an dem Nancy das Bäumchen mitbrachte, begaben sie und Linda sich in den Garten hinaus, suchten die richtige Stelle und pflanzten es ein. In den folgenden Jahren pflegten sie es gemeinsam. Sie düngten und begossen es und taten alles, Schädlinge von den Blättern und Früchten fernzuhalten.

»Ich sagte Linda damals, dieser kleine Baum sei jetzt ihr Gefährte«, erzählt Nancy. »Sie würden zusammen aufwachsen. Ich kann mich erinnern, daß ich sie, wenn sie sich über irgend etwas aufregte, oft im Garten unter dem Baum fand, wie sie mit ihm sprach und ihm sogar ganze Geschichten erzählte.«

Sieben Monate vor Lindas erster Menstruation blühte das Bäumchen und trug Früchte. »Ich war immer sehr darauf bedacht, Linda über ihre Sexualität aufzuklären«, sagt Nancy. »Vielleicht deshalb, weil mir in meiner Jugend niemand etwas darüber gesagt hatte. Bei meiner ersten Periode erschrak ich fürchterlich. So sollte es Linda nicht gehen. Daß der Apfelbaum etwa zur gleichen Zeit fruchtbar wurde wie sie, empfand ich als wunderbare Analogie. Dadurch wurde der Vorgang für sie etwas ganz Natürliches. Bei allen Gesprächen, die wir führten, glaube ich doch, daß nichts sie so sehr beruhigte wie dieses Apfelbäumchen, das Blüten trieb.«

Eine solche symbolische Funktion von Obstbäumen ist in zahllosen Mythen, Märchen und Legenden auf der ganzen Welt verankert. Sehr häufig wird ein blühender oder Frucht tragender Apfelbaum benutzt, um die Vorstellung von einem erwachsen werdenden Mädchen und ihrer Reifung, nicht nur sexuell, sondern auch psychisch gesehen, zu suggerieren. Obstbäume besitzen überhaupt großen Symbolwert für Kinder. Eltern können an ihnen demonstrieren, wie wichtig es ist, emotional Wurzeln zu schlagen. Und sie können zur Einsicht verhelfen, daß es Entwicklungsstufen im Leben eines Kindes gibt, daß sich im Leben Tod und Geburt, Winter und Frühling abwechseln.

Als Mindy Roberts zum erstenmal ihre Periode hatte, half ihr Tante Gwen bei der Verarbeitung dieses Ereignisses, aber auf völlig andere Art. Zuerst forderte sie das Mädchen auf, ihr einiges Spielzeug, dem es seinem Gefühl nach entwachsen war, zu bringen. Gemeinsam verstauten sie die Sachen sorgfältig in einer Schachtel und schlugen sie in schönes Goldpapier ein. »Du wirst all diese Dinge jetzt bei mir lassen«, erklärte die Tante. »Aber ein Teil von dir wird stets ein kleines Mädchen bleiben. Denk daran: Die Spielsachen bleiben jetzt hier, aber du kannst sie immer holen, wenn du sie brauchst.« Mindys Tante sagte ihr auch, sie solle ihr einen weiteren Gegenstand bringen, den sie als Kind sehr gemocht hatte, aber während der Zeit des Übergangs gerne behalten wollte. Mindy brachte einen Stoffhund, den sie beim Schlafen immer bei sich hatte. Bei ihm fühlte sie sich sicher, erklärte sie ihrer Tante. Schließlich bat Tante Gwen Mindy, ein paar Illustrierte durchzusehen und Bilder der Dinge auszuschneiden, von denen sie glaubte, sie brächten einer erwachsenen Frau den größten Nutzen. Sie sprachen dann ausführlich über diese Bilder, und Mindy klebte sie zu einer Collage zusammen, die jetzt an ihrer Schlafzimmerwand hängt. So einfach diese Handlung war – sie zeigte Mindy, daß ihre Periode nicht nur Schmerzen und Unbehagen mit sich brachte, sondern auch neue Kräfte und Möglichkeiten in sich barg.

Hochbegabte Kinder

Irgendwann entdeckt fast jedes besonders begabte Kind, daß es über die konventionellen Rituale und Übergangsriten seiner Altersgenossen weit hinaus ist – und das ist nicht unbedingt ein angenehmes Gefühl.

Shannon, die hochbegabte zwölfjährige Tochter von Jody und Wanda Mitchell, langweilte sich in der sechsten Klasse entsetzlich. Im Januar schließlich war ihren Eltern klargeworden, daß Shannon, wenn es keine Probleme geben sollte, eine neue Aufgabe brauchte. Aber sie erkannten auch, daß ein Schulsystem, bei dem über 30 Kinder in einer Klasse sitzen, hier entschieden überfordert wäre. Nach einem längeren Gespräch mit der Tochter und deren Lehrerin kamen sie auf den Gedanken, Shannon könnte ihren Klassenkameradinnen, die in Fächern, wo Shannon sehr gut war, Schwierigkeiten hatten, Nachhilfe geben. Die Eltern arbeiteten Einzelheiten mit der Lehrerin aus und veranstalteten dann ein eigenes Familienessen, zu dem sie auch einen von Shannon besonders geliebten Onkel und ihre Großeltern einluden. Damit wollten sie Shannons Leistungen würdigen, aber auch der Tatsache Ausdruck geben, daß der Einatz für andere und die Übernahme neuer Verantwortung etwas sehr Positives ist. Am selben Tag hatten Wanda und Jody mit Shannon noch über die Probleme gesprochen, die in den nächsten Wochen auf sie zukommen würden. »Ich sage es ungern, aber begabte Kinder – und vor allem begabte Mädchen – gelten nicht immer als sehr kameradschaftlich«, erklärt Shannons Mutter Wanda, die selbst Grundschullehrerin ist. »Wir versuchten Shannon klarzumachen, daß bei Rollenänderungen immer zugleich Positives und Negatives anfallen kann. Teilweise veranstalteten wir dieses Fest aber auch, um Shannon das Gefühl zu geben, ihre Leistungen seien etwas Positives. Wir wollten damit kritischen Bemerkungen anderer Kinder von vornherein den Boden entziehen.«

Eltern sollten demonstrieren, daß sie Veränderungen, die aus neuen Bedürfnissen ihrer Kinder entstehen, unbedingt unterstützen. Wenn auch Sie sich so verhalten, werden Sie den weitverbreiteten Fehler vermeiden, Ihren Kindern Ihr eigenes Programm aufzudrängen. Dadurch würden Sie nur »überforderte Kinder« erzeugen, wie es die Psychologen nennen.

Die Welt hochbegabter Kinder erweitert sich sprunghaft und unstetig. Sinnvolle Rituale können das üblicherweise damit verbundene Chaos verhindern helfen, bis das Kind von selbst erkennt, wie diese Erweiterung vor sich geht und welche Folgen sich daraus ergeben. Nur wenn es dies begreift, wird es auch zur gegebenen Zeit damit einverstanden sein, alte Gewohnheiten und Ansichten gegen neue, befriedigendere einzutauschen.

Auch Eltern müssen erwachsen werden

Es wäre ein großer Irrtum zu glauben, nur Kinder bräuchten Rituale, die sie durch die Klippen des Erwachsenwerdens steuern. So wie sich die Rollen, Ansichten und Aufgaben der Kinder ändern, müssen es auch die der Eltern tun. Ohne solche Anpassungen fahren sich die Eltern irgendwann fest und versuchen zum Beispiel, ein dreizehnjähriges Kind wie ein zehnjähriges zu behandeln, oder, was noch häufiger vorkommt, sie sind unfähig, einen neuen Schritt auf ihrem Lebensweg zu tun, wenn ein Kind das Haus verläßt.

Bei jedem größeren Einschnitt im Leben Ihres Kindes sollte sich zeigen, daß auch Sie selbst eine neue Einstellung zum Leben gewinnen können. Welche Ansichten oder Gewohnheiten müssen Sie hinter sich lassen? In welcher Hinsicht wandelt sich Ihre Elternrolle? Wie wird sich Ihr Verhältnis zu Ihrem Kind in den nächsten Monaten ändern? Die kurze Ansprache, die Jean und Rich

Metcalf ihrem Sohn Jason am Abend vor seiner Fahrradtour hielten, war aus einer besonderen Übung hervorgegangen. Beide Eltern hatten ihrem Tagebuch anvertraut, was es für sie bedeutete, daß ihr Ältester jetzt ein eigenes Leben begann. Bei dieser Niederschrift empfanden sie Glück, aber auch große Traurigkeit. »Zu sehen, wie der eigene Sohn heranwächst, erinnert einen daran, wie wenig Zeit man eigentlich für die Erziehung seiner Kinder gehabt hat«, schrieb Rich. »Ich wünschte, ich hätte einiges anders gemacht – mehr Zeit für ihn aufgewendet und mehr Geduld aufgebracht.«

Aus diesem Bedürfnis heraus, eigene neue Perspektiven zu entwickeln, hatten Rich und Jean ihr kleines Ritual veranstaltet und Jasons Babyschuhe der St.-Marys-Mission vermacht. »Diese bescheidene Zeremonie fiel mir sehr schwer«, bekennt Jean. »Selbst noch nach dem Tagebucheintrag forderte mich eine innere Stimme auf, die Schuhe nicht herzugeben. Aber seit Jasons Geburtstag bin ich, wie er selbst, eher zukunftsorientiert, statt einer Vergangenheit nachzutrauern, die doch unwiederbringlich vorbei ist.«

Die ersten Lebensjahre unserer Kinder können uns nur dann wunderschöne, stärkende Erinnerungen schenken, wenn wir uns nicht an ihnen festklammern. Sicher, die ersten Handlungen und Erlebnisse eines Kindes sind große Ereignisse im Leben einer Familie. Aber die Entwicklung braucht dabei nicht stehenzubleiben. Menschen wie Rich und Jean benutzen Rituale, um sich in ein neues, zuerst vielleicht noch problematisches Verhältnis zu jemandem, den sie lieben, einzuleben. Denn nicht nur die Eltern-Kind-Beziehung hängt von solchen gelungenen Übergängen ab, sondern unter Umständen auch die Ehe der Eltern. Das gilt wohl vor allem dann, wenn das letzte Kind das Haus verläßt.

Ein Ritual des Loslassens

Wie Tausende anderer Eltern empfanden Bob und Glenda Rogers ein seltsames Gemisch aus Stolz, Erleichterung und tiefer Melancholie, als der Tag da war, an dem sie die einzige Tochter, Renée, zum ersten Semester an die University of Oklahoma bringen mußten. »Ich glaube, so schweigsam wie auf der fünfstündigen Rückfahrt waren wir beide noch nie gewesen«, erinnert sich Bob. »Von einer Minute zur anderen fiel ich von größter Erregung in eine Depression, als käme ich von einem Begräbnis.«

Zwei Monate nach dieser Fahrt hatten sich Bob und Glenda immer noch nicht daran gewöhnt, daß ihre Tochter nicht mehr im Hause war. »Wir fühlten uns wie im Gefängnis«, erzählt Glenda. »Wir brauchten Hilfe, jeder für sein eigenes Leben, aber auch für unsere Zweierbeziehung, die plötzlich ganz anders aussah.« Nachdem sie das Problem ausführlich mit Freunden besprochen hatten, entschloß sich das Paar, den Übergang mit einer speziellen Zeremonie hervorzuheben.

Renée hatte es Spaß gemacht, praktisch jedes größere Ereignis mit bunten Ballons zu feiern. Daher kamen Bob und Glenda auf die Idee, auch bei ihrem Fest Ballons zu verwenden. An einem Samstag morgen vor dem Erntedankfest gingen sie ins Blumengeschäft und kauften drei mit Heliumgas gefüllte Ballons. Diese richteten sie so her, daß sie wie die Mitglieder der Familie aussahen. Es war eine ziemlich aufwendige Arbeit. Die Gesichter malten sie mit Markern, fürs Haar nahmen sie Garn und Filzstreifen für die Augenbrauen und Bobs Schnurrbart. Als sie fertig waren, holte Glenda eine Schere, zwei Kugelschreiber und zwei weiße Tücher. Sie und Bob fuhren in einen Park in der Nähe, der auf einem hohen Bergrücken lag.

Sie suchten sich eine ruhige Stelle in den Felsen mit einer herrlichen Aussicht auf das Tal drunten in der Tiefe. Glenda zog die Kugelschreiber und Tücher heraus. Auf das eine Tuch schrieben sie alles, was sie sich für Renée auf dem College wünschten. Es waren Dinge wie Spaß am Studium, Fleiß, Selbstvertrauen und Aufgeschlossenheit für alles. Sie banden dann das Tuch in der Mitte an die Schnur von Renées Ballon. Hierauf legten sie eine weitere Liste an, diesmal mit allem darauf, was sie sich von ihrer Ehe erwarteten, jetzt, wo die Tochter fort war. »Es war geradezu beängstigend«, erinnert sich Glenda. »Da saßen wir nun auf dem Gipfel des Berges mit diesen albernen Ballons neben uns, und es war mir, als sähe ich Bob zum ersten Mal. Und ich sah ihn gern. Er war so komisch. Er war lebendig.« Tatsächlich war eins der Dinge, die sich

Glenda mehr in ihrer Ehe wünschte, »Spaß«. Auch Bob kam diesem Wunsch ziemlich nahe, mit »Reisen« und »häufiger abends ausgehen«. Dann banden sie ihre beiden Ballons aneinander und befestigten die zweite Liste am Ende der Schnüre. Auch die Schnur von Renées Ballon wurde daran festgeknüpft.

Bob und Glenda standen nun also auf ihrer Felskanzel, das Gesicht nach Osten gewandt, weil sie sich an die Bemerkung eines Freundes erinnerten, der Osten sei in den meisten Kulturen die Richtung des Neubeginns. Nach ein paar Minuten faßte jeder die Schere an einem Griff, und mit einem Seufzer durchschnitten sie die Schnur von Renées Ballon. Er schwebte langsam davon, hoch über dem Tal, das im Gold der gemähten Wiesen und Stoppelfelder erglänzte. Als er außer Sicht war, ließen sie ihre eigenen, noch miteinander verbundenen Ballons fliegen und schauten zu, wie sie in den Nachmittagshimmel hinaufstiegen.

Wieder zu Hause, nahmen Bob und Glenda eine lange gemeinsame Dusche (ein Akt der Reinigung und Vorbereitung für das gemeinsame neue Leben), zogen ihre besten Kleider an und gingen zu einer langen Schlemmermahlzeit in ihr Lieblingslokal. Während des Essens verkündete Bob, er habe für die ersten Frühlingswochen eine Reise nach Florida für sie beide gebucht. Danach tranken sie noch mit ihren besten Freunden ein paar Runden in einer Nachtbar. »Ich habe mich immer noch nicht daran gewöhnt, daß Renée nicht mehr da ist«, gibt Glenda zu. »Doch manchmal, wenn ich traurig bin, muß ich an diese kindischen Ballongesichter denken, wie sie vom Gipfel des Bergrückens wegfliegen. Und dann kann ich nicht anders – ich muß lachen.« Glenda fügt hinzu, sie und ihr Mann unternähmen jetzt tatsächlich mehr – sie reisten, nähmen Kochunterricht an der Volkshochschule und verbrächten mehr Zeit mit Freunden. »Es ist ein neues Leben«, sagt Bob lächelnd. »Es ist nicht das Ende. Es ist der Anfang.«

Es ist keine Übertreibung zu sagen, daß Kinder die Strukturen, die durch Rituale in ihrem Leben entstehen, unbedingt brauchen, so sehr, daß sie, falls die Eltern keine bereitstellen, sich meist ihre eigenen suchen. Wenn Rituale in einer liebevollen, harmonischen Familie entstehen, können sie den Rahmen bilden, in dem sich die

Träume, Wünsche und Wahrnehmungen des Kindes zu einem starken, unabhängigen Selbstwertgefühl verfestigen. Aber ohne Familienrituale erwachsen die Träume und Hoffnungen des Kindes nur allzu häufig allein aus den Einflüssen der Gleichaltrigen, mit denen es verkehrt, und es kommt dann vielleicht mit Drogen, Kriminalität und sonstigem destruktivem Verhalten in Berührung. Zusätzlich zum Gefühl der Macht und Geborgenheit, das eine Gruppe bietet, ist eine der stärksten Attraktionen einer Gruppenmitgliedschaft für den Jugendlichen das Aufgehen in Zeremonien und Traditionen. Die rituellen Gewohnheiten der Jugendcliquen – die Farben und Initiationsriten, die Spitznamen, besondere sprachliche Wendungen und Graffiti – erlauben es Jugendlichen mit schwach entwickeltem Selbstwertgefühl, der Welt zuzurufen: Wir sind auch noch da! Eltern sollten keine Anstrengung scheuen, Rituale für ihre Kinder einzuführen. Sie sollten Zeremonien und Traditionen als Antwort auf Probleme entwickeln, die auf alle Menschen in schwierigen Übergangssituationen zukommen. Damit bieten sie ihren Kindern nicht mehr und nicht weniger als wertvolle, praktische Lebenshilfen.

Kapitel 6
Freundschaftsriten

Jeder Freund stellt eine ganze Welt in uns dar. Sie entsteht, sobald er in unser Leben tritt.

ANAÏS NIN

Mit dem neuen Jahr wurden die Einladungen verschickt. Sie kamen auf Karten aus buntbemaltem Papier, die Worte waren von sorgfältiger, geduldiger Hand geschrieben. Schlug man die doppelten Karten auf, so fiel der Blick als erstes auf ein in der oberen Hälfte aufgeklebtes Schwarzweiß-Foto eines kleinen Mädchens mit süßem Lächeln. Über dem Bild stand: »Carol, sechs Jahre alt«. Unter dem Foto war in kühn geschwungenen roten Lettern das Wort »Epiphanie« geschrieben, gefolgt von einer ganz besonderen Definition: »Anfang und Ende einer Reise und Verwirklichung eines Ideals.«

Carol Dokken, so hieß es auf der Einladung weiter, veranstaltete ein Ritual zur Feier ihres 40. Geburtstags. Es sollte im Freien, im Franklin-Park, unweit der Ufer des Nuevo River in New Mexico stattfinden. Kleidervorschrift war »was Sie am liebsten tragen«, doch sollte es sich auch für einen längeren Spaziergang in den umgebenden Hügeln eignen. Die Gäste wurden gebeten, nur die einfachsten Eßsachen mitzubringen – Obst, Brot und Käse. Auf Wunsch durften sie auch ein Gedicht oder ein paar passende Verse beisteuern.

»Meine Familie fragte mich dauernd, was ich mir für meinen Ehrentag wünschte«, erinnert sich Carol. »Sie wollten wissen, welche Art Party sie für mich arrangieren sollten. Aber diesmal wollte ich etwas nur für mich allein. Einen Tag, an dem ich tun konnte, was mir wirklich Spaß machte, mit den Menschen zusammensein, die ich am meisten mochte. Keine Familienpolitik, keine Machtspielchen.« Carol erklärte einer ihrer Freundinnen, sie habe wirklich keine Lust zu dem exquisiten Menü im Kennedy-Restaurant, wofür ihre Mutter plädierte. »Ich wollte draußen in der Natur mit Frauen sein, die ich bewunderte, draußen wandern, lachen und den Duft der Erde riechen.«

Vertiefte Beziehungen

Die Geschichte von Carols Geburtstagsritual, die wir sogleich erzählen werden, handelt weit weniger von einer Geburtstagsfeier als von der Kraft, die uns aus unseren Beziehungen zu einer speziellen Menschensorte zufließt. Es sind die Menschen, die wir uns als Nachbarn in unserer »psychologischen Gemeinde« ausgesucht haben: unsere Freunde. Es können Verwandte sein, oft aber auch nicht. Vielleicht sind es lebenslange, schon von Kindheit an bestehende Bekanntschaften, vielleicht auch Berufskollegen, die Sie erst letztes Jahr kennengelernt haben. Sie können dasselbe Geschlecht wie Sie haben oder das entgegengesetzte. Was Menschen in echter Freundschaft verbindet, ist gegenseitige Offenheit, die Fähigkeit, füreinander ohne Vorbehalt dazusein, in guten und schlechten Tagen.

Leider vergißt man in einer so leistungsorientierten Gesellschaft wie der unsrigen nur allzuleicht den Wert echter Freundschaft. Wir sind dermaßen »unabhängig« geworden, daß viele von uns das allgemein menschliche Faktum des Aufeinander-Angewiesenseins schon fast vergessen haben. Während wir uns immer mehr als »einsame Helden« fühlen, haben wir vergessen, daß die meisten Menschen nicht allein auf sich gestellt oder auch nur allein mit ihrer Familie leben können. Wir alle brauchen Freunde. Und wenn wir sie haben, sollten wir sie als etwas sehr Kostbares behandeln.

In diesem Kapitel wollen wir uns mit drei Typen rituellen Verhaltens in Freundschaftsbeziehungen auseinandersetzen. Zuerst befassen wir uns mit Riten, die vorhandene Freundschaften vertiefen und intensivieren, wie es Carol versuchte. Dann mit Ritualen, die Beziehungen mit guten Freunden, welche Sie lange nicht gesehen haben, wiederbeleben, und schließlich mit Initiationsriten – Aktivitäten, durch die Sie neue Freunde gewinnen können.

Carol dachte lange darüber nach, wen sie zu ihrem besonderen Übergangsritus einladen sollte. Nach dem Warum befragt, gab sie eine Erklärung, die sich auf eine schmerzliche Epoche ihrer Vergangenheit bezog.

»Als junge Frau erlebte ich eine turbulente Zeit. Ich war aggressiv und spontan. Mein erstes Baby kam, als ich Anfang Zwanzig war. Ich war nicht verheiratet. Die meisten meiner Angehörigen verziehen mir nur schwer.« Carol heiratete schließlich, doch scheiterte die Ehe schon vier Jahre später, als Carol entdeckte, daß ihr Mann Affären hatte. »Ein paar Menschen halfen mir über diese harte Zeit hinweg«, berichtet Carol. »Ich konnte ihnen wirklich abnehmen, daß sie an mich glaubten. Wenn du der Meinung bist, das und das solltest du tun, sagten sie zu mir, als ich verzweifelt nach einem Ausweg suchte, dann helfen wir dir. Diese Menschen wollte ich an meinem 40. Geburtstag unbedingt dabeihaben.«

Das Fest begann an einem sonnigen Sonntagnachmittag. Die Anwesenden waren Freunde Carols, die sich aber untereinander nicht alle kannten. Zuerst sprach eine gute Freundin Carols, eine Berufskollegin, ein paar einfache, besinnliche Worte. Sie gab die Tonart für den ganzen Nachmittag an und erläuterte die tiefe Bedeutung der Zahlen 40 und 4: daß es vier Jahreszeiten und vier Himmelsrichtungen gibt, daß Jesus für 40 Tage und Nächte in die Wüste ging, daß der Regen der Sintflut 40 Tage lang fiel. »Ich legte diesem Geburtstag ohnehin schon große Bedeutung bei«, sagt Carol. »Aber was Margie sagte, gab der Sache noch mehr Gewicht. Es vermittelte mir das Gefühl, 40 sei wirklich eine Art Vollendung, ein Wendepunkt.«

Nach Beendigung der Ansprache begaben sich die zehn Frauen zu einem in der Nähe vorbereiteten Picknick. Carol hatte ein schön gemustertes Tischtuch dafür gewählt und bunte Küchenhandtücher als Servietten daraufgelegt. »Diese Handtücher waren das einzige festliche Inventar, das ich hatte«, erklärt Carol. »Sie sollten eine Art Freundschaftsband zwischen Frauen darstellen. Es waren Symbole für Heim und Herd.« Die »Tafel« bog sich von Speisen und Getränken – Früchten, Brot, Kuchen und Käse, auch standen schöne Kristallgläser für Orangensaft und Apfelwein darauf. »Als eingeschenkt war, eröffnete ich die Tafel mit ein paar Worten über mein jetziges Leben – über das, was mich beschäftigte und die Lebenslektionen, die ich gerade zu lernen hatte. Dann mußte jeder reihum Ähnliches von sich selbst berichten.«

Gegen Ende der Mahlzeit wußten die Frauen, daß sie sich an dieses Fest noch lange erinnern würden. »Zwar war es Carols Tag«, sagte eine ihrer Freundinnen später. »Aber es wurden Dinge angesprochen, die mir selbst besonders wichtig sind.« Nach dem Essen machten die Freundinnen einen langen Spaziergang in den Perault Canyon hinauf, eine felsige, von der Sonne ausgedörrte Schlucht, in der ein kleiner Bach schäumend zu Tal sprudelte. An einer Stelle etwa fünf Kilometer stromaufwärts bat Carol alle, sich bequeme Plätze auszusuchen. Dann holte sie ein Album hervor, das Tagebucheintragungen und Fotos enthielt und das sie eigens für diese Gelegenheit vorbereitet hatte, setzte sich selbst und erzählte ihren Freundinnen anhand des Albums, was ihr in den bisherigen 40 Lebensjahren am meisten bedeutet hatte. »Ich trug mein Leben wie eine Geschichte vor, fast wie einen Mythos. Es gab viel Leid darin, aber auch eine gewisse Stärke und Durchhaltevermögen.« Naturgemäß kannten die anwesenden Frauen viele Menschen, von denen Carol erzählte. Einige waren selbst Akteure bei gewissen Ereignissen gewesen. »Während wir Carols Lebensgeschichte anhörten, blickten wir wie durch ein Fenster auf das Gewebe unserer Beziehungen«, kommentierte Carols älteste Freundin Laura, die sie seit den ersten Klassen der High-School kannte. »Wir fühlten uns einander näher, enger miteinander verbunden.«

Schließlich kehrten alle wieder zum Picknickplatz zurück. Es war kühl geworden, erste Abendschatten legten sich übers Land. Sie zündeten ein Feuer an, gruppierten sich im Kreis darum herum, und wer Gedichte oder Prosa für Carol mitgebracht hatte, rezitierte sie jetzt der Reihe nach. Einiges hatten die Frauen selbst verfaßt, anderes war bekannten Schriftstellerinnen entlehnt. Eines der Lieblingsgedichte Carols war folgender Vers von William Butler Yeats:

Die Seele weiß: Wenn aller Haß zerronnen,
Hat sie die Unschuld sich zurückgewonnen,
Erlebt in Frieden Selbst-Entzückung,
Und daß ihr eigner Wille
Ist Himmels Wille.
Sie kann, wenn alle Welt verroht
Und Sturm von allen Seiten droht
Und jede Flamme loht,
Ruhen in Stille.

Um sechs Uhr packte die Gesellschaft ein und fuhr zu einer Hütte, wo Carol einen Raum mit einer großen Badewanne gemietet hatte. »Ich liebe heiße Bäder über alles«, sagt sie, »besonders an kalten Winterabenden.« Dort ließ sich die Gruppe für eineinhalb Stunden nieder, lachte, plauderte über Schwangerschaft und Kinder, Männer, Leben und Tod. »Das war es, was ich mir so gewünscht hatte«, berichtet Carol. »Es war die beste Methode, vier Lebensjahrzehnte abzuschließen. Und mit der heißen Badewanne hatte man das Gefühl, für die nächsten vierzig Jahre gereinigt – ja getauft zu sein. Es war eine echte Epiphanie.«

In den Monaten nach diesem herrlichen Ritual fühlten sich alle Teilnehmerinnen innigst miteinander verbunden. Sie kommen jetzt oft zusammen, um zu wandern, Konzerte zu besuchen oder Picknicks zu veranstalten. Kurz vor dem Geburtstagsessen, als die Frauen einander über ihre Interessen und Probleme berichteten, hatte Carol ihren Freundinnen gesagt, sie bedaure es sehr, als Kind nicht mehr gespielt zu haben. Und jetzt seien ihr, beruflich beansprucht wie sie war, Spiele noch weniger möglich. Das hatten sich Carols Freundinnen gut gemerkt. Wenn sie sie jetzt anrufen, um etwas zu vereinbaren, ist es bestimmt jedes zweite Mal eine Unternehmung, die Spaß macht, etwas, wodurch Carol ihren verlorenen Sinn für Lebensfreude wiedergewinnen kann. Einmal gingen sie zum Kegeln, ein anderes Mal zum Minigolf-Spielen. An einem Wochenende ließen zwei Familien zusammen Drachen steigen, an einem anderen versuchten sie sich mit Rollerskates. Und Carol genoß jede Minute. »Ich glaube, ich habe in den letzten sechs Monaten mehr gelacht und gealbert als in den vergangenen vierzig Jahren zusammengenommen«, sagt sie. »Es ist einfach herrlich.«

Solche Aspekte verbinden wir nicht häufig mit dem Begriff Freundschaft. Aber eine ihrer unschätzbaren Wohltaten ist zweifellos, daß sie zur Persönlichkeitsentwicklung beiträgt. Wie gut Ihre Beziehungen zum Ehepartner, zu den Eltern oder Verwandten und Kindern auch sein mögen, es sind Ihre Freunde, die Ihnen die verläßlichsten Anregungen zur Erschließung Ihres inneren Potentials geben. In dieser Zeit tiefgreifenden Wandels, der Krisen und wirtschaftlichen Probleme hängt unser mentales und emotionales Wohl davon ab, daß wir uns sogenannte »psychologische Gemeinden« aufbauen, uns also mit Menschen umgeben, die unser Leben wirklich bereichern.

Dauerwirkung von Ritualen

»Ich bin immer noch überwältigt von all dem Schönen, das ich an diesem einzigen Tag erlebt habe«, sagt Carol über ihr Geburtstagsfest. »Es war nicht nur das Gefühl, so vielen Menschen freundschaftlich verbunden zu sein. Es war auch das Erlebnis, wie wirksam Rituale sein können. Und ich spreche gar nicht so sehr von den großen Ereignissen. Ich glaube sagen zu können, mir ist jetzt bewußt geworden, daß auch das Alltägliche zum Ritual werden kann.« Carol stellte in der Ecke ihres Schlafzimmers ein Tischchen mit Bildern und Andenken auf, die sie besonders mag, darunter auch einige Geschenke und Gedichte zu ihrem 40. Geburtstag. »David lacht manchmal und nennt es meinen Altar. In gewisser Hinsicht stimmt das auch. Wenn es in der übrigen Wohnung chaotisch zugeht, ziehe ich mich immer an diesen Tisch zurück.« Die Sammlung von Erinnerungsstücken ist sozusagen ein greifbares, handfestes Stück der Persönlichkeit Carols. Und wenn sie sich mit ihrem Tisch beschäftigt – die Bilder geradestellt, die Andenken abstaubt –, teilt sie dadurch ihrem Unbewußten mit, daß ihr Leben wirklich wertvoll ist.

Ein großer Gewinn, den Carol aus ihrem Geburtstagsritual mitnahm, ist, daß sie sich jetzt besser auf wesentliche Aspekte ihres Lebens konzentrieren kann. »Es sind eine Unmenge Kleinigkeiten«, erklärt sie. »So erscheint mir jetzt zum Beispiel der Stoff der Wäsche, die ich direkt auf der Haut trage, sogar ihre Farbe, weit wichtiger als früher. Und mehrmals habe ich mich morgens vor dem Gang zur Arbeit im Spiegel betrachtet und den Schmuck, den ich trug, begutachtet. Brachte er zum Ausdruck, was ich den Menschen über mich sagen wollte?« Eine der beachtlichsten Folgen dieser Art Konzentration ist nach Carols Aussage, daß sie sich der Notwendigkeit, freundlich zu ihren Kindern zu sein, besser bewußt wurde. »Das Ritual des Schlafengehens der Kinder war bis dahin etwas Hastiges, fast Mechanisches gewesen. Schnell in den Pyjama schlüpfen, Zähneputzen, ins Bad und dann hinein ins Bett. Doch jetzt gebe ich den Vorgängen mehr Gewicht und Wärme. Ich erkenne, daß es sich wirklich um ein Ritual handelt, und wie wichtig die dabei gesprochenen Worte, der Klang meiner Stimme, überhaupt meine Gesamteinstellung sind.«

Carol sagt abschließend, sie läßt es sich auch angelegen sein, anderen Menschen zu helfen und Mut zuzusprechen, die sich in problematischen Übergangssituationen befinden. »Ich frage sie, wonach sie streben, womit sie kämpfen. Ich lege dann zum Beispiel Wert darauf, mir Fotos vom neuen Baby einer Freundin zeigen zu lassen. Ich weiß jetzt, wie wichtig es ist, diesen Dingen ihren Stellenwert zu geben. Das ist Leben, und wir sollten es nicht so achtlos und im Nu an uns vorüberziehen lassen.«

Rituale des Wiedersehens

Der Anthropologe David Maybury-Lewis erzählt von einem schönen Brauch der Shavante-Indios in Westbrasilien. Wenn sich Freunde dort längere Zeit nicht gesehen haben, legen sie sich bei der Wiederbegegnung nebeneinander auf den Boden und erzählen sich ihre Erlebnisse, Ängste und Hoffnungen. »Das ist ein großer Vertrauensbeweis«, sagt Maybury-Lewis. »Denn man zeigt sich gegenseitig seine Wunden.«

Kathleens Freundin Jeanne lebt weit von ihr entfernt in Washington, D.C. Sie versuchen sich so oft wie möglich zu sehen, doch manchmal vergehen ein bis zwei Jahre, ohne daß sie sich besuchen können. Aber jede weiß von der anderen, daß sie da ist.

Und natürlich telefonieren sie ausgiebig und schreiben sich. Sie geben zu erkennen, wie sehr sie sich füreinander interessieren.

Bei jedem Besuch sorgen die beiden dafür, daß ihnen in ihren Familien genügend Spielraum für sich selbst bleibt. Als Kathleen das letzte Mal nach Washington kam, verbrachten sie einen wundervollen Nachmittag in den Museen. Die zwei Jahre seit ihrer letzten Begegnung waren eine emotional aufreibende Zeit für beide gewesen, ein bedeutsamer, problematischer Lebensabschnitt. Vielleicht war es diesen aufregenden Erlebnissen zuzuschreiben, daß sie sich vor allem zu Kunstwerken mit viel Rot hingezogen fühlten. Bis heute sprechen sie von dieser Zeit als von ihrer »roten Phase«. Bei anderen Besuchen machten sie Spaziergänge im Park und aßen in einem kleinen, ruhigen Restaurant oder Café zu Mittag. Mehrere Male hatten sie einen Einkaufsbummel geplant, was aber nur darauf hinauslief, daß sie sich in einer Unterhaltung festredeten und kein einziges Geschäft betraten. Jede mag die Familie der anderen sehr, und bei jedem Besuch unternehmen sie auch immer vieles mit ihren Angehörigen. Doch sie wissen, daß sie auch innerhalb dieses größeren Beziehungsgeflechts ein Ritual für sich allein brauchen, einen geheiligten Bezirk der Freundschaft, die ihnen Kraft gibt wie keine andere Beziehung sonst.

Auch Kent und Simon, zwei in gehobenen Berufen tätige Männer Ende Dreißig, die schon als Kinder miteinander befreundet waren, profitieren von Wiedersehensritualen und Zeiten der Gemeinsamkeit. In den vergangenen zehn Jahren haben sie sich jeden Sommer irgendwo in einem Nationalpark oder den westlichen Wäldern getroffen, um für eine Woche in der Wildnis zu wandern. Draußen in den Bergen, fern aller Großstadthektik, können sie sich einander auf eine Weise widmen, die im Rahmen der Familie und des sonstigen Bekanntenkreises nicht möglich wäre. Sie opfern diese Zeit mit Vergnügen für ihre Freundschaft, weil sie sich dadurch innerlich gestärkt und erfrischt fühlen.

Freunde, die gemeinsam etwas unternehmen, werden sich selten unerfüllt und unbeschenkt wieder trennen. Denn aus solchen ritualisierten Begegnungen ergeben sich fast von selbst Erfüllung und innerer Reichtum. Wie Teilnehmer an Ritualen auf der ganzen Welt, die sich aus ihrer gewohnten Umgebung entfernen, erleben auch Kent und Simon, wenn sie sich in den Bergen begegnen, nicht nur eine physische, sondern auch eine psychische Übergangssituation. Sie verlassen ihren Alltag zugunsten einer höheren Gestimmtheit, einer Empfänglichkeit für das Geschenk herzlicher Freundschaft. Außerdem ist für diese beiden Männer ein Aufenthalt in der Natur immer auch ein spirituelles Ereignis. »Letztes Jahr faßte ich die Tour mehr als ein Ritual auf, zumindest als eine Art Feier«, sagt Simon. »Und ich war erstaunt, wie sehr das Erlebnis tatsächlich einem Ritual ähnelte. Jeden Abend bauen wir gemeinsam das Zelt auf und bereiten das Essen zu, ohne daß wir viel dabei reden. Nach Einbruch der Dunkelheit aber ist Gesprächszeit, und es gibt Abende, an denen wir uns einander vorbehaltlos öffnen.«

Jeden Nachmittag richten es Simon und Kent so ein, daß sie für eine Weile allein mit sich sein können. »Ganz unter uns, nimmt jeder seine eigenen Bedürfnisse und die des anderen besser wahr.« Kent und Simon berichten, noch Monate nachher spürten sie die segensreiche Wirkung dieser Unternehmungen. Sie seien ruhiger, ließen sich nicht so leicht aus dem Konzept bringen. »Ich weiß, zum Teil ist das die Folge der körperlichen Entspannung«, sagt Kent. »Aber es hat auch damit zu tun, daß ich mich selbst mit allen meinen Schwächen jemandem mitgeteilt habe, der mich nicht kritisiert. Das ist die Macht und der Zauber echter Freundschaft.«

Hat Ihr Ehepartner einen besonders engen Freund, so werden Sie gut daran tun, wenn Sie die beiden ermutigen, ab und zu etwas Zeit allein miteinander zu verbringen. Die Freude und der Kameradschaftsgeist, den Menschen bei einem solchen Zusammensein empfinden, können nur zu innerer Zufriedenheit beitragen. Dadurch sind sie dann auch zu anderen Menschen ihrer Umgebung offener und positiver eingestellt.

Freunde und Partner

Es ist ein weitverbreitetes Mißverständnis, man müßte, sobald man eine Liebesbeziehung eingeht oder heiratet, den Partner an allen Unternehmungen mit seinen guten Freunden beteiligen. Alte Freunde brauchen immer ein bißchen Zeit für sich selbst, nicht weil sie die anderen Familienmitglieder nicht mögen, sondern weil der stark ritualisierte freundschaftliche Umgang durch die Gegenwart anderer sehr beeinträchtigt wird.

Für enge Freunde ist es stets eine schwierige Zeit, wenn einer von ihnen eine Liebesbeziehung aufnimmt. Es versteht sich von selbst, daß man sich in den Anfangsphasen einer Liebe allen anderen Menschen, einschließlich Familie und Freunde, von heute auf morgen weit weniger widmet als bisher. Man spricht weniger mit ihnen und vertraut ihnen nicht mehr so viel an. Als Margaret, Reisebürokauffrau von Beruf, bemerkte, daß ihre beste Freundin Anne ernsthaft verliebt ist, war ihr klar, daß für eine Zeitlang mehr Abstand zwischen ihnen sein würde. »Als ich selbst meinen jetzigen Mann kennenlernte«, erklärt Margaret, »ließ ich ja auch alle meine alten Freundinnen erst einmal stehen. Aber sie waren nicht die einzigen, die darunter zu leiden hatten. Auch mein neuer Freund hatte es auszubaden, weil ich jetzt all das von ihm verlangte, was mir bisher die Freundinnen gegeben hatten.« Margaret wußte, Anne würde in den kommenden Monaten wenig Zeit haben. Trotzdem vereinbarten die beiden Frauen von Anfang an, daß sie sich, abgesehen von sonstigen Unternehmungen, jeden Dienstag zum Mittagessen treffen würden. Ihre Freundschaft war ihnen wichtig. Deshalb sorgten sie für exklusive Zeiten und Orte (die Grundelemente jedes Rituals), um ihre Beziehung auch in den nächsten Monaten nicht einschlafen zu lassen.

Kürzlich kamen eine Frau namens Sarah und Mark, der ihr seit acht Wochen angetraute Ehemann, zur Beratung in Kathleens Praxis. Den Abend zuvor hatten sie sich heftig gestritten und waren immer noch außer sich. Anlaß zu dem Streit war eine Party mit Freunden gewesen. Beide hatten sich sehr wohl gefühlt, als gegen halb neun Uhr Sarah zu Mark kam und meinte, sie sollten jetzt gehen. Mark widersprach nicht, war aber offensichtlich enttäuscht. Als wir über den Vorfall sprachen, stellte sich heraus, daß auch Sarah eigentlich noch gar nicht hatte gehen wollen. »Aber«, so erklärte sie, »wir sind doch erst seit zwei Monaten verheiratet. Ich dachte, ich müsse wenigstens den Versuch machen, für einige Zeit mit Mark allein zu sein.« Sarah handelte nicht nach ihren und Marks aktuellen Bedürfnissen, sondern nach alten Konventionen, wie ein frischvermähltes Paar sich zu verhalten habe. Die Moral von der Geschichte ist, daß jedes Paar seine Zeit für sich braucht, aber weder Mann noch Frau ausschließlich mit ihrem Partner leben können.

Zeichen der Freundschaft

Jeanett und Dennis, Kathleens Schwester und Schwager, haben das Glück, seit mehr als 25 Jahren eng mit Arlene und Barry befreundet zu sein – und das trotz des Umstands, daß sie einen Großteil dieser Zeit 5000 Kilometer voneinander entfernt wohnten. Ihre Bekanntschaft war noch ziemlich jung, als Arlene, die sich noch von der Geburt ihres ersten Kindes erholte, ins Krankenhaus mußte. Nach Anweisung der Ärzte mußte sie Unmengen Flüssigkeit zu sich nehmen, um bestimmte Gifte aus dem Körper zu spülen. Zum Scherz tauchten eines Tages Jeanett und Dennis an ihrem Bett mit einer Flasche Apfelwein auf. Im nächsten Jahr brachten Arlene und Barry die Flasche ungeöffnet zu Dennis und Jeanett zurück, dieses Mal als Geschenk anläßlich der Geburt ihres ersten Kindes. So begann eine lange Tradition des Hin- und Herschickens dieser Flasche, bei zahllosen Geburtstagen, Feiertagen und besonderen Ereignissen. Das letzte Wandern der Flasche geschah an Jeannetts und Dennis' 25. Hochzeitstag. Arlene und Barry, die nicht kommen konnten, schickten den Wein mit der Post, dazu eine wunderschöne Kristallkaraffe. »Zeit für Apple-Annie, eine repräsentative Wohnung einzurichten«, stand auf der beiliegenden Karte.

Die Freude des Wiedersehens unter Freunden kann also durch Verwendung besonderer Zeichen und Rituale noch erhöht werden. Manche legen Wert darauf, bei jeder Begegnung nach längerer Zeit besonders gut oder in einem speziellen Lokal zu essen, während andere vielleicht mit extra schönen Gläsern anstoßen oder eine gemeinsame Unternehmung machen, wie Campen oder Ski fahren gehen. Kathleen und Kevin besitzen eine sehr seltsame Plastik: einen Elefanten mit einem Vogel. Auf dem Sockel steht: »Unsere Beziehung ist etwas Besonderes und Herrliches.« Sie haben ein Ritual daraus gemacht, einander diese Figur zu überreichen, wenn sie gestritten oder eine schwierige Zeit miteinander durchgemacht haben.

Andere lassen es sich nicht nehmen, Freunden, die sie lange nicht gesehen haben, etwas zu schenken – Blumen, oder Eßsachen und Süßigkeiten. Solche Traditionen können, falls nicht überbeansprucht oder aufgezwungen, Ihre Freundschaften sehr bereichern.

Freundschaft schließen

In den vergangenen Jahren ist uns aufgefallen, wie viele Leute zur Beratung kommen, weil sie verzweifelt nach Freunden suchen. Wir meinen hier nicht einen vagen, halb unbewußten Geselligkeitstrieb, sondern das bewußte Bedürfnis, das Leben mit anderen Menschen zu teilen. Ein perfektes Beispiel ist eine von Kathleens Klientinnen, die Informatikerin Patty.

Seit dem ersten Semester auf dem College war Patty eine ernsthafte, fleißige Studentin gewesen – dieselben Eigenschaften bewies sie dann auch im Beruf. Anscheinend war sie ununterbrochen beschäftigt – sie mußte Projekte durchziehen, telefonieren, Terminpläne aufstellen –, und es blieb ihr kaum Zeit für gesellschaftliche Aktivitäten. Nach fünf Berufsjahren entschloß sie sich noch, ihr Diplom zu machen. Jetzt hatte sie noch weniger Freizeit. Sie suchte mich kurz nach ihrem Examen auf, drei Monate nach Trennung von ihrem Freund, mit dem sie zwei Jahre lang zusammengewesen war. »Ich brauche einfach einen Freund«, klagte sie verzweifelt. »Ich vermisse es so, mich aussprechen zu können.«

Wir begannen unsere Sitzung an diesem Tag damit, daß sich Patty ganz entspannte und erst einmal zur Ruhe und Besinnung kam. Dann bat ich sie, sich bewußtzumachen, was sie sich von einer Freundschaft erwartete, also sich einfach ein paar alltägliche Szenen mit Freunden vorzustellen. Ich fragte sie, was in diesen Szenen vorging, worüber man sich unterhielt, wie die Stimmung war. Hierauf versuchte sie, eine Eigenschaft zu benennen, die diese Bilder symbolisierten. War es Vertrauen? Hilfe auf der Gefühlsebene? Spaß? Schließlich fragte ich Patty auch – während sie sich noch in diesem Zustand innerer Ruhe befand –, ob vielleicht auch irgendwelche Hindernisse auftauchten – greifbare Ängste, körperliches Unbehagen oder zumindest Bilder, die auf Ängste oder Unstimmigkeiten schließen ließen. Nach ein paar Minuten Schweigen sagte sie, die Befürchtung, die Leute würden sie nicht als gute Freundin ansehen, weil sie so wenig Erfahrung in diesen Dingen habe, steige in ihr auf. »Es ist wie bei dem Kind, das nicht gut im Sport ist. In der Turnstunde will es keiner in seiner Mannschaft haben.«

Ein anderes Hindernis für Patty war, daß sie Menschen zu kritisch beurteilte – diese Eigenschaft stellte sich ihr symbolisch als stahlgraue Mauer, düster und unüberwindbar, dar. Als ich ihr half, dieses Hindernis anzugehen – sie tat es, indem sie langsam und tief durchatmete und die Mauer ruhig ins Auge faßte –, erkannte Patty, daß sie immer eine Art Vorprüfung potentieller Freunde durchführte: Entweder sollten sie gleich vollkommene Freunde sein, oder sie kamen gar nicht in Frage. Als wir nun die Szenen mit Freunden näher in Augenschein nahmen, die sie sich vorher vorgestellt hatte, bemerkte sie, daß für die dabei artikulierten Bedürfnisse keineswegs immer ein besonders herzliches Verhältnis erforderlich war. Mit manchen Freunden geht man nur einmal schnell zum Essen oder ins Kino, mit anderen verkehrt man einige Jahre und lebt sich dann wieder auseinander. Das alles gehört zur Persönlichkeitsentwicklung.

Als nächstes durchforschte Patty ihre Umgebung nach Leuten, die sie vielleicht gerne näher kennenlernen würde – Mitarbeiter, frühere Kolleginnen, Teilnehmer am Musikunterricht, den sie derzeit nahm, ein paar Nachbarinnen, mit denen sie manchmal kurz ins Gespräch kam. Hierauf – und das ist ein sehr wichtiger Schritt – stellte sie in Gedanken eine Liste all der Dinge zusammen, die sie allein zu tun pflegte, aber auch in Gesellschaft machen könnte. Patty sah sich gern alte Filme und Verfilmungen von Theaterstükken an. Also lud sie an einem Sonntag nachmittag zwei Frauen vom Musikunterricht zu sich ein, um sich gemeinsam Ibsens »Ein Puppenhaus« anzusehen und dann Kaffee zu trinken. Zu ihrer großen Freude kam es zu einer fast dreistündigen Unterhaltung. Die Woche darauf rief Patty die beiden wieder an und fragte, ob sie mit ihr ein Streichquartett besuchen würden. In den folgenden Monaten schloß Patty Freundschaften, pflegte sie und löste einige sogar wieder auf. So lernte sie sehr konkret, daß man sich's mit manchen Leuten ganz gut einmal wohl sein lassen kann, während es nur sehr wenige gibt, zu denen sich Beziehungen mit Tiefgang ergeben. Eines Tages kam sie in meine Praxis und zeigte mir ein kurzes anonymes Gedicht über Freundschaft, das sie besonders angesprochen hatte:

Freundschaft als Geschenk ist wie Regen.
Er fällt auf ausgedörrte Erde und sickert ein,
nährt Gras und Bäume und Blumen.
Ebenso ist es mit der Freundschaft und dem menschlichen Herzen.

Patty Rudner ist heute ein völlig anderes Wesen als vor gut einem Jahr, als sie zum erstenmal zur Beratung kam. Ihr Leben ist von neuer Freude und Hoffnung erfüllt. »Meine Freundinnen verhelfen mir zur richtigen Einstellung«, erklärt sie. »Mit mir allein gerate ich manchmal in düstere Stimmung. Ich mache mir berufliche Sorgen oder habe Probleme mit meiner Familie. Doch durch meine Freundinnen wird mir klar, daß Probleme nicht das ganze Leben sind. Es ist toll, in einem Netz guter Beziehungen aufgehoben zu sein, wo jeder den anderen zu positiver Einstellung ermuntert.«

Patty spricht auch davon, wie sehr sie es schätzt, daß Freunde einander bei ihrer Selbstverwirklichung behilflich sind. Judy, eine der Frauen, mit denen Patty inzwischen gut befreundet ist, wohnt im Zentrum Manhattans, einem Bezirk, der Patty nie ganz geheuer war, da sie an leichter Klaustrophobie leidet. Doch in den letzten Monaten hat Patty mit viel geduldiger Nachhilfe und Aufmunterung Judys im Prinzip ihre Angst überwunden. Judy hatte sie zu Schiffsfahrten rund um Manhattan eingeladen. Sie gingen sonntags im Central Park spazieren und fuhren auf Aussichtsplattformen von Wolkenkratzern hinauf – alles, damit Patty sich an freie Räume gewöhnte.

Komischerweise hatte Judy Angst vor dem Autofahren bei starkem Verkehr, wodurch sich die Straßen San Franciscos für sie in eine Hölle verwandelten. Diesmal war es Patty, die als Katalysator für inneres Wachstum wirkte. Sie half Judy, den Stadtplan zu lesen. Sie unternahmen früh am Sonntagmorgen, wenn die Highways noch relativ ruhig sind, kurze Fahrten mit Judy am Steuer. Bei ihrem dritten oder vierten Besuch fühlte sich Judy stark genug, vormittags nach San Francisco zu fliegen, sich ein Auto zu mieten und eigenhändig zu Pattys Wohnung zu fahren.

Intensivierung

Kathleen betont Patienten auf Freundessuche gegenüber immer mit Nachdruck, daß sie erst 87 Menschen kennenlernen müssen, um jemanden zu finden, mit dem eine wirklich enge Freundschaft möglich ist. Natürlich ist die Zahl 87 nicht das Ergebnis methodischer wissenschaftlicher Forschung. Der springende Punkt ist nur der, daß viele von uns zunächst Kontakte mit drei oder vier Leuten herstellen, und wenn es dann nicht oder nicht immer klappt, kapitulieren sie, spielen wieder das alte Spiel und warten sehnsüchtig, daß ihnen jemand zur Haustür hereinspaziert. Das Finden von Freunden ist ein Prozeß und manchmal ein sehr langwieriger. Unterwegs werden Sie auf Menschen stoßen, mit denen Sie anscheinend nicht viel gemeinsam haben, mit denen Sie vielleicht gerne einkaufen gehen oder sich ein Theaterstück anschauen. Und wenn Sie Geduld haben, sind eventuell ein oder zwei darunter, die gute Gefährten und Vertraute für Sie abgeben könnten.

Die Sehnsucht nach Freunden kann einen starken Tatendrang auslösen. Sheila, technische Assistentin, entschloß sich, ihren Wunsch nach einer Freundin deutlich zu artikulieren. Zu diesem Zweck benutzte sie ein besonderes Symbol. An einem Samstag ging sie auf einen Antiquitätenmarkt und kaufte sich eine schöne hölzerne Schale, die sie auf den Küchentisch stellte. Wie erwähnt, sind Schalen, Becher und dergleichen Gefäße schon immer in Ritualen benutzt worden, um einen Zustand der Empfänglichkeit für Veränderungen, der Bereitschaft für etwas Neues, zu symbolisieren. Sheila sagte, die Leere der Schale beschreibe ihre Sehnsucht sehr genau. Es war der Ausdruck von Hoffnung und Schmerz zugleich. Im Lauf der Wochen ließ sie jedesmal, wenn sie einer Kandidatin für eine neue oder tiefere Freundschaft begegnet war, eine ungeschälte Erdnuß in die Schale fallen. »Bis jetzt war es ein ständiges Auf und Ab«, berichtet Sheila. »Einen Monat ungefähr litt ich heftig darunter, keine Freunde zu haben. Dann stürzte ich mich in die Arbeit und vergaß es, bis es mich wieder packte. Die Schale erinnert mich jeden Tag daran, daß ich weiter nach Freunden suchen muß.«

Vier Schritte beim Freundschaftschließen

Wie wir gesehen haben, ist Freundschaftschließen ein Prozeß. Zu rituellen Zwecken können wir diesen Prozeß in vier Schritte zerlegen: 1. Akzeptieren der Sehnsucht, 2. Imaginieren idealer Freunde, 3. Suchen, 4. Aktiv werden.

Akzeptieren der Sehnsucht

Enthalten in Ihrer tiefen Sehnsucht nach Freunden ist schon die Energie, mit der Sie in den vor Ihnen liegenden Monaten neue Freundschaften schließen können. Akzeptieren Sie diese Sehnsucht und plazieren ein entsprechendes Symbol an gut sichtbarer Stelle (wie es Sheila mit der leeren Holzschale machte), so können Sie Ihre Empfindungen als Motor für Ihre Aktivitäten benutzen. Bewußt eine Sehnsucht zu akzeptieren, ist, wie wenn Sie ein verzehrendes Feuer in einen sicheren Kamin verlegten. Was zuerst so bedrohlich erschien, wird dadurch zu einer positiven Kraft. Es gibt viele Wege, Sehnsucht zu akzeptieren. Sie können die Empfindung zum Beispiel schriftlich »einladen« und ihr zusprechen, sich zu entwickeln und zum bewegenden Motiv in Ihrem Leben zu werden. Sie können ein Bild von dieser Sehnsucht malen. Nehmen Sie jeden Tag Kontakt damit auf, so werden Sie auch in Kontakt mit der Notwendigkeit bleiben, auf das Verlangen aktiv zu reagieren, statt es durch alle möglichen Ablenkungen zu verdrängen. Ein Mann bewerkstelligte dies mit Hilfe eines Fotos aus einer Kunstzeitschrift. Die abgebildete Person hatte einen traurigen, doch von einem leichten Hoffnungsschimmer überzogenen Gesichtsausdruck, der die perfekte Darstellung seines eigenen Wunsches nach Beziehungen war.

Imaginieren idealer Freunde

Gehen Sie an einen bequemen Platz, wo Sie ungestört sind. Atmen Sie tief durch und werden Sie innerlich ruhig. Sie sind ganz still, frei von Sorgen und Ablenkungen. Denken Sie jetzt einen Augenblick, wie Ihr Leben aussähe, wenn Sie hilfsbereite Freunde besäßen. Würden Sie dann fröhlicher durchs Leben gehen? Oder würden Sie mit Ihren Freunden über die grundsätzlichen Lebensfragen sprechen, Ihre Sehnsucht nach spiritueller Erfüllung oder Ihr nagendes Gefühl der Unsicherheit und Untauglichkeit? Oder würden Sie von einer Freundschaft erwarten, daß Sie dabei einfach Sie selbst sein könnten? Träumen Sie davon, mehrere Freunde zu haben, einige fürs Vergnügen, andere für die tieferen Empfindungen? Lassen Sie einfach Ihre Gedanken und Gefühle einmal schweifen, träumen Sie ein bißchen.

Achten Sie aber auf die dabei auftauchenden Symbole. Meist drückt unser Unbewußtes seine Bedürfnisse und Wünsche irrational, verstandesmäßig nicht faßbar, aus. Wenn Sie sich zum Beispiel während Ihrer Übung erblicken, wie Sie mit einigen Menschen über Ihren Kopf hinwegfliegende Vögel beobachten, könnte es gut sein, daß Sie nach Freunden Ausschau halten, mit denen Sie Ihre Anlagen zu höherem, spirituellem Leben entfalten können. Begegnen Sie bei Ihrer Besinnung eher Bildern als Gedanken, versuchen Sie dann nicht, sie sofort zu analysieren. Ihre Bedeutung und ihr Sinn werden Ihnen im Lauf der Zeit schon von selbst klarer werden.

Suchen

In erster Linie müssen Sie bei der Ausschau nach Freunden, die Ihnen in der gerade geschilderten Übung vor Augen getreten sind, Ihre nähere Umgebung durchmustern. Prüfen Sie die Menschen, mit denen Sie regelmäßig Umgang pflegen – am Arbeitsplatz, im Unterricht, im Training. Gibt es darunter Männer und Frauen, von denen Sie sich angezogen fühlen, vielleicht aus Ihnen unerklärlichen Gründen? Bei der Suche nach Freunden ist es wichtig, daß Sie auf Ihre innere Stimme hören lernen, Ihre Intuition, die Ihnen

Eigenschaften wie Mitgefühl, Mut, Großzügigkeit und Freundlichkeit signalisiert. Meist nehmen wir positive Eigenschaften an jemandem schon wahr, lange bevor wir sie bewußt artikulieren können. Geben Sie also Ihrer Intuition eine Chance, und Sie werden überrascht sein, wie bereitwillig sie Ihnen dient, nicht nur bei der Wahl neuer Freunde, sondern überhaupt jedesmal, wenn Sie Rituale und Traditionen in Ihr Leben einzubauen versuchen.

Obwohl sich der Arbeitsplatz am ehesten anbietet, um sich dort nach neuen Freunden umzusehen, fällt es Arbeitskollegen häufig schwer, über etwas anderes als ihre Arbeit zu reden. Sicher, es ist nett, bei Gelegenheit mit jemandem, der dasselbe macht wie Sie, zu fachsimpeln. Doch wenn Sie Freunde suchen, um andere Seiten Ihres Wesens zu entwickeln, ist es notwendig, zumindest am Anfang, Unterhaltungen über die Arbeit auf ein Minimum zu beschränken.

Sally Moss und Fran Teller können ein Lied davon singen. »Wir beide arbeiten in der Rechtsabteilung eines Unternehmens der Computerindustrie«, erklärt Fran. »Zuerst kamen wir bei einer Betriebsfeier ins Gespräch und staunten nicht schlecht, wieviel wir zwei gemeinsam hatten. Beide hatten wir gerade eine Scheidung hinter uns. Sogar unsere beiden Hunde hatten dieselbe Rasse.«

Nach dieser ersten Begegnung gewöhnten sich Fran und Sally an, einmal in der Woche zum Essen auszugehen. Zum Unglück war das zu einer Zeit, als das Unternehmen in einem Tief steckte, und anscheinend konnten sie kein anderes Gesprächsthema finden als den letzten Bürotratsch. »Ursprünglich hatten wir nach neuen Freunden Ausschau gehalten, um unseren Horizont über den Arbeitsplatz hinaus zu erweitern«, sagt Sally. »Aber jetzt nahmen wir praktisch den Beruf mit nach Hause. Er begleitete uns auch noch beim Abendessen.«

Am Ende vereinbarten die beiden Frauen, nicht mehr über die Arbeit zu sprechen. »Das erste Mal saßen wir da wie die Ölgötzen«, lacht Sally, »wie wenn uns überhaupt nichts mehr einfiele.« Fran hatte sogar solche Schwierigkeiten, daß sie vor dem Abendausgang »Schwellenrituale« einführte. »Ich nehme ein heißes Bad und meditiere dann 20 Minuten, um die Arbeit vollständig aus dem Kopf zu kriegen.« Fran legt auch Wert darauf, sich umzuziehen und nur Kleider zu tragen, die sie im Büro niemals anzieht.

Verläuft die Suche in Ihrer näheren Umgebung ergebnislos, machen Sie als nächstes eine Aufstellung der Dinge, die Sie besonders interessieren. Wählen Sie eines oder zwei davon aus und machen dann den ernsthaften Versuch, sie im sozialen Kontext zu verwirklichen. Wenn Sie zum Beispiel die Natur lieben, warum sollten Sie sich dann nicht einem Wanderverein anschließen? Zu tun, was Sie wirklich mögen, bringt Sie mehr zu sich selbst. Und indem Sie wirklich Sie selbst sind, senden Sie Signale an andere aus, die vielleicht nach Gemeinsamkeiten suchen.

Konsequente Verwirklichung

Wir wundern uns immer, wie viele Leute es gibt, die sich nach einer schönen Begegnung keine Mühe geben, die neue Bekanntschaft fortzusetzen. Im Anfangsstadium erfordern Freundschaften dieselbe intensive Pflege wie Liebesbeziehungen. Sobald Sie sich mit jemandem treffen, sollten Sie weitere Möglichkeiten in Betracht ziehen, die neue Beziehung auszubauen. Gehen Sie gemeinsam Mittagessen. Sehen Sie sich zusammen einen Film an. Machen Sie eine Wanderung, leihen sich einen Film aus, besuchen Sie das Theater oder ein Konzert. Frühstücken Sie am Samstagmorgen zu zweit. Denken Sie daran: Die beste Art, einen Freund zu haben, ist, selbst einer zu sein.

Freundschaften entwickeln sich und gedeihen, wenn Sie im Lauf der Zeit immer wieder etwas von sich erzählen und gleichzeitig den anderen ermuntern, sich selbst einzubringen. Gehen Sie aber nicht zu hastig vor. Gönnen Sie sich von Zeit zu Zeit eine Atempause. Und seien Sie ein guter Zuhörer.

Was erwarten Sie wirklich von Ihren Freundschaften? Wollen Sie schon vorhandene Beziehungen weiter ausbauen oder Bande zu alten Bekannten fester knüpfen? Oder wollen Sie neue Leute kennenlernen, die Ihrem Alltag frische Farbe und Inhalt geben?

Ziehen Sie Vorteil aus dem Umstand, daß in unserer Gesellschaft der Besitz guter Freunde immer noch hoch bewertet wird.

Seien Sie immer bereit, neue Wege zur Befestigung Ihrer bisherigen Beziehungen einzuschlagen. Denken Sie daran: Nirgends sonst finden Sie die besondere Sprache und Atmosphäre, die sich zwischen Ihnen beiden entwickelt hat. Tun Sie Ihr Bestes, wie Emerson so weise geraten hat, Ihre Freundschaften »in gutem Zustand« zu halten. Und achten Sie zum Schluß darauf, Ihre Freundschaften mit dem Rahmen guter Rituale zu umgeben – also vor allem: exklusive Zeit, exklusiver Ort! So werden Sie dazu beitragen, daß Ihre Beziehungen wachsen und gedeihen.

Kapitel 7

Trennung: Scheidungsrituale

Groß ist die Kunst des Beisammenseins,
noch größer die des Auseinandergehens.
HENRY WADSWORTH LONGFELLOW

Jims Scheidung war vor sechs Monaten eine beschlossene Sache – das Ausrufezeichen, wie er es nennt, hinter einem der schlechtesten Jahre seines Lebens. »Am Schluß war es so weit mit uns gekommen, daß wir nicht einmal mehr miteinander sprachen«, sagte er, augenscheinlich verärgert, daß er nicht klarer artikulieren konnte, was eigentlich schiefgelaufen war. Er schwieg einen Moment, wie um Mut zu schöpfen, und sprang abrupt wieder in die Gegenwart zurück. »Es fing damit an, daß ich diese Frau bei der Arbeit sah, und sie ist – na ja, sie ist einfach toll. Doch«, und er nimmt sich wieder zusammen, »ich habe das Gefühl, ich bringe wieder alles durcheinander. Der Vorhang geht wieder zu – ich spüre es. Was soll ich bloß machen?«

Susan, eine vierzigjährige Versicherungsagentin, wurde vor drei Jahren auf Wunsch ihres Mannes von ihm geschieden. »Zwei Jahre lang konnte ich nicht einmal daran denken, mit einem anderen Mann zusammenzusein«, erzählt sie. »Jetzt treffe ich mich wieder mit einem, aber anscheinend werde ich meine Wut einfach nicht los. Ich bin immer noch wütend, daß man mich wie ein altes Kleid weggeworfen hat. Auch darüber, daß ich die Freunde, die Paul und ich hatten, nicht mehr sehen kann. Es ärgert mich, wenn ich mich bei der Hoffnung ertappe, daß meine beiden Jungen sich bei mir wohler fühlen als bei ihm. Und am meisten ärgert mich, daß ich solange ›festgefahren‹ war.«

Notwendigkeit von Scheidungsritualen

Von allen Übergangssituationen, mit denen Menschen im Lauf ihres Lebens konfrontiert werden, dürften Trennungen und Scheidungen diejenigen sein, bei denen Rituale am dringendsten erforderlich sind. Wie Jim und Susan sind buchstäblich Hunderttausende geschiedener Männer und Frauen entweder noch in alten, ihnen unverständlichen Verhaltensmustern gefangen, oder sie versuchen verzweifelt, lähmende Ressentiments loszuwerden. Sie sind »festgefahren«, wie es Susan formulierte, festgefahren in der schwierigsten Phase der Scheidung und finden keinen Weg in ein neues, besseres Leben. Und gerade Rituale könnten ihnen diesen Weg weisen.

Seit zwei Jahrzehnten haben wir uns alle an das Phänomen Scheidung gewöhnt. Doch sich an etwas gewöhnen ist nicht gleichbedeutend mit Verstehen und Akzeptieren. Etwas als normal zu empfinden ist nicht gleichbedeutend damit, die Änderungen, die ein solcher Übergang mit sich bringt, auch positiv zu nutzen. Wahrscheinlich haben Sie, falls Sie eine Scheidung hinter sich haben, wie die meisten Menschen immer noch Gefühle der Unsicherheit und Ressentiments und führen den Fehlschlag Ihrer Ehe irgendwie auf Ihr eigenes Versagen oder das Ihres Partners zurück. Die meisten Menschen lecken nach einer Scheidung erst einmal nur ihre Wunden, versuchen ein bißchen Hoffnung zu schöpfen und warten im übrigen passiv auf den Tag, der ihnen neue Möglichkeiten eröffnen soll.

Kein Wunder, daß das Stillschweigen, mit dem wir als einzelne das Problem Scheidung übergehen, auch in der Gesellschaft insgesamt die Regel ist. Trotz der Tatsache, daß sich in den letzten 15 Jahren jährlich mehr als zwei Millionen Menschen in den USA getrennt haben, trotz der Tatsache, daß die Hälfte unserer Kinder bei geschiedenen Eltern lebt, befassen sich unsere Schulen immer noch nicht mit der Möglichkeit, daß solche Trennungen die Lernfähigkeit der Kinder ernstlich beeinträchtigen könnten. Wir selbst sind nicht fähig, dem Problem Scheidung ins Auge zu sehen, weshalb wir auch unseren Kindern kaum behilflich sein können, über solche Übergangssituationen hinwegzukommen. Wo sind die Programme, die ihr Verständnis für diese Problematik fördern, wo die Instrumente, die ihnen den Umgang mit solchen Krisen beibringen könnten?

Wenn Sie über keine Rituale und Zeremonien zur Bewertung oder Bestätigung wichtiger Veränderungen in Ihrem Leben verfügen, wenn das Bedürfnis, die Veränderung zu akzeptieren, unter dem allesverschlingenden Wunsch, sie möchte doch endlich vorbei sein, begraben wird, werden Sie Ihr Erlebnis höchstwahrscheinlich verdrängen. Und diese Verdrängung wird den chaotischen Kräften des Übergangs ungeheure Macht verleihen. Verdrängung einer Scheidung bedeutet nicht nur, daß Sie unfreiwillig auf die Lehren aus Ihrer gescheiterten Ehe verzichten – und man kann sehr positive Lehren daraus ziehen! –, sondern auch, daß Sie mit großer Wahrscheinlichkeit denselben Fehler irgendwann in der Zukunft mit einem anderen Menschen abermals begehen. Sie brauchen Ihre Scheidung ja nicht so weit zu ritualisieren, daß Sie das Erlebnis ganz *hinter* sich haben. Aber Sie können sie so weit ritualisieren, daß Sie es *unter* sich haben, es nämlich mit voller Absicht in einen Trittstein verwandeln, von dem aus Sie den nächsten Lebensschritt tun können.

Eine Ritualisierung der Scheidung ist nicht dasselbe wie die Ritualisierung einer Geburt oder einer Beförderung, wo die das Ereignis betreffenden Einstellungen und Zielsetzungen relativ klar sind. Scheidung bringt intensive, häufig sehr emotionale Konflikte mit sich. Daher erfordert der Weg hindurch zumindest anfangs kleine Schritte – tägliche Übungen zur Heilung der Wunden, kleine Zeremonien, durch die Sie die Vergangenheit erst einmal abschließen. Das allererste, worauf es ankommt – und darauf beziehen sich die nächstfolgenden Übungen und Zeremonien –, ist, daß Sie sich Stärke und Trost verschaffen. Nur dann werden Sie auch zu komplexeren Scheidungsritualen – wie sie am Ende des Kapitels beschrieben werden – übergehen können. Mit diesen Ritualen bekunden Sie Ihre Absicht, die losen Fäden Ihres Lebens zu einem neuen Stoff zu verweben. Das bedeutet möglicherweise, daß Sie das Kapitel Ihrer früheren Ehe erst dann wirklich abschließen wollen oder können, wenn der Scheidungsvertrag unter Dach und Fach ist. Und das wäre auch ganz in Ordnung so. Denn Ihr abschließendes Scheidungsritual hätte wenig Sinn, wenn es nicht Ausdruck Ihres ehrlichen Entschlusses wäre, die Vergangenheit zu akzeptieren und dadurch hinter sich zu lassen. Falls Sie mit den Themen, die wir jetzt diskutieren wollen, nicht zu Rande kommen, wenden Sie sich bitte entweder an hilfsbereite Freunde und Verwandte oder einen berufsmäßigen Therapeuten. Der Weg durch eine Scheidungssituation ist ein schwerer Gang. Seien Sie so weise, für jede Hilfestellung dankbar zu sein.

Polaritäten der Scheidung

Die Gegebenheiten und Gefühle, mit denen Sie sich im Anfangsstadium einer Scheidung auseinandersetzen müssen, liegen im allgemeinen an den entgegengesetzten Enden des emotionalen Spektrums – wieder ein anderes Beispiel dafür, daß Polarität und Gegensatz Bestandteil aller einschneidenden Wechselfälle des Lebens sind. Tatsächlich suchen die meisten Menschen, die durch die Zerreißprobe einer Scheidung gehen, den Therapeuten wegen ihrer absoluten Desorientierung auf. Sie finden sich im Chaos der von allen Seiten auf sie einstürmenden Emotionen nicht mehr zurecht.

»Im einen Augenblick liebe ich Jack«, schildert eine 35jährige die Gefühle ihrem früheren Ehemann gegenüber, »im nächsten hasse ich ihn. Manchmal glaube ich, ich werde verrückt.«

Die Lösung liegt hier nicht darin, daß man sich für eine der gegensätzlichen Empfindungen entscheidet. Sie besteht vielmehr darin, so seltsam es jetzt noch klingen mag, daß man lernt, sich zu beiden Empfindungen gleichzeitig zu bekennen und doch keiner zu verfallen. Sie müssen also jedes Gefühl akzeptieren, sobald es auftaucht, selbst wenn es Ihrer Empfindung von vor fünf Minuten widerspricht, und sich dennoch davon distanzieren können, wenn Sie das Gefühlskarussell schwindlig zu machen droht. Beschränken Sie dagegen Ihre Empfindungen, die sich von Tag zu Tag ändern, auf eine Anzahl Ihnen genehmer Optionen – gut ist besser als schlecht, glücklich besser als traurig – und versuchen sich dann für die eine zu entscheiden, die andere zu unterdrücken, werden Sie zwangsläufig scheitern.

Eine sinnvolle Lebensführung, und damit auch ein sinnvolles Ritual, besteht weniger darin, daß man ein Gefühl über das andere herrschen läßt, sondern darin, daß man die polaren Motive anerkennt, die stets gemeinsam auftreten. Dann kann man sich einen Pfad hindurchbahnen, der sich, wie es ein chinesischer Philosoph einst ausdrückte, »dem Licht zuneigt«. In ihrem Buch »Tao – der Weg übers Wasser«, führen Alan Watts und der Tai-Chi-Meister Al Chung-liang Huang aus, daß Lebenskunst weit mehr Navigations- als Kriegskunst ist. Wer sich eine Scheidungszeremonie aufbaut, wird sowohl auf den Zorn, den er gegen den früheren Partner fühlt, Rücksicht nehmen müssen als auch auf die Trauer über den Verlust eines gemeinsamen, wunderschönen Traums. Im Samenbündel, das das Leben jedem von uns überreicht, befinden sich sehr, sehr viele Pflanzenarten. Das Wunderbare daran ist, daß jeder Same keimen kann und wir die Wahl haben, welche wir aussäen, um den von uns gewünschten Garten zu bekommen. Gewissenhaft und aufmerksam behandelt, verwandelt sich Zorn in Stärke, Kommunikation in Freundschaft und Furcht ins Erlebnis eines Abenteuers. »Alles existiert paarweise«, erklärt ein Stammesältester in Indonesien den Jugendlichen in seinem Dorf. »Alles hat seine andere Hälfte – das Gegenteil, den Widerspruch. Ohne Polarität kein Leben.«

Die nun folgenden Ausführungen geben Ihnen ein Mittel an die Hand, sich mit zwei Gegensatzpaaren scheidungsbedingter Gegebenheiten auseinanderzusetzen. Beim einen Gegensatzpaar kommt es darauf an, daß Sie sich nicht mehr mit Ihrer Rolle als Ehefrau oder Ehemann identifizieren, während Sie zugleich den Schmerz, diese Rolle ausgespielt zu haben, in vollem Ausmaß zulassen. Das andere Gegensatzpaar beinhaltet, daß Sie sich einerseits von der Gesellschaft zurückziehen, um Atem zu schöpfen und sich selbst wiederzufinden, andererseits später mit Hilfe Ihrer Umgebung die Lehren aus Ihrer Erfahrung ins Leben integrieren.

Um aus dem Chaos einer Scheidung mit einer neuen, sinnvolleren Lebenseinstellung hervorzugehen, müssen Sie zunächst erkennen, daß Sie weit mehr als nur Ehepartner sind. Sie müssen erkennen, daß Ihre Identität weit über diese Rolle hinausgeht, die Ihnen so unerträglichen Schmerz verursacht. Eine der besten Methoden in dieser Hinsicht ist die sogenannte *Desidentifizierung*.

Marilyn lebt als 42jährige Angestellte an der Westküste. Sie suchte Kathleen anläßlich eines qualvollen Entschlusses auf, eine zehnjährige Ehe zu beenden, die seit fast zwei Jahren auf der Kippe stand. Sie und ihr Mann waren vergeblich beim Eheberater gewesen. Vor kurzem hatten sie die Einsicht gewonnen, die Scheidung sei unausweichlich. »Ich hatte geglaubt, die Entscheidung, endgültig den Kampf zu beenden, wäre eine Erleichterung«, berichtete mir Marilyn mit fragendem Blick. »Aber im Gegenteil, ich bekam es mit der Angst zu tun. Ich weiß, es ist der richtige Entschluß, und doch ist eine Stimme in mir, die sagt: Zurück! Du machst einen schrecklichen Fehler! Zurück!«

Marilyn wurde durch eine einfache, ursprünglich von Roberto Assagioli entwickelte Übung sehr geholfen. Assagioli war der Begründer der »Psychosynthese«, einer besonderen Richtung der Psychologie. Diese Übung beruht auf einem fundamentalen Prinzip, das schon seit langem in vielen alten Philosophien und Religionen bekannt ist: In Notsituationen hat der Mensch das Bedürfnis, sich für längere Zeit aus dem äußeren Leben zurückzuziehen, um seine Persönlichkeit von innen her wahrzunehmen. Ein Forscher sprach in dieser Hinsicht vom »Rückzug auf den Kern«. Wenn Sie im folgenden die Desidentifizierungs-Übung zur Kenntnis nehmen, könnten Sie versucht sein zu glauben, etwas so Einfaches könne unmöglich etwas taugen. Natürlich ist es ein Unterschied, ob man eine Meditationsübung nur liest oder sie praktiziert. Das wäre so, wie wenn man eine Mozartsymphonie voll genießen wollte, nur indem man die Partitur durchblättert. Doch in Kathleens Praxis und in den Praxen vieler Kollegen sind Hunderte von Menschen, die diese Übung fünfzehn oder zwanzig Minuten täglich durchführen, zu großen Erlebnissen innerer Ruhe gekommen: Sie haben »ihren Mittelpunkt wiedergefunden«.

Da es sich nicht so sehr um ein Ritual als um eine tägliche Übung handelt, können Sie die Wirkung noch steigern, wenn Sie sie unter zwei für Rituale grundlegenden Bedingungen praktizieren. Versuchen Sie die Übung erstens an einem Ort mit persönlicher Note – Sie könnten sogar sagen: an einem geweihten Ort –, an dem Sie sich wohl fühlen, wo Sie absolut ungestört sind. Stellen Sie das Telefon ab. Sperren Sie sich in die Dachkammer ein. Tun Sie Ihr Möglichstes, diese Zeit unbedingt von allem anderen freizuhalten. Wenn es zweitens eine Tätigkeit gibt, durch die Sie vor Beginn der Übung in einen entspannteren Zustand kommen – zum Beispiel ein Bad nehmen, einen Waldlauf machen, Musik hören –, sollten Sie sie in Ihre Übung miteinbeziehen. (Beachten Sie aber, daß Alkohol Sie zwar vielleicht entspannt, aber Ihre Konzentrationsfähigkeit drastisch herabsetzt.) Haben Sie vielleicht auch Kleider in speziellen Farben, Stoffen, Schnitten, durch die Sie sich auf den Weg nach innen besser vorbereitet fühlen? Wenn Sie sich lieber von einer Stimme führen lassen, besprechen Sie dann ein Band (oder lassen Sie es einen Freund tun) mit Instruktionen. Die Worte sollten ruhig und langsam vorgelesen oder gesprochen und notfalls mehrmals wiederholt werden.

Setzen Sie sich nun bequem und entspannt hin. Schließen Sie die Augen und atmen ein paarmal tief durch. Versuchen Sie dabei nur mit dem Bauch ein- und auszuatmen. Sollten Sie feststellen, daß Ihre Gedanken nur so durcheinanderpurzeln, lassen Sie sie einfach laufen, folgen Ihnen jedoch nicht. Lassen Sie sie durch Ihr Bewußtsein ziehen, als wären es den Fluß hinabtreibende Blätter oder aus einem Schornstein aufsteigender Rauch. Wenn Sie zehn bis fünfzehn Minuten Atempraxis brauchen, ehe Sie ruhig sind und Ihre Gedanken schweigen, ist es völlig in Ordnung. Nehmen Sie sich Zeit. Wenn Sie fertig sind, sagen Sie sich die folgenden Zeilen vor und wiederholen dabei jede einzelne so oft, bis auftritt, was man am besten »die Zündung im Gehirn« nennen könnte.

Ich habe einen Körper, aber ich bin nicht mein Körper.
Ich bin ich selbst.
Ich habe Gefühle, aber ich bin nicht meine Gefühle.
Ich bin ich selbst.
Ich habe Gedanken, aber ich bin nicht meine Gedanken.
Ich bin ich selbst.
[und schließlich:]
Ich bin.
Ich bin.
Ich bin ich selbst.

Sinn dieser Übung ist nicht, Ihren Körper, Ihre Gefühle, Ihre Gedanken abzuwerten, sondern die Erkenntnis, daß Sie mehr sind als all dies. In Spannungszuständen geschieht es sehr leicht, daß man glaubt, der Körper, die Empfindungen und die Gedanken seien die gesamte Realität. Aber dem ist nicht so. Ihr Körper ist ein wertvolles Handlungs- und Erfahrungsinstrument in der Außenwelt, doch er ist nicht Sie selbst. Auch Ihre Gefühle, so wild sie zwischen Liebe und Haß, Ruhe und Erregung, Freude und Trauer hin und her pendeln mögen, sind nicht Ihr Wesen. Ihre wahre Natur verändert sich nicht. Wir wissen, daß Menschen lernen können, ihre Emotionen zugunsten bestimmter Ziele zu steuern und diesen unterzuordnen. Genau dasselbe läßt sich von Ihren Gedanken sagen. Sie wandeln sich unaufhörlich, während Sie neue Erfahrungen machen und Wissen erwerben. Aber obwohl Ihr Verstand Sie mit wertvollen Informationen über die Umwelt versehen kann, ist er nicht Sie selbst. »Sie« befinden sich jenseits Ihrer Gedanken, Ihres Körpers, Ihrer Gefühle – in einem stillen, elementaren Mittelpunkt tief im Innern.

Verluste akzeptieren

Wenn Sie die Desidentifizierungs-Übung regelmäßig durchführen, werden Sie ein höchst elastisches, nicht zu erschütterndes Selbst im Innern kennenlernen. Es besitzt die Kraft, neue Welten aus Schutt und Asche hervorzuzaubern. Obwohl aber diese Übung Sie davor bewahren kann, von Ihren Emotionen völlig verschlungen zu werden, bewahrt sie Sie nicht unbedingt auch davor – das soll sie auch gar nicht! –, den Schmerz, der Ihrer Trennung auf dem Fuße folgt, in voller Schärfe zu erleben. Scheidung wirft ein grausam grelles Licht auf viele zerstörte Träume, auf hochfliegende Pläne, die jetzt mit gebrochenen Flügeln darniederliegen. Sie können sich unmöglich die ganze Zeit mit diesen Verlusten auseinandersetzen, sie aber auch nicht einfach ignorieren, obgleich sie Ihnen tiefe Wunden schlagen. Ein solcher Versuch der Bewußtwerdung und des Annehmens ist immer schmerzhaft, selbst für Menschen, die eine Beziehung erleichtert aufgeben. Bei der Verarbeitung dieses Schmerzes kann es Ihnen helfen, wenn Sie Ihren Verlust durch besondere Zeremonien »anerkennen«. (Achten Sie darauf: Wenn wir hier sagen, »anerkennen«, so meinen wir damit, daß Sie die Tiefe Ihres Schmerzes empfinden, ohne sich von Ihrem Zorn übermannen und wer weiß wohin mitreißen lassen. Das heißt wiederum nicht, daß Sie Ihren Zorn verdrängen sollten. Schauen Sie ihn nur an. Sagen Sie ihm, Sie wüßten schon, daß er seine Gründe hat. Versuchen Sie dann, in die unter ihm befindliche ruhigere, distanziertere Schicht hinabzusteigen.)

Lillian, 45jährige Anwältin aus Denver, arrangierte es so, daß sie das Appartement einer auswärts weilenden Freundin für eine Abendzeremonie benutzen konnte. Dabei zog sie sich aus ihrer alltäglichen Umgebung zurück. Als sie am Abend des Rituals dort ankam, legte sie als erstes das Telefon still und blieb 15 Minuten ruhig sitzen, um sich auf den Zweck ihres Hierseins zu konzentrieren. Hierauf schrieb sie auf einzelne Zettel jeweils eine Hoffnung und einen Traum, der ihrem Gefühl nach mit ihrer Ehe gestorben war. Sie notierte das Haus, das sie und ihr Mann auf dem Land bauen wollten, die Weihnachtsfeste, die man mit den Enkeln hätte feiern, die Überseereisen, die sie und ihr Mann jetzt, nachdem die beiden Töchter das College verlassen hatten, hätten unternehmen können. »Dieser Abend trieb mir unwiderstehlich das Wasser in die Augen«, bekannte sie später.

Als nächstes zündete Lillian ein Feuer im Kamin an. Bedachtsam und zielstrebig legte sie jeden Anzünder und jedes Stück Holz zurecht. Wenn sie zu schnell wurde, zwang sie sich zur Langsamkeit. Als das Feuer gut brannte, warf sie die Zettel in die Flammen, einen nach dem andern, und sagte jeweils laut vor sich hin: Damit vernichte ich diesen Traum. Schließlich verschwand das letzte Papier in den Flammen, und sie saß davor und schaute zu, wie es zu Asche zerfiel. In diesen Augenblicken wurde Lillian die Leere bewußt, der weite Raum, der immer zwischen einem früheren und einem zukünftigen Zustand liegt. Danach zog sie sich ein neues Kleid an, das sie sich eigens für diese Gelegenheit gekauft hatte, und ging mit ihrer besten Freundin in ein feines Lokal zum – recht melancholischen – Abendessen.

Sie können eine Loslaß-Zeremonie auch mit einem besonderen Objekt durchführen, das Ihren Verlust verkörpert. Es gibt Menschen, die liebgewordene Fotos, Heiratsurkunden, sogar Eheringe verbrennen oder vergraben – nicht aus Wut, sondern um sie loszulassen. Andere verstauen ihre Notizen oder Objekte in einem Beutel oder einer Schachtel, die zumindest vorübergehend irgendwo in der Wohnung hinterlegt werden können, bis eine Entscheidung über die weitere Verwendung gefallen ist. Allein schon, daß Sie Beutel oder Schachtel verschließen und weit abseits vom Alltag deponieren, ist eine starke symbolische Geste für Ihren Entschluß, Ihren Schmerz beiseite zu schieben und seine Vorherrschaft zu brechen.

Auch derartige rituelle Handlungen und Symbole bedeuten für sich selbst wenig. Doch im Rahmen des aufrichtigen Wunsches, einen Wandel in Gang zu bringen, können sie gewaltige Kräfte mobilisieren.

Wandern

Von den alten sumerischen Erzählungen über die Göttin Inanna bis zu den Abenteuern Don Juans bei Carlos Castaneda spricht praktisch jeder Übergangsmythos, den wir kennen, ausführlich darüber, daß Menschen, die neue Wege beschreiten wollen, zuerst eine Periode der Leere und Desorientierung durchmachen müssen. Aus diesem Grund haben die Völker überall auf der Welt in ihre Übergangsriten Perioden des ruhigen Wanderns, in denen der Kandidat allein mit sich selbst ist, eingebaut. In manchen Gesellschaften hieß diese Phase »Zeit zwischen den Träumen«, andere bezeichneten sie als »heilige Pause«. Solche Zeiten der Stille in unserem hektischen, erfolgsorientierten Leben zu etablieren, ist extrem schwierig. Aber bei einer Scheidung sind sie absolut notwendig, einerseits zur psychischen Regeneration, andererseits als Energiereservoir für neue Aktivitäten. Sie können diese Zeiten als Wanderschaft, Rückzug, Zeit draußen, Atempause oder Unterbrechung auffassen. Aber wie Sie sie auch benennen mögen, unterschätzen Sie sie bitte keinesfalls und übereilen Sie nichts dabei. Niemals ist Geduld mehr gefragt als hier.

Diese Periode der Wanderschaft dient der Durchführung von »Kräftigungsritualen«, als die man sie oft bezeichnet: Man führt zweckfreie Handlungen aus, die Balsam für die Wunden der Seele sind. Denn man fühlt sich ja manchmal wie ein getretener Wurm oder wie nach einer Schlammschlacht. Im folgenden wird das Beispiel eines Kräftigungsrituals gegeben, das ein Mann mit gutem Ergebnis anwandte. Fassen Sie seine Erfahrungen nur als Hinweis auf die Richtung auf, in die es für Sie gehen könnte, und ahmen Sie ihn nicht sklavisch nach. Im Grunde müssen Sie nur zwei wesentliche Prinzipien beachten: Entziehen Sie sich erstens der gewohnten Umgebung und Tätigkeit. Und lassen Sie sich zweitens nur auf Handlungen (oder Unterlassungen) ein, die Ihnen ein Gefühl des Friedens und der Zufriedenheit mit sich selbst geben.

Ron, 48, arbeitet erfolgreich als Buchhalter. Seine Scheidung lag gerade drei Wochen zurück, als er, bestärkt vom Therapeuten, den Entschluß faßte, sich eine Atempause zu gönnen und von dem langen, anstrengenden Weg auszuruhen, den er fast ein Jahr lang gegangen war. Ron dachte mehrere Tage sorgfältig darüber nach, wo er diese Zeit verbringen könnte, und kam dann auf den Gedanken, sich in der Sierra für drei Nächte eine Hütte zu mieten. Da ungestörte Ruhe Bedingung für sein Vorhaben war, hatte die Hütte weder Telefon noch Fernsehen, und auch in der nächsten Nachbarschaft gab es kaum Versuchungen.

Vor der Abreise verbrachte Ron ein paar Stunden mit der Anfertigung einer Aktivitätsliste. Sie bezog sich auf zwei Bereiche seines Lebens, die seinem Gefühl nach aus dem Gleichgewicht geraten waren. Der erste hatte mit seiner körperlichen Verfassung zu tun. Er mußte sich eingestehen, seit Monaten dem Alkohol zu sehr zugesprochen und zu ungesund gegessen zu haben. Der zweite Lebensbereich, der schleunigst in Ordnung gebracht werden mußte, war Rons Gefühlsleben. Zunehmend hatten sich Bitterkeit und Zynismus in ihm breitgemacht. Sogar sein Sohn hatte ihn darauf schon angesprochen.

Um der schlechten körperlichen Verfassung abzuhelfen, nahm sich Ron vor, während seiner rituellen Zeit nur gesund zu essen und so viel wie möglich zu wandern. Was seinen Zynismus betrifft, kam er auf drei einfache Dinge, die ihm, wie er rein intuitiv spürte, das Leben in positiverem Licht zeigen würden. Erstens wollte er morgens sehr früh aufstehen, um den Sonnenaufgang zu betrachten. Das hatte er als junger Mann gern getan, aber seit beinahe 20 Jahren nicht mehr. Zweitens nahm er sich drei sorgfältig ausgewählte Bücher voller Humor und Mitgefühl mit. Und drittens hatte er vor, sobald ihn Empfindungen in bezug auf die Kinder und die frühere Ehefrau zu überwältigen drohten, sie, egal wie schmerzhaft sie waren, niederzuschreiben. Natürlich hätte sich Ron auch andere Dinge vornehmen können: Meditation, geführte Imagination, Yoga, Gedichteschreiben, Dauerlauf, Musik machen oder hören, oder auch nur jeden Tag mit einer ausgiebigen, bewußt genossenen Dusche oder einem Bad zu beginnen.

Zum Abschluß seiner Vorbereitungen verfaßte und unterschrieb Ron folgende Erklärung, von der er eine Kopie seinem Therapeuten, eine andere einem guten Freund aushändigte: »Hiermit verpflichte ich mich, am 27., 28. und 29. Juli bei allem, was ich tue, Selbstachtung und Geduld zu beweisen.« (Wir kommen noch darauf zu sprechen, wie wichtig es ist, daß Sie in bestimmten Momenten Ihre beabsichtigten Rituale anderen mitteilen.)

»Als mir mein Therapeut diesen Ausflug vorschlug«, sagt Ron, »dachte ich, er wolle mich zur Flucht vor meinen Problemen verleiten und ich sollte mich vor der Wirklichkeit verstecken. Aber als ich erst einmal dort war, stellte ich fest, daß ich die ›wirkliche Welt‹ keineswegs hinter mir gelassen hatte. Ich war nur in einer anderen Schicht dieser Welt, ebenso bedeutsam wie die zurückliegende.«

Rons Therapeut gab ihm außerdem einen weisen Rat. Wenn er sich entschließen sollte, seine gesundheitsfördernden Maßnahmen zu Hause weiter fortzusetzen, sollte er seinen Alltag auf keinen Fall so streng organisieren wie seine Ritualzeit. »Das war ein wichtiger Punkt«, berichtet Ron. »Dadurch machte ich mir keine allzu großen Vorwürfe, daß ich, zur Arbeit zurückgekehrt, wieder in den alten Schlendrian verfiel und nicht mehr so intensiv lebte wie in diesen drei besonderen Tagen.« Wir sollten jedoch noch erwähnen, daß Ron nach seiner Zeremonienzeit andere einfache Rituale in sein Leben einbaute, zum Beispiel weitere Ausflüge in die Hütte und tägliche »Stillezeiten« nach der Arbeit. Aufgrund dieser Bemühungen wurde der Funke des Wandels, den er beim erstenmal in der Hütte entzündet hatte, zur Flamme entfacht.

Abschlußphase: Bekanntgabe von Scheidungszeremonien

Eine öffentliche Scheidungszeremonie durchzuführen, ist nicht einfach. Doch nach den Berichten der Menschen, die, unterstützt von ihren früheren Ehepartnern oder ein bis zwei guten Freunden, einen ernsthaften Versuch damit gemacht haben, ist es eine durchschlagend wirksame Heilmethode. Sind Sie innerlich dazu bereit, kann Sie ein sorgfältig durchgeführtes Scheidungsritual sanft über die Schwelle tragen, hinter der ein weit erfüllteres und aussichtsreicheres Leben auf Sie wartet. Was meinen wir mit innerlich bereit sein? Sie sind bereit, wenn Sie Ihren schmerzlichen Gefühlen standzuhalten vermögen. Sie sind bereit, wenn Sie sich, wenigstens zeitweise, von Ihrer früheren Rolle als Ehepartner weit genug distanzieren können, um diese Beziehung unter der Perspektive von Vergebung und Versöhnung zu sehen. Sie sind bereit, wenn Sie sich der Tatsache öffnen können, daß ein besseres Leben vor Ihnen liegt. Aber selbst wenn diese Voraussetzungen erfüllt sind, ist eine solche Zeremonie erst akzeptabel, wenn die Ehe auch gerichtlich getrennt ist. Ihr Ritual kann dann aber ebensoviel Gutes bewirken, wenn nicht mehr, wie wenn Sie eines Tages heimkommen und den abschließenden gerichtlichen Bescheid in Ihrem Briefkasten vorfinden.

Scheidungsrituale des jeweiligen Partners können also sehr heilsam sein. Ideal aber wäre eine Zeremonie, an der beide Partner beteiligt sind. Denn häufig entsteht gerade dann, wenn beide anwesend sind, der größte Schub für einen positiven Abschluß der Beziehung, besonders wenn es darum geht, aufkeimende Furcht oder Schuldgefühle bei Kindern zu beruhigen. Natürlich haben viele Paare, die sich eben erst aus den Stürmen der Trennung gerettet haben, nicht die geringste Lust, sich vor Freunde und Familie hinzustellen und Vergebung zu demonstrieren. Von den Leuten, die Scheidungsrituale durchführen, sind wahrscheinlich weit weniger als die Hälfte dazu in der Lage. Aus diesem Grund schildern wir hier zwei Scheidungszeremonien – eine für einen einzelnen, eine andere für ein Paar. Und auch wenn Sie wissen, daß Sie zu einer solchen Aktion mit Ihrem früheren Partner wohl kaum bereit wären, lesen Sie trotzdem weiter und nehmen auf jeden Fall auch die Zeremonie für Paare zur Kenntnis. Viele dabei geschilderte Ideen und Symbole eignen sich auch gut für Einzelzeremonien.

Sam – das Scheidungsritual für einzelne

Die Aussicht von dem grasbewachsenen Gipfel des Connecticut-Berges, wo Sam Belknap seine Scheidungszeremonie durchführt, ist prachtvoll. Im Osten liegen die südlichen Ausläufer der Berkshires mit ihren üppigen Wäldern, die sich gerade neu belauben, im Westen lagern die trägen Rücken der Taconics. Die Sonne scheint hell, ein warmes Lüftchen weht. Außer Sam befinden sich heute sechs andere Menschen auf dem Berg: Sams Bruder und Vater, sein elfjähriger Sohn, aus der Verwandtschaft seiner Exfrau eine Tante, der er sich besonders verbunden fühlt, und schließlich zwei gute Freunde, Kollegen von der Computer-Firma, bei der Sam arbeitet.

Sam sagt, einen Pfarrer wollte er nicht gerne als Leiter der Zeremonie, weshalb er einen Anwalt aus der Nachbarschaft engagiert hat. »Ich brauchte jemanden, mit dem ich besprechen konnte, wie ich meine Empfindungen am besten ausdrückte. Der Anwalt diente mir sozusagen als Resonanzboden. Mit ihm konnte ich alles ausprobieren, bevor ich wirklich Ernst machte.«

Um vier Uhr ruft Sam alle zusammen und bittet sie, einen Kreis zu bilden mit ihm im Mittelpunkt. Später erläutert er, der Kreis habe ihn in dem Gedanken bestärkt, es seien immer »Hände da, die mich beim Fallen halten werden«. Sam beginnt die Zeremonie, indem er jedem in die Augen blickt und für seine Unterstützung dankt. Dann richtet er sich im Mittelpunkt des Kreises auf, holt tief Luft und setzt zu folgender Rede an:

»Vor all diesen hier versammelten Freunden und Angehörigen möchte ich zuerst erklären, wie dankbar ich Julie (Sams frühere Frau) für die Liebe und das Wachstum bin, die wir zusammen erleben durften. Ich weiß, daß diese Zeit zu mir gehört, ein Teil von mir geworden ist. Heute verabschiede ich mich von ihr in der Hoffnung, daß sie und ich inneren Frieden finden werden.

Zum zweiten möchte ich hier und heute ein Versprechen abgeben. Ich verpflichte mich, auf mein Bedürfnis, immer der Starke, der Mann aus Eisen zu sein, zu verzichten. Ich tue das, um die Liebe und Hilfe von euch Freunden und Angehörigen in Zukunft besser annehmen zu können. Ich bitte euch um Geduld mit mir, wenn ich jetzt neue Wege einschlage und neue Beziehungen anknüpfe.«

Zu seinem Sohn Mark gewendet fährt Sam fort: »Du und ich haben über diese Scheidung schon häufig gesprochen. Doch im Augenblick möchte ich dir sagen, wie sehr ich dich liebe und wie viel du mir in diesen turbulenten Zeiten bedeutet hast. Es liegt viel Freude und Glück vor uns, und ich verspreche dir, ich werde dir dabei immer behilflich sein. Ich kann den Schmerz nachfühlen, den du heute empfindest. Doch hoffe ich, daß wir eines Tages auf diese Ereignisse als auf eine Zeit zurückschauen werden, wo wir eine neue, tiefere Gemeinsamkeit begründet haben.«

Sam tritt nun aus dem Mittelpunkt des Kreises und schüttelt jedem die Hand. Diese Einzelheit hatte er sich mit dem Anwalt ausgedacht. Sie sollte symbolisieren, daß er aus dem Zustand der Einsamkeit und Verwirrung heraustrat, zurück in die Gemeinschaft von Familie und Freunden. Er bittet jetzt die Anwesenden, die Augen für eine kurze Besinnung oder ein Gebet zu schließen. Als alle fertig sind, löst Sam den Kreis auf und führt die kleine Schar hinüber zu einer Stelle, wo ein Spaten, eine Gießkanne und ein winziges Pappelbäumchen liegen, das er sich morgens gekauft hat. Wieder bittet er die Freunde, einen Kreis um ihn zu bilden, während er ein Loch für das Bäumchen in die Erde gräbt. Nach dem letzten Spatenstich kniet er nieder und schließt minutenlang die Augen. Schweigend zieht er den Ehering vom Finger und läßt ihn in das Loch fallen. Dann bittet er seinen Vater und Sohn, ihm beim Einsetzen des Bäumchens behilflich zu sein, und alle andern werfen der Reihe nach mit der Schaufel ein bißchen Erde nach. Hierauf begießt Sam den Setzling und läßt die Gießkanne herumgehen, damit die anderen es ihm nachtun. »Es ist meine Hoffnung«, sagt er dabei, »daß aus dieser Vergangenheit und dieser Gegenwart eine helle Zukunft erwachse.«

Sam steht vor dem Bäumchen und schließt die Augen ein letztes Mal. Als er sie wieder aufschlägt, liegt ein nachdenkliches Lächeln auf seinem Gesicht. »Das war's«, sagt er, und umarmt jeden der Anwesenden kurz. »Und jetzt geh'n wir in mein Lieblingslokal, wo zum Dank für euch Plätze zum Abendessen reserviert sind.«

Ein Jahr danach fragen wir Sam, ob ihm diese Zeremonie gutgetan hat oder nicht. Ohne das geringste Zögern erwidert er:

»Ich bin mir noch gar nicht sicher, welche Auswirkungen sie insgesamt gehabt hat. Aber soviel weiß ich: Ich bin an diesem Tag gewachsen, wie wenn ich Mann, Vater und Sohn, alles zugleich, geworden wäre. Es war ein Ende, aber auch ein Anfang.«

Einer der entscheidenden Fortschritte, die Sam aufgrund dieses Scheidungsrituals machte, war der Vorsatz, sich ab jetzt für andere Menschen immer genügend Zeit zu nehmen. Wenn zum Beispiel sein Sohn Mark auf Besuch kommt, sorgt Sam dafür, daß sie wenigstens ein paar Stunden in der Woche ungestört zusammen verbringen können, auf Spaziergängen, beim Essen in einem ruhigen Lokal oder auf einem Ausflug in die Umgebung. Genauso macht er es, wenn ihn seine Eltern besuchen. »Erstaunlich, wie schwierig es sein kann, nur ein bißchen Zeit für Gespräche zu reservieren«, meint Sam. »Früher quetschte ich meine Unterhaltungen immer zwischen Fernsehen, Telefonate, Fahrt ins Büro oder Besorgungen. Jetzt genügt mir das nicht mehr.«

Ray und Debbie: das Scheidungsritual für Paare

Für Anfang Mai ist es ungewöhnlich warm im Süden Michigans. In dem Baumgarten hinter Frank und Joan Vesters großem weißem viktorianischem Haus stehen etwa zwei Dutzend gutgekleidete Männer und Frauen in lockeren Gruppen zusammen und unterhalten sich. Davor stehen, mit dem Rücken zu ihnen, Ray und Debbie, seit über sechs Jahren Frank und Joans beste Freunde. Sie halten, jeder an einem Ende, ein ein Meter langes gelbes Band, das ihnen der Pastor vor ein paar Minuten überreicht hat. In seiner schwarzen Robe stellt sich dieser jetzt gemessenen Schrittes vor die Gesellschaft. Ab und zu wenden Ray und Debbie den Kopf, um in den Gesichtern der Leute hinter sich zu lesen. Es glückt ihnen immerhin ein dünnes Lächeln, doch sind sie augenscheinlich ziemlich nervös. Einmal neigt sich Debbie zu Ray hinüber, um ihm etwas zu sagen, unterbricht sich aber sogleich wieder, als der Pastor den Arm hebt und Ruhe gebietet.

»Wir sind hier heute als Familien und Freunde zusammengekommen, um gemeinsam eine wichtige Epoche in Rays und Debbies Leben zu beenden und eine neue zu eröffnen. Vor zehn Jahren haben sich diese beiden Menschen zur heiligen Ehe zusammengefunden. Doch heute ist dieses Band zu einer Fessel für ihre Persönlichkeitsentwicklung geworden – individuell und gesellschaftlich. Die Entscheidung ist Ray und Debbie nicht leichtgefallen. Nach ihrer Überzeugung ist das Band der Ehe wirklich heilig und darf nicht leichtfertig zerrissen werden. Erst nach gründlicher Überlegung sind sie übereingekommen, ihre Beziehung zu lösen. Und jetzt haben sie uns gebeten, ihren Neuanfang zu bestätigen, ihre neuen Lebensziele zu unterstützen und ihnen Mut zuzusprechen.

Wie stets bei solchen Trennungen ging es auch hier nicht ohne große Schmerzen ab. Doch Ray und Debbie glauben, daß sich unter der Hülle ihres Schmerzes schon Keime neuer Hoffnung zeigen – Gelegenheiten für sie, die Lektionen ihrer Ehe zu lernen und in neues Wachstum umzusetzen. Sie haben sich vorgenommen, durch Gebete, Mitgefühl und gegenseitige Achtung zu verstehen, was ihre Beziehung für sie bedeutet hat, um dadurch an Weisheit, Stärke und Freude zuzunehmen.«

Der Pastor wendet sich nun von der Gruppe ab und gibt Debbie mit einem Kopfnicken ein Zeichen. Sie blickt zu ihrem ehemaligen Mann hinüber. »Ray, wir können zwar nicht länger zusammenbleiben. Aber du sollst wissen, daß ich dich immer achten werde. Ich werde dir niemals absichtlich schaden. Ich verspreche dir auch, deinen Kindern eine gute Mutter zu sein. Sie sollen das beste von jedem von uns bekommen. Sollte doch einmal Streit zwischen uns entstehen, den wir selbst nicht schlichten können, bin ich damit einverstanden, Fachleute zu Rate zu ziehen, wie wir das besprochen haben.«

Debbie wendet sich hierauf ihren beiden Söhnen, sieben und neun, zu, aber da versagt ihr die Stimme und ihre Augen füllen sich mit Tränen. Sie atmet ein paarmal schnell durch und kniet nieder, bis sie sich auf gleicher Höhe mit den Kindern befindet. »Michael und Andrew«, sagt sie schließlich, »euer Vati und ich leben jetzt nicht mehr zusammen. Aber ihr sollt wissen, daß wir beide euch ebenso liebhaben wie bisher. Ich bin immer für euch da, wenn ihr mich braucht, und will mir alle Mühe geben, euch eine gute Mutter zu sein.«

Ähnliches verspricht Ray seiner früheren Frau und seinen beiden Jungen.

»Ray und Debbie«, ergreift nun der Pastor wieder das Wort, »seid ihr gewillt, auf der Grundlage dieser eurer Gelöbnisse, in Gegenwart eurer Kinder, Familien und Freunde, diese Vereinbarung feierlich zu besiegeln, zur Erfüllung eurer künftigen Pflichten und Aufgaben?« Beide, Ray und Debbie, antworten mit Ja. Der Pastor übergibt ihnen einen eigens für diese Gelegenheit gekauften Federhalter, und feierlich unterzeichnen sie zwei Kopien eines Papiers, auf dem ihre Pflichten gegeneinander und gegen die Kinder vermerkt sind.

Der Pastor fährt fort: »Wollen Sie, Freunde und Familienangehörige, alles in Ihrer Macht Stehende tun, um Ray und Debbie in ihrem neuen, nunmehr getrennten Leben zu unterstützen und ihnen bei ihren zukünftigen Aufgaben zu helfen? Wenn ja, antworten Sie mit Ja.«

Der Pastor nimmt nun von dem neben ihm stehenden kleinen Holzhocker eine Schere. Er tritt einen Schritt vor und durchschneidet damit das gelbe Band, das Ray und Debbie in Händen halten. »Das Durchschneiden dieses Bandes ist Symbol für das jetzt getrennte Ehebündnis. Doch laßt euch das Stück, das jeder von euch nun in Händen hält, eine Mahnung sein, daß eure Pflichten euch und den Kindern gegenüber fortdauern.« Wieder wendet sich der Pastor an die ganze Versammlung: »Laßt uns beten für das künftige Wohl Rays, Debbies, Andrews und Michaels. Möge Gottes Gnade mit ihnen sein, und mögen wir alle, die wir hier versammelt sind, ihnen auf ihrem weiteren Lebensweg in Liebe beistehen.«

Nach einem Augenblick des stillen Gebets spricht der Pastor ein letztes Mal zu dem nun getrennten Paar. »Möge der Herr euch Frieden schenken. Und möge er euch Kraft geben, euer Bestes für das Wohl eurer Kinder zu tun, damit sie eines Tages, auf diesen Abschied zurückblickend, sagen können: Es war ein Segen für uns.«

Ray und Debby entfernen sich jetzt von dem Prediger und gehen gemeinsam zu einem Tisch mit Wein, Käse, Gebäck und Obst. Mit einem Glas in der Hand bringen sie der um sie versammelten Schar gemeinsam einen Toast aus. »Unserer Familie und unseren Freunden«, prostet ihnen Debbie zu. »Dank für eure Liebe und Hilfe, die ihr uns bewiesen habt. Wir hoffen aufrichtig, daß ihr uns beide in den vor uns liegenden Jahren auf unserem Lebensweg begleiten werdet.«

Bausteine

Wie die meisten Paare veranstalteten Ray und Debbie diese Zeremonie nicht etwa in der Hoffnung, sie würden dadurch ihre besten Freunde auch weiterhin an sich binden. Das konnte dieses Ritual nicht leisten. Aber was es leistete, war, daß sich die beiden aus dem emotionalen Zusammenbruch retten und offen über den Sinn ihrer Ehe verständigen konnten. Dadurch fiel es ihnen wesentlich leichter, mit der Vergangenheit abzuschließen. Eine ebenso wichtige Funktion der Zeremonie war, daß Ray und Debbie ihren Kindern hoch und heilig versprechen konnten, sie würden sie niemals verlassen und auch nicht ständig mit emotionalen Konflikten behelligen.

»Zum ersten Mal hörten wir von meiner Schwester von solchen Scheidungsritualen«, erklärt Debbie. »Sie besucht Gottesdienste in einer Kirche, deren Pastor seine Gemeinde ausdrücklich ermuntert, Scheidungen mittels einer solchen Zeremonie durchzuführen.« Auf den ersten Blick mutete der Gedanke beide Partner seltsam an. Aber eines Samstags entschlossen sie sich, den Pastor in Kansas City anzurufen. »Als wir wieder aufhängten«, meint Ray, »waren wir beide überzeugt, daß sich ein Versuch lohne. Der Pastor erklärte uns, eine rituelle Bestätigung der Trennung könnte Furcht und Feindschaft, die uns quälten, besänftigen. Das Ritual würde uns klarmachen, daß es hier nicht um Gut gegen Böse ging, sondern um eine Veränderung, die viele Menschen im Lauf ihres Lebens einmal durchmachen müssen.«

Leider war dann der Pastor von Debbies und Rays eigener Gemeinde, dem sie die Anregung unterbreiteten, nicht sehr davon begeistert. Schließlich empfahl ihnen ein Eheberater einen anderen Pfarrer, der dann die Zeremonie vornahm. »Wir trafen uns zweimal mit Pastor Melcher«, berichtet Debbie. »Nicht so sehr, weil er uns Tips für die Organisation des Rituals geben, sondern weil er sichergehen wollte, daß wir beide wirklich bereit dazu und nicht von ohnmächtigem Zorn erfüllt waren.« Ray sagt, er wäre zu diesem Ritual auch ohne Pastor bereit gewesen, war aber froh, daß es dann doch nicht so kam. »Ich dachte mir: Da die Trauung kirchlich erfolgt war, sollte auch das Ende kirchlich bestätigt werden. Eigentlich wäre es mir lieber gewesen, unser eigener Pastor hätte mitgemacht. Aber wir wollten ihn auf keinen Fall drängen, da er sich offensichtlich nicht wohl in seiner Haut fühlte.«

Bevor wir uns mit dem konkreten Aufbau solcher Zeremonien befassen, wollen wir noch einen Blick auf zwei Details scheinbar am Rande werfen, mit denen man sich beschäftigen muß, wenn man eine Scheidungszeremonie organisiert: den Ort der Zeremonie und die einzuladenden Personen. Solche Einzelheiten sind außerordentlich wichtig. Bei einer Scheidung müssen Sie mit ebenso großer Sorgfalt an die Umgebung und die Menschen, die Ihre Absichten verkörpern und verstärken sollen, denken, wie damals, als Sie die Ehe schlossen. Die besten Rituale sind wie gute Gedichte: Absolut nichts ist dem Zufall überlassen.

Ort der Zeremonie

Das Umfeld spielt bei guten Ritualen immer eine Schlüsselrolle. Genauso, wie manche Menschen das Weihnachtsabendessen unbedingt zu Hause und nicht in einem Restaurant veranstalten, oder in einer Kirche statt nur im Standesamt heiraten wollen, können Leute, die sich einer Scheidungszeremonie unterziehen, positiv oder negativ vom Ort der Zeremonie beeinflußt werden.

Bei Ihren Überlegungen, wo Sie Ihr Ritual am besten abhalten, sollten Sie in erster Linie an einen neutralen Ort denken. Es ist zum Beispiel in der Regel nicht günstig, ein solches Ritual in dem Haus, in dem Sie mit Ihrem früheren Partner gewohnt haben, zu veranstalten. Im Falle einer Scheidungszeremonie für ein Paar ist auch das Haus eines Freundes keine gute Wahl, es sei denn, er ist mit beiden wirklich gut befreundet. Zweitens müßte es sich um einen Ort handeln, an dem Sie ungestört sind und dessen Atmosphäre zu dem Ereignis paßt. Es könnte Ihnen helfen, wenn Sie die Eigenschaften und Empfindungen auflisten, die Sie sich von einer Scheidungszeremonie erwarten. Freiheit? Hoffnung? Dankbarkeit? Stärke? Schließen Sie jetzt die Augen und atmen ein paarmal tief durch. Stellen Sie sich jedes aufgeschriebene Wort einzeln vor und lassen es in Ihr Bewußtsein hinabsinken. Lassen Sie vor Ihrem inneren Auge in aller Ruhe einen Platz auftauchen, der diesem Wort entspricht. Vielleicht ist es eine Kirche, ein Strand, oder das Haus eines gemeinsamen Freundes, vielleicht auch eine ruhige Stelle in einem Park oder draußen auf dem Land.

Wenn Sie ein Ritual gemeinsam mit Ihrem ehemaligen Partner vorhaben, wird jeder natürlich andere Vorschläge machen. In diesem Fall müssen Sie ein Umfeld wählen, das den Bedürfnissen beider entspricht. Um zu einem Kompromiß zu gelangen, können Sie offen miteinander besprechen, warum Sie jeweils den und den Ort gewählt haben. Einer Frau war zum Beispiel die Küste nicht so sehr wegen ihrer landschaftlichen Schönheit wichtig, sondern weil, wie sie sagte, dort Stürme entstehen – Stürme, die, nicht anders als Lebensstürme, mitunter schrecklich sind, aber auch die Möglichkeit der Reinigung und Erneuerung in sich enthalten. Ihrem früheren Mann gefiel diese Symbolik sehr gut, doch hätte er am liebsten eine Kirche gehabt. Schließlich einigte sich das Paar auf eine Kirche nahe am Meer. Nach der Zeremonie wanderten sie auf eine Mole hinaus und warfen ihre Eheringe in die Wellen.

Wie viele andere Menschen hatte sich Sam als Umfeld für seine Zeremonie eine ruhige Stelle in der freien Natur ausgesucht. Ray und Debbie andererseits nahmen lieber das Haus ihres besten Freundes, weil sie sich von einer vertrauten, freundlichen Umgebung einen positiven Einfluß versprachen. »Eine Scheidungszeremonie war Neuland für uns«, sagt Debbie. »Niemand in unserer Bekanntschaft hatte so etwas bisher gemacht, und wir rissen uns nicht gerade darum, die ersten zu sein. Wir dachten, bei Frank und Joan würden wir uns nicht schlechter als irgendwo anders fühlen. Zum Glück dachten alle anderen genauso.«

Debbie meint, sie hätten die Zeremonie auch dorthin verlegt, weil das ihren Wunsch dokumentierte, die Freundschaft mit Frank und Joan würde die Trennung überdauern. »Wir sprachen mit Frank und Joan darüber, und beide waren sehr entgegenkommend. Später erzählte uns Frank, er habe sich gefreut bei dem Gedanken, ihr Heim werde der Ort sein, an dem eine neue, friedliche Epoche zwischen Ray und mir ihren Ausgang nähme.«

Debbie sagt, eins der für sie wertvollsten Ergebnisse dieses Rituals sei, daß die meisten Menschen, die dabei waren, auch jetzt noch gern mit ihr und Ray verkehrten, obwohl sie beide nicht mehr beisammen seien. Eine Freundin stellte es so dar: »Durch die Zeremonie sah ich eure Scheidung als konkrete Tatsache. Und ich erkannte, daß sie einfach Teil unseres Lebens war und nicht irgendeine peinliche Krankheit, über die man besser nicht spricht.«

Einzuladende Personen

»Die Einladung der Freunde und Verwandten war vielleicht das allerschwierigste für mich«, meint Ray. »Ich hatte Angst, so mancher würde uns für verrückt halten. Doch daß bestimmte Leute dabei waren, vermittelte mir das Gefühl, ich sei Teil von etwas Größerem als nur meiner Ehe. Ich empfand jetzt die Gewißheit, daß ich mich in Notzeiten auf eine ›erweiterte Familie‹ stützen kann.« Wie Ray fiel es auch Sam sehr schwer, die richtigen Gäste für seine Zeremonie einzuladen, nicht so sehr, weil ihm sein Vorhaben peinlich war, sondern weil er es wie viele Männer nicht gewöhnt war, in schweren Zeiten direkt um Hilfe zu bitten. »Große Überraschung!« sagt er heute lachend. »Die Leute mochten mich, als ich sie um Hilfe gebeten hatte, genausosehr wie vorher!«

Gleichgültig, wie versiert Sie im Umgang mit Ritualen sind: seine Scheidung wie auf dem Präsentierteller vorzuführen, ist bestimmt nicht leicht. Doch es gibt praktisch kein Volk auf der Welt, einschließlich dem unsrigen, wo die Bekanntgabe eines Ereignisses nicht wesentlicher Bestandteil bestimmter Rituale wäre. Aus noch nicht voll geklärten Gründen entschließen sich Leute eher zu ungewohnten Maßnahmen, wenn sie ihre Absichten anderen vorher bekanntgeben. In diesem Sinne ist es von großer Wichtigkeit, daß Sie ein Scheidungsritual öffentlich bekanntmachen, egal wie ungewohnt Ihnen das im Augenblick vorkommen mag. Es genügt schon, wenn es nur ein einziger anderer Mensch weiß. Außerdem ist die Auswirkung der Bekanntgabe keineswegs nur einseitig. Wer an einem solchen Ereignis teilnimmt, wird eher lernen, Scheidungen als etwas Normales zu betrachten. Und mit dieser Einstellung ergeben sich dann auch neue Perspektiven, einschließlich einer größeren Bereitschaft und Fähigkeit, sich mit einem Paar nach dessen Scheidung offen und ehrlich auseinanderzusetzen.

Bestandteile der Zeremonie

Es gibt viele Wege, eine Scheidungszeremonie aufzubauen. Die wirksamsten enthalten unter anderem folgende Elemente:

- eine Sprachregelung ohne Vorwürfe und Schuldgefühle, die trotzdem dem Ernst der Situation Rechnung trägt
- eine Verpflichtung der Beteiligten, einander in Zukunft zu respektieren, sei es persönlich, sei es in bezug auf eventuelle Verwandte
- eine konkrete Aktion, die das Ende der Ehe symbolisiert

Schauen wir uns diese drei Punkte etwas genauer an.

In Rays und Debbies Zeremonie wurde offen ausgesprochen, daß zwar beide Partner die Ehe als heiliges Band betrachteten, aber sich, falls sie weiter zusammenlebten, nicht in der Lage sahen, innerlich zu wachsen und ihre eigentliche Bestimmung zu erfüllen. Das mag recht banal, ja selbstverständlich klingen, aber sehr wenige Betroffene sprechen es jemals offen aus. Weit häufiger glauben die Menschen, sie selbst oder der Partner hätten versagt. Wir übersehen geflissentlich die Tatsache, daß die Ehe unmöglich ein heiliges Band sein kann, wenn sie keinen positiven Stellenwert für alle Beteiligten besitzt.

»Für mich«, meint Ray, »brachten die Eröffnungsworte des Pastors klar und unmißverständlich zum Ausdruck, daß wir uns beide verändert hatten – wodurch sich auch unsere Ehe aus einer konstruktiven Beziehung in eine negative verwandelt hatte. Nicht daß ich manchmal nicht echt wütend auf Debbie gewesen wäre. Aber während der Zeremonie war ich ehrlich um eine neue Einstellung bemüht, in die ich auch in Zukunft immer mehr hineinwachsen will.«

Auch der Ton der Worte bei der Zeremonie sollte emotional wirksam sein. Viele Menschen fügen zum Beispiel religiöse Passagen ansonsten weltlichen Ritualen ein, nicht nur, weil sie diese Passagen für wahr halten, sondern auch, weil schon der besondere Klang sie mit einer »höheren Ordnung«, wie sie es empfinden, in Verbindung bringt. Millionen Katholiken, die vielleicht kein Wort Lateinisch verstehen, verlangen, das Lateinische wieder in die Messe einzuführen, einfach weil der Klang so stark ist. Worte und Klänge können den Menschen unmittelbar nachdenklich stimmen und zu tiefer Konzentration veranlassen. Sie können dieses Phänomen auch bei Rays und Debbies Zeremonie beobachten, als sie der Pastor fragt, ob sie »gewillt sind«, ein Dokument mit ihren Pflichten »feierlich zu besiegeln«. Wird eine solche Frage in so altertümlichen Redewendungen formuliert, erhält die Unterzeichnung größeres Gewicht.

Gegenseitige Achtung

Wie oben erwähnt, haben Scheidungsrituale nicht den Zweck, daß Sie und Ihr früherer Partner »Busenfreunde« werden. Auch werden sie den Zorn und das Gefühl, betrogen oder verletzt zu sein, die in Ihnen vielleicht noch schwelen, nicht vollständig beseitigen. Doch wie alle Übergangsrituale sollen Ihnen auch die Scheidungszeremonien helfen, die nächste Phase Ihrer Übergangssituation schneller zu durchlaufen. Zumindest für eine Weile werden Sie imstande sein, Ihren Blick von den brüchigen, morschen Stufen unter Ihren Füßen, die Ihnen so viel Kummer bereitet haben, nach oben, zu den nächsthöheren Stufen, zu wenden, den Stufen, die in die Zukunft führen. Die Botschaft, die Sie also in Ihre Zeremonie einarbeiten sollten, ist die der Versöhnung: Die Schmerzen und Träume der Vergangenheit müssen zum Abschluß kommen. Prüfen Sie, inwieweit die folgenden Sätze, die sich sowohl für Einzelpersonen als auch für Paare eignen, Ihnen zusagen:

> Ich werde .... (Ihren früheren Partner) stets als Menschen achten und sein inneres Wachstum und Wohl fördern.
>
> Ich löse meine Bindung zu ....
>
> Ich werde die Rolle, die .... in meinem Leben gespielt hat, in guter Erinnerung behalten und respektieren.
>
> Ich bin für alles dankbar, was ich in unserer gemeinsamen Zeit gelernt habe, und hoffe, daß du und ich, jetzt jeder für sich, ein neues, erfülltes Leben beginnen.

Wenn Kinder beteiligt sind, ist es wichtig, daß Sie Ihrer Absicht, ihnen weiter eine gute Mutter bzw. Vater zu sein, rücksichts- und liebevoll Ausdruck geben. Hier einige Sätze, die Sie vielleicht in Ihr Ritual einbauen sollten:

> Ich verpflichte mich, bei der Erziehung von .... und ..... (Namen der Kinder) mitzuwirken und verspreche, ihr Wohl über alle eventuellen persönlichen Konflikte zu stellen.
>
> .... und .... brauchen unser beider Liebe und Zuwendung. Daher gebe ich meiner Bereitschaft Ausdruck, mich Ihnen möglichst oft und regelmäßig zu bestimmten Zeiten zu widmen.
>
> Ich werde mein Bestes tun, meinen elterlichen Pflichten verantwortlich nachzukommen.

Und an die Adresse kleiner Kinder:

Ich habe dich immer lieb und bin immer für dich da, wenn du mich brauchst.

Menschen verlieben sich ineinander und bilden ein Paar, wie es Vati (Mutti) und ich getan haben. Aber dann leben sie sich manchmal auseinander. Das schmerzt uns, und wir wissen, daß es dich auch schmerzt. Doch wir glauben, daß wir durch das Auseinandergehen ein neues, glücklicheres Leben ohne Schmerz für uns alle finden. Du bist ein wichtiger Teil dieses neuen Lebens. Du bist unsere Freude, und wir drücken dich liebevoll an unser Herz.

Konkrete Aktion

Konkrete Aktionen können die Wirksamkeit eines Rituals erhöhen. Wenn sie aber echte Faktoren des Wandels sein sollen, müssen sie auch etwas für Sie bedeuten – sie müssen Träger einer auf Sie persönlich bezogenen Symbolik sein. Daß Sam ein Bäumchen über seinen Ehering pflanzte, war ein starkes Erlebnis für ihn, genauso wie das Zerschneiden des Bandes für Debbie und Ray. Aber es gibt noch viele andere mögliche Aktionen. Manche verwenden zum Beispiel ebenfalls ein Band, zerschneiden es aber nicht, sondern wickeln es sich gegenseitig vom Handgelenk ab – ein Symbol für die Bereitschaft, sich aus der gegenseitigen Bindung zu entlassen. Andere stecken sich lieber den Ehering des Partners an die Hand. Wir sind auch Leuten begegnet, die mit ihren Ringen zum Goldschmied gingen und sie in etwas Neues umschmieden ließen. Sie übergaben dann diesen neuen Gegenstand während der Scheidungszeremonie ihren Kindern.

So mancher mag Vorbehalte gegen die Vorstellung hegen, das Durchschneiden eines Bandes, das Pflanzen eines Baumes oder Zurücktauschen der Ringe könnte irgendeine Kraft bewirken. Das klingt einfach nicht rational. Doch schon vor Jahren haben Wissenschaftler herausgefunden, daß Handlungen, Worte und Klänge größere mentale und emotionale Sensibilität auslösen können. Was direkt zu unserem Thema paßt: Madge Holmes Copeland demonstrierte durch ihre Forschungen an der Florida State University, daß sorgfältig ausgewählte Symbole in einem bedeutsamen rituellen Kontext »die Fähigkeit kürzlich Geschiedener erhöhen, sich wie neugeboren und verwandelt zu fühlen, und ihnen behilflich sind, eine unliebsame Vergangenheit abzuschütteln«.

Wir meinen damit nicht, daß man Symbole für eine Art selbstdurchgeführter Gehirnwäsche verwenden sollte. Sie sind vielmehr ein Mittel, positive Kräfte zu mobilisieren. Die Menschen benutzen ja immerzu Symbole. Wir benutzen sie, wenn wir geistige Nahrung durch den Abendmahlskelch aufnehmen oder wenn wir einem Partner unsere Verbundenheit signalisieren, indem wir ihm einen Ring an den Finger stecken. Wir freuen uns an den Weihnachtssymbolen und geben unserer Trauer durch Todessymbole Ausdruck.

Der Gedanke, ganz neue Symbole zu erfinden, mag nicht von vornherein einleuchten. Aber mit Sorgfalt und Überlegung ausgesucht, können sie ebenso stark, wenn nicht stärker wirken als längst vertraute Sinnbilder.

Durch die Ritualisierung einer Scheidung machen Sie sich das ganze Spektrum des Erlebens bewußt – nicht nur Ihre Hoffnungen auf die Zukunft, sondern auch Ihre Gefühle des Verlustes, der Orientierungslosigkeit und Verletzlichkeit. Rituale sind Primärtherapie, eine Chance, sich allen Facetten des Menschseins zu öffnen und sich Kräfte für einen Neubeginn zuzuführen. Natürlich wird die innere Klarheit und intensive Hingabe, die Sie bei einer Zeremonie wie der von uns beschriebenen empfinden, nicht für alle Zeit und in voller Stärke vorhalten.

Sie werden noch viel an sich arbeiten müssen, um eingeschliffene Verhaltensweisen loszuwerden oder über den Ärger und Frust der Vergangenheit hinwegzukommen. Aus diesem Grund empfehlen wir den Leuten auch, noch nach ihren Scheidungszeremonien einfache Folgerituale durchzuführen, die ihnen behilflich sind, auf dem neu eingeschlagenen Weg weiterzugehen. Manche werden sich für zusätzliche Loslaß-Rituale entscheiden, andere regelmäßig Tagebuch führen oder einmal im Monat zu ruhiger Besinnung an die Stätte zurückkehren, an der ihre Zeremonie stattgefunden hat.

Denken Sie stets daran: Rituale wirken unter der Bewußtseinsschwelle. Sie sind Handlung, und sie sind Bewegung. Sie bringen Dynamik in Ihre Übergangssituation und Stabilität in Ihr Gefühlschaos. Machen Sie sich bewußt, daß Sie, wenn Sie der Übergangssituation Scheidung durch Rituale Rechnung tragen, jedem Aspekt dieser Erfahrung etwas Positives abgewinnen können. Sie geben offiziell bekannt, wer Sie sind und wer Sie werden möchten. Das ist eine Formel, die Ihnen Frieden in der Gegenwart und Hoffnung für die Zukunft verschafft.

Kapitel 8
Rituale für die Lebensmitte

Mittwegs auf unsres Lebens Reise fand
In finstren Waldes Nacht ich mich verschlagen,
Weil mir die Spur vom graden Wege schwand.

DANTE

David Trent ist ein ruhiger, ernster Mann von 46 Jahren. Seine Stimme ist sanft, eher zurückhaltend, doch spricht er sehr artikuliert. Wenn Sie sich mit David unterhalten, haben Sie das Gefühl, er meint auch, was er sagt.

David machte 1970 seinen Abschluß als Industriedesigner und fand dann eine Anstellung in einem kleinen Verlag in Boston. Fünf Jahre danach übernahm er eine Position als Design-Koordinator in einem großen Werbeunternehmen in Südkalifornien, wo er seitdem geblieben ist. Sein Aufstieg auf der Karriereleiter ging unaufhaltsam vonstatten. Er und seine Frau Francie sind seit 22 Jahren verheiratet. Sie haben zwei Töchter, beide auf dem College.

David erweckt den Anschein, als rausche er mit vollen Segeln durch seine besten Jahre. Er ist offenbar einer jener »Glücklichen«, die den nächsten Schritt immer genau kennen. »Was meine berufliche Situation anbelangt«, gibt David zu, »so habe ich mein Ziel erreicht. Die Bürde war zwar schwer, doch empfand ich das immer eher als Herausforderung denn als Belastung.«

Seit eineinhalb Jahren jedoch nagt das Gefühl an David, es fehle ihm etwas im Leben. »Ich tue dieselbe Arbeit und verkehre mit denselben Leuten. Doch aus irgendeinem Grund beziehe ich nicht dieselbe Befriedigung daraus wie sonst. Sogar meine Beziehung zu Francie ist nicht mehr so lebendig wie noch letztes Jahr.« Wie so viele Menschen mittleren Alters spürte David, es müsse sich etwas ändern. Aber was, das wußte er nicht. »In gewisser Weise ist es unerträglich. Ich dachte, es würde immer so schön weitergehen. Je länger ich lebte, desto besser würde ich mich in meinen Bedürfnissen und Wünschen kennenlernen. Aber jetzt habe ich den Eindruck, eher rückwärts zu krebsen. Ich empfinde eine Orientierungslosigkeit, wie ich sie seit 20 Jahren nicht gekannt habe.«

Die meisten Menschen in den Vierzigern und Anfang 50 haben Probleme mit einem eigentümlichen Widerspruch. Auf der einen Seite müssen sie neue Grenzen anerkennen – Leistungsgrenzen, berufliche und familiäre Grenzen, ja wegen der zunehmenden Nähe zum Tod auch die Grenzen ihres Lebens. Zugleich aber empfinden sie einen inneren Drang, einen Ruf, wenn Sie so wollen, einem Anspruch weit größer und umfassender als der von Arbeit und Familie genügen zu sollen. Wer imstande ist, diesen Widerspruch von Grenzen und Möglichkeiten in sich zu versöhnen, wird die problematische Zeit der Lebensmitte für neue Impulse nutzen können. Genau das tat David Trent mit Hilfe von Ritualen.

In finstren Waldes Nacht

In unserer jugendorientierten Gesellschaft vernachlässigen wir weitgehend die Bedürfnisse des Menschen, im Lauf des gesamten Lebens intellektuell und spirituell zu wachsen. Wir unterschätzen die Werte der zweiten Lebenshälfte, Liebe, Weisheit, Lebensfreude, Versöhnlichkeit, und halten uns an oberflächlichere Dinge wie äußere Schönheit, materieller Wohlstand und sexuelle Potenz und Attraktivität. Kein Wunder, daß viele Menschen, die die emotionalen Stürme ihrer vierziger Jahre durchlaufen, eher rückwärts gewandt sind, als vorwärts blicken, und lieber alte Reize wieder aufwärmen, als sich neue Perspektiven und Gefühlsmöglichkeiten zu erschließen. Ob man es wahrhaben will oder nicht: Die Lebensmitte ist eine emotionale Schwelle. Und im Spiel von Licht und Schatten, das diesen komplizierten Übergang begleitet, gabelt sich der Weg: Entweder wir bewegen uns vorwärts und füllen die Leere in unserem Leben, oder wir sperren uns gegen den Reifungsprozeß und enden eines Tages in bitterer Resignation.

Die klassischen Mythen der Völker erzählen viel über Menschen, die ihre Gelegenheit verpassen und »den Ruf überhören«, weil sie sich von Furcht und Vergnügen ablenken lassen. In einer Geschichte der alten Griechen erblickt Daphne den sich nähernden Apoll und wird von schrecklicher Furcht vor dem Unbekannten gepackt. In blinder Panik flieht sie über Stock und Stein. Warum bleibt sie nicht ein einziges Mal stehen, um wenigstens die Frage zu stellen, was Apollo eigentlich von ihr möchte? Verzweifelt fleht sie um Erlösung von allem, was diese unerwünschte Aufmerksamkeit auf sie gezogen haben könnte, und wird daraufhin in einen Lorbeerbaum verwandelt, fest in der Erde verwurzelt, zu keiner Bewegung mehr fähig. Apollo verkörpert in dieser Geschichte den Faktor Selbsterkenntnis. Er ist, wie ihn der Psychologe Rollo May sieht, der Gott psychischer und spiritueller Einsicht. Sobald wir den Kontakt zur innerseelischen Entwicklung verlieren, fahren wir uns fest, genau wie Daphne.

Vielleicht gleichen wir aber eher Dornröschen. In verzweifeltem Bemühen, seinem Vater zu gefallen, verfällt es in langen, tiefen Schlaf, abgeschnitten von der Welt, begraben in undurchdringlichem Dornendickicht. Wie Dornröschen könnten auch wir, falls wir uns vom Alltag überfordert fühlen und auf Veränderungen in unserem Leben nicht mehr reagieren können, ebenfalls einfach die Augen schließen und einschlafen.

Ihre Aufgabe zu diesem Zeitpunkt besteht aber darin, daß Sie Ihr bisheriges Fenster in die Welt durch ein neues, geeigneteres ersetzen. In der Mitte des Lebens werden Sie nämlich erleben, daß Ihre bisher am meisten vernachlässigten Eigenschaften sich am lautesten zu Wort melden. Haben Sie sich zum Beispiel mit 20 und 30 vor allem Ihrer Familie gewidmet, werden Sie eine tiefe Sehnsucht nach Kommunikation mit einer größeren Gemeinschaft verspüren. Waren Sie umgekehrt Opfer Ihres beruflichen Ehrgeizes, werden Sie sich jetzt von weniger leistungsorientierten Bereichen angezogen fühlen. Generell gesehen, wenden wir uns in der zweiten Lebenshälfte eher von materiellen Bedürfnissen ab und ethischen, geistigen Werten zu. Solche Umstellungen sind niemals einfach. Sie erfordern nicht mehr und nicht weniger als eine vollständige Neuordnung des Lebens.

Die Beschäftigung mit Ritualen kann jene, die in Daphnes Schuhen stecken, zum Stehenbleiben veranlassen. Sie können dann ins Auge fassen, was da aus dem eigenen Innern so unaufhörlich ins Bewußtsein drängt, und es ins Leben integrieren. Im gnostischen Evangelium nach Thomas sagt Jesus: Wenn ihr das hervorbringt, was in euch ist, wird, was ihr hervorbringt, euch retten. Wenn ihr aber nicht hervorbringt, was in euch ist, wird, was ihr nicht hervorbringt, euch töten. Ähnlich werden Rituale den Menschen in Dornröschens Lage helfen, die von Gleichaltrigen und Eltern aufgebauten beengenden Konventionen (oder auch nur die schlechten Gewohnheiten) zu erschüttern – Konventionen, die uns nur allzuoft die Erfüllung unserer Bedürfnisse verwehren.

David begann mit seiner inneren Arbeit in Form einfacher Tagebuchnotizen, wodurch ihm bewußt wurde, was ihm eigentlich angst machte. Einen Monat lang schrieb er jeden Abend 15 bis 30 Minuten an einem Brief, den er nicht abschickte, in dem er aber so detailliert wie möglich seine Grenzen mit 46 schilderte. »Es war wie das Schälen einer Zwiebel mit vielen Häuten«, sagt David. »Zuerst brauchte ich viel Zeit, um überhaupt an den Kern heranzukommen. Ich schrieb, daß ich die 1000 Meter nicht mehr wie auf dem College laufen und nicht mehr so drauflosessen konnte wie früher – Dinge, die mich gar nicht so sehr interessierten. Doch je länger es dauerte, desto mehr ging es an die Substanz, und manches war schon zum Fürchten.« Im Lauf der Wochen schrieb David, einst habe er sich nichts so sehr gewünscht, wie ein freier Künstler zu werden. Jetzt aber habe er das Gefühl, die Gelegenheit verpaßt zu haben. Er sprach davon, wie sehr er das unbekümmerte Leben von der Hand in den Mund vermisse, das er und Francie vor 23 Jahren gleich nach ihrer Heirat geführt hatten. Er gestand sich die Furcht ein, eines Tages krank zu werden, dahinvegetieren zu müssen, unfähig zur Arbeit, die ihm so viel bedeutete. Und schließlich schilderte er in lebhaften Farben, wie sehr es ihn schmerze, daß er jetzt für seine erwachsenen Töchter nicht mehr die Rolle des wohlwollenden Papas spielen könne, der ihnen das Gefühl der Geborgenheit vermittle. »Zuweilen hatte ich den Eindruck«, gesteht er, »ich schriebe meinen Brief kurz vor dem Tod und nicht in der Mitte des Lebens.«

Als nächstes gewann David ein klareres Bild von dem inneren Drang, dem wachsenden Verlangen, irgend etwas Entscheidendes zu tun. Mitunter kann diese Sehnsucht so drängend und unwiderstehlich werden, daß wir zu den größten Wagnissen imstande wären, nur um auf diesen Ruf zu reagieren. Wie im Banne unseres erregten, aufgewühlten Gemütszustandes suchen wir uns dann der Jahre zu erinnern, in denen wir dem Leben noch voll vertrauten. Aber oft sind das nur hübsche Illusionen, vorgespiegelt durch den Gegensatz zu einem zwanzigjährigen Leben voller Mühe und Arbeit. Solange wir aber nicht wissen, wo es langgehen soll, sind wir versucht, diese Epoche unserer frühen Jahre wiederaufleben zu lassen, einen Sportwagen zu kaufen, Drogen zu nehmen, Liebesbeziehungen mit jüngeren Partnern einzugehen. Doch ein weit besserer Weg, diese Energien zu zähmen, ist, zuerst einmal darüber nachzudenken, was uns denn in der Tiefe bewegt und was wir eigentlich wollen. In Davids Fall fand sich vieles, an das er unbedingt glaubte. Im Vollzug seines Rituals entdeckte er diese innersten Bedürfnisse und konnte mit ihrer Hilfe ein neues Kapitel im Lebensbuch aufschlagen.

Davids Ritual

David entschloß sich zu einem Ritual, um sich in den gegensätzlichen Tendenzen der Lebensmitte – einerseits neue Grenzen, andererseits neue Möglichkeiten – besser zurechtzufinden. »Obwohl der Wandel, den ich erlebte, tief eingreifend zu sein schien, gab es keine äußerlichen Anzeichen dafür. Ich wechselte nicht den Arbeitsplatz. Wir steuerten nicht auf eine Scheidung zu. Mein Ritual sollte also dazu dienen, die Veränderung greifbarer, konkreter zu machen.« David begriff, daß die in der Mitte des Lebens auftretenden Änderungen sich nicht im Zeitraum von Wochen oder auch Monaten, sondern von Jahren abspielen. Das jetzt folgende Ritual sollte nur ein erster Schritt sein, mit dem er sich an das von ihm angestrebte neue Leben gewöhnen wollte.

Bekanntgabe Ihrer Absichten

David überlegte mehrere Wochen, ob er jemanden bitten sollte, sich an seinem Ritual zu beteiligen. »Ich wußte, es wäre gut, wenn andere daran teilnähmen. Aber es war mir noch nicht klar, ob ich die Zeremonie tatsächlich im Beisein anderer Menschen, selbst eines Freundes oder meiner Frau, durchführen sollte.« Schließlich entschied sich David für ein Ritual ganz allein, obwohl er sich einige Tage davor mit Francie hinsetzte und ihr seine Absichten erklärte. Die Frage, ob man andere an seinem Ritual beteiligen sollte oder nicht, entspricht einer weiteren Polarität, die in der Lebensmitte regelmäßig auftaucht. Wir brauchen unbedingt Zeit für uns selbst. Doch sind wir dann endlich ruhig und mit uns allein, sehnen wir uns wieder nach mehr Austausch mit anderen. David bemerkte außerdem, daß er die Symbolik seiner Handlungen selbst weit besser verstand, indem er sie Francie erklärte.

Exklusiver Ort

Als exklusiven Ort für sein Ritual wählte David das Haus eines Freundes, der sich für ein Wochenende nicht in der Stadt aufhielt. Es war der ideale Platz für sein Vorhaben, da zu dem Grundstück zwei Hektar Wald gehörten.

Reinigung

Als David Freitag abend eintraf, kochte er sich ein kräftiges Essen, um dann mit einer eintägigen Fastenkur zu beginnen. Dieses Fasten sollte zweierlei bewirken. Erstens das Gefühl, er reinige sich irgendwie und bereite sich auf etwas Neues vor. Zweitens konnte er den Hunger als ständig präsente Erinnerung an den Zweck seines Hierseins benutzen.

Überschreiten der Schwelle

Noch vor Tagesanbruch erwachte David am Samstag morgen und nahm ein langes heißes Bad. Er zog seine ältesten Kleider an, setzte sich den Rucksack auf und durchschritt die Pforte, die ins Waldland führte, gerade als die Sonne über den Horizont stieg. Noch bevor er den Wald betrat, blieb er stehen und suchte am Boden nach einem Stock. Er fand einen und zerbrach ihn über dem Knie in zwei Hälften. Diese legte er mit etwa einem halben Meter Zwischenraum so auf den Boden, daß die nicht gebrochenen Enden auf den Wald wiesen.

Die beiden Stockhälften symbolisierten einen Durchgang, ein Tor. Beim Durchschreiten verließ David den Bezirk des Normalen und betrat einen exklusiven, heiligen Ort. Als er die Stöcke passiert hatte, blieb er wieder stehen und legte sie so, daß Ende an Ende stieß, wie wenn das Tor jetzt geschlossen wäre. Denken Sie daran: Jedesmal, wenn Sie eine abstrakte Vorstellung, in diesem Fall exklusive Zeit und Ort, konkretisieren, wächst die Chance, daß die damit verbundene Symbolik bis in die tiefsten Schichten Ihrer Psyche hineinwirkt. Für David war das Durchschreiten des Tores ein starkes Erlebnis.

Das Ritual

Im Wald entdeckte David einen lichten Hügel mit Blick auf die aufgehende Sonne. Die erste Zeremonie, die er durchführte, bestand darin, daß er allen Menschen, mit denen er unbeglichene Rechnungen hatte, vergab: einem Lehrer von der High-School, auf den er immer noch wütend war, seinem Vater, der gestorben war, bevor ihm David sagen konnte, wie sehr er ihn liebte, und seiner älteren Tochter, bei der er sich dafür entschuldigte, daß er seine aktuellen Erwartungen an sie von längst vergangenen Ereignissen bestimmen ließ. Die Zeremonie bestand im bedächtigen Aufsammeln kleiner Steine – einen für jeden Menschen, mit dem er ins reine kommen wollte – und im Aufschichten zu einem Haufen. Er setzte sich vor die Steine und nahm einen nach dem andern in die Hand. Während er ihn hielt, überlegte er, was er der durch ihn verkörperten Person sagen würde, säße sie vor ihm.

Hierauf legte er die Steine wieder unter die Bäume zurück und zwar möglichst an die Stellen, wo er sie gefunden hatte. Diese Art eines »Abschlußrituals« entspricht der starken, über die Anonymen Alkoholiker populär gewordenen Praxis des »Korrigierens«, bei der die Leute angespornt werden, alte, anderen zugefügte Wunden zu heilen. Sie können einen Anfang damit machen, indem Sie einen einfachen Entschuldigungsbrief schreiben, den Sie dann nicht abschicken. Aber wenn es möglich ist – und nur, falls kein neuer Schaden für andere entsteht –, können Sie der verletzten Person auch sagen, daß Sie etwas korrigieren wollen. Ob die Entschuldigung angenommen wird oder nicht, ist für die positive Wirkung der Übung gleichgültig.

Hierauf nahm David eine Spachtel und hob ein kleines Loch vor seinem Sitzplatz aus. Es sollte den Zustand der Leere versinnbildlichen, der Empfänglichkeit für das Neue, das in den kommenden Jahren in sein Leben treten würde. Dadurch dokumentierte David, daß er prinzipiell für neue Möglichkeiten bereit war, obwohl er in diesem Augenblick natürlich noch nicht wissen konnte, wann sie sich ergeben würden. Das Loch war ein Symbol für die vergehende Zeit, für jene Unsicherheit, die jede große »Häutung« im Leben begleitet.

Lange saß David so da. Dann holte er aus dem Rucksack einen kleinen Beutel mit Maiskörnern hervor. (Mais hatte für David eine besondere Bedeutung, weil sein Großvater, den er sehr liebte, Maisfarmer in Ohio gewesen war.) Er ließ die Körner langsam, eins nach dem andern, in das Loch fallen, wobei er jeweils laut die Eigenschaften aussprach, die er in der zweiten Lebenshälfte zu verwirklichen wünschte. Ein Korn verkörperte den Wunsch, weniger in Eile und geduldiger im Umgang mit anderen Menschen zu sein. Ein anderes stand für die Absicht, größeren Wert auf die Gesundheit zu legen, besser zu essen und mehr Sport zu treiben. Ein drittes Korn symbolisierte den Wunsch, mehr Zeit mit zwei engen Freunden zu verbringen. Es war ein allmählicher, bewußt durchgeführter Prozeß, der einige Zeit in Anspruch nahm. Als alle Körner ins Loch gefallen waren, füllte David es eigenhändig und sorgfältig wieder mit Erde zu, klopfte sie fest und steckte eine frisch gepflückte Blume obendrauf.

Der nächste Schritt von Davids Ritual, mit dem er auch das Thema Gleichgewicht ansprechen wollte, entlehnte Elemente aus einer Tradition amerikanischer Indianer, die mit den vier Himmelsrichtungen zu tun hat. Über Tausende von Jahren haben Völker auf der ganzen Erde den vier Himmelsrichtungen bestimmte Eigenschaften zugeschrieben. In ihrer Gesamtheit repräsentieren diese Richtungen einen Zustand der Ganzheit, des inneren Gleichgewichts. Nach dem Glauben jener amerikanischen Indianer, deren Mythologie Davids Zeremonie entnommen war, ist Norden die Richtung des »erwachsenen Mannes« (maskulin und aktiv), Süden die Richtung des »kleinen Jungen«, Osten des »kleinen Mädchens« und Westen der »erwachsenen Frau« (weiblich und empfangend). All diese Eigenschaften sind in jedem von uns vorhanden, ob Mann oder Frau. Jeder Richtung sind bestimmte Merkmale zugeordnet. Das kleine Mädchen des Ostens zum Beispiel ist verspielt, abenteuerlustig und liebt Geselligkeit, während die Frau des Westens nachdenklich und introvertiert ist. Meist betonen wir ein oder zwei Aspekte unserer Persönlichkeit gegenüber den übrigen. Eine der Hauptaufgaben der Lebensmitte ist, zu erkennen, welche Teile Ihres Wesens bisher im Hintergrund geblieben sind, und sie so zu fördern, daß ein ausgewogeneres Gleichgewicht entsteht.

David sammelte nun vier besondere Steine und markierte damit die vier Richtungen auf dem Boden. So verfertigte er ein sehr einfaches, sichtbares Modell der menschlichen Seele. Er hatte damals das Gefühl, mehr nach innen gehen und seinem Seelenwachstum größere Aufmerksamkeit schenken zu müssen. Da in diesem Modell dergleichen Eigenschaften dem Westen, also der erwachsenen Frau, zugehörten, wartete David, bis die Sonne ihren Höchststand überschritten hatte und in die westliche Himmelshälfte eintrat. Als nächstes ging er zum westlichen Markstein hinüber und setzte sich daneben, um kurz zu meditieren. Er versuchte, in sein Inneres zu blicken, die Vorgänge dort zu erkennen, über die Träume der letzten Zeit nachzudenken und zu ergründen, was Spiritualität für ihn bedeutete. Diese Gedanken vertraute er einem Tagebuch an. Sodann rückte er an den südlichen Markstein heran (den Bereich der Eigenschaften des kleinen Jungen) und dachte darüber nach, was es heißt, empfindsam und verletzlich zu sein und Mitgefühl zu empfinden.

David war stets von dem Wunsch durchdrungen gewesen, Kinder mit Kunst und Musik vertraut zu machen. Doch nie hatte er Zeit gefunden, sich näher mit einem solchen Projekt zu befassen. Als er jetzt aber ruhig auf dieser Waldlichtung saß, während die Nachmittagssonne über den Himmel wanderte, fiel ihm ein, er könnte ein Jugendzentrum unweit von seinem Arbeitsplatz anrufen und fragen, ob er ein paar Samstage im Monat dort unbezahlten Kunstunterricht geben könnte. Die Idee erschien ihm großartig. Bevor er den Wald verließ, gab er sich laut das Versprechen, kommenden Montag morgen das Zentrum anzurufen.

Der letzte Akt des Rituals bestand darin, daß David abends im Kamin seines Freundes ein Feuer anzündete, die alten Klamotten auszog und sie Stück für Stück verbrannte. Feuer hat schon immer als Symbol der Initiation in eine neue Wachstumsphase gegolten. David sagte, in seiner Intuition erschienen ihm die Flammen wie ein reinigendes Element, als Vorbereitung auf das der Asche entsteigende neue Leben. »Das ging nicht ganz ohne Traurigkeit ab«, gesteht er, »denn damit war das Ende einer Ära eingeläutet. Aber auch Erleichterung stellte sich ein.« Sobald das letzte Kleidungsstück zu Asche zerfallen war, zog David neue Unterwäsche und Socken, eine neue Jeanshose und ein leuchtend rotes Hemd an (diese Farbe trug er sonst fast niemals). Tausende von Ritualen kennzeichnen mit Hilfe von Kleidern, Masken und Schminke einen Identitätswechsel. Genauso unterstrich David mit neuen Kleidern die Tatsache, daß er jetzt eine neue Person war, nicht mehr derselbe Mensch wie zuvor.

Verankerung

»Nach diesem Ritual sah ich die Dinge mit anderen Augen«, sagt David. »Zum Teil ist das durch die Arbeit in dem Jugendzentrum bedingt. In dieser Umgebung bemerke ich Dinge, die ich sonst jedenfalls übersehen hätte. Die Arbeit hält mich in Verbindung mit allem, was mir wertvoll ist. Noch mehr: Alles sieht jetzt anders für mich aus. Es ist, wie wenn mir das Ritual, durch das ich meine Pläne illustrierte, gezeigt hätte, daß mir das Material zu ihrer Verwirklichung schon direkt vor der Nase lag.« Wir können nicht nachdrücklich genug darauf hinweisen, daß die neue Tätigkeit Davids einer der Faktoren ist, die ihm dieses »Material« ständig vor Augen führen. Denn der Unterricht verankert seine Absichten im Leben, er begießt gleichsam die Samen, die David während der Einweihungszeremonie gesät hat.

Immer wieder kehrt David bei Gelegenheit an die Stätte dieses Rituals zurück, um für ein Stündchen ruhig nachzudenken. Auch lernt er zunehmend, wichtige Ereignisse seines Lebens durch Feste zu markieren – besondere Essen mit seiner Familie oder Zusammenkünfte mit Freunden –, die der Tatsache Ausdruck geben, daß er jetzt neue Perspektiven und Verhaltensweisen realisiert. Zum Beispiel trug er auch dem in seinem Ritual abgegebenen Versprechen, sich körperlich mehr zu betätigen, Rechnung. An dem Tag, an dem er ohne Pause 8000 Meter lief, feierte er dieses Ereignis, indem er ein besonders herzhaftes Mahl für seine Frau und ihre gemeinsamen besten Freunde zubereitete.

Arbeit mit Gegensätzen

Oben haben wir darauf hingewiesen, daß ein Großteil der Schwierigkeiten der Lebensmitte aus der Spannung zwischen zwei Tendenzen resultiert: den Grenzen, die das vorrückende Alter setzt, und den neuen Möglichkeiten der Lebenserfüllung, die sich aus Erfahrung und Lebensweisheit ergeben. Diese polaren, gleichzeitig wirkenden Kräfte erzeugen das Spannungsfeld, in dem sich sozusagen Tod und Wiedergeburt des Selbst vollziehen. Unbewußt oder bewußt, richtete David sein Ritual auf diesen natürlichen Gegensatz aus. Erstens mußte er ein Gleichgewicht zwischen Karriere, Status und finanziellen Erfordernissen einerseits, den persönlicheren, auf vertiefte Beziehungen gerichteten Bedürfnissen andererseits herstellen. Sogar seine Einbeziehung der vier Himmelsrichtungen läßt sich als Erkundung zweier Gegensatzpaare verstehen: der Extroversion des kleinen Mädchens und der Innerlichkeit der erwachsenen Frau sowie der Empfindsamkeit und Verletzlichkeit des kleinen Jungen und der Verantwortung des erwachsenen Mannes.

Warum machen wir hier ein solches Aufhebens von der Polarität? Weil in der Mitte des Lebens unsere Fähigkeit, uns von alten Gewohnheiten und Einstellungen zu befreien, weitgehend davon abhängt, ob es uns gelingt, drei Gegensatzpaare psychischer Tendenzen unter einen Hut zu bringen und zu harmonisieren. Licht läßt sich nur in Beziehung zur Dunkelheit begreifen, Bewegung in Relation zur Ruhe, und Schöpfung im Vergleich zu Vernichtung und Verfall. Verstehen wir das Wesen der Polarität nicht, so laufen wir Gefahr, in negativer Einstellung hängenzubleiben und niemals zu erkennen, daß die Angstenergie, die bei irgendwelchen Gefahren auftaucht, nur die Kehrseite der Schöpfungsenergie ist.

Polaritäten durchziehen unser Leben natürlich von der Geburt bis zum Tod. Doch die Lebensmitte bringt ein gesteigertes Bedürfnis, gegensätzliche Strebungen zu vereinigen, aber auch bemerkenswerte Fähigkeiten gerade für diese Aufgabe. Auf die Jahreszeiten bezogen wäre die Lebensmitte der Monat Juli. Die Zeit ist gekommen, Unkraut zu jäten und zu kompostieren, worauf es dann wieder die von uns gewünschten Pflanzen nährt. Daniel Levinson, der brillante und bahnbrechende Forschungen über Lebensrhythmen durchgeführt hat, drückt es noch anders aus. Er sagt, wenn die Zeit für eine Neubewertung und Veränderung des Lebens gekommen ist, wenn wir »wie zwischen Vergangenheit und Zukunft schweben« – und das ist in der Lebensmitte der Fall –, ist auch die Zeit für die Heilung tiefer Spaltungen gekommen – in uns und in unseren Beziehungen. Die Spaltungen, von denen Levinson spricht, treten in den im folgenden behandelten Gegensätzen in Erscheinung. Sind Sie sich ihrer bei Ihren Ritualen bewußt, machen Sie große Fortschritte bei der Befriedung einander widerstreitender Tendenzen der Lebensmitte.

Erste Polarität: Zerstörung und Schöpfung

Ab der Lebensmitte scheint uns alles daran zu erinnern, daß wir sterblich sind. Wir werden mit der Tatsache konfrontiert, daß der größere Teil des Lebens aller Wahrscheinlichkeit nach hinter uns liegt. Von Zeit zu Zeit schickt uns unser Körper unfreundliche Mahnungen: Wir brauchen mehr Zeit, um uns von einer Anspannung zu erholen. Jeden Morgen grinst uns ein faltiges Gesicht aus dem Badezimmerspiegel entgegen. Unsere Eltern, sogar Freunde, werden krank und verlassen uns. Es überfällt uns eine eigenartige, tiefe Traurigkeit, geboren aus dem Gefühl der Vergänglichkeit, wenn uns bewußt wird, wieviel Schmerz wir unserem Partner, Freunden, Eltern und Kindern vielleicht schon zugefügt haben.

Doch aus dem Strom dieser Empfindungen erhebt sich ein starkes Bedürfnis, mehr Liebe und Kreativität zu entwickeln, Projekte oder Beziehungen aufzubauen, die unsere Welt lebenswerter machen. Es gibt zwei Methoden, mit diesen Kräften der Zerstörung und Schöpfung dauerhaften Frieden zu schließen. Zum einen können Sie den Seiten Ihres Wesens, die Sie jahrelang vernachlässigt haben, mehr Aufmerksamkeit schenken. Zum andern können Sie diese Nachlässigkeit kompensieren, indem Sie der Menschheit etwas Wertvolles schenken.

John, leitender Angestellter einer Rundfunkstation, hatte seine Karriere stets über seine zwischenmenschlichen Beziehungen gestellt, obwohl er engen, sinnvollen Kontakten zu anderen Menschen durchaus nicht abgeneigt war. Als er 40 wurde und sein Leben vor dem Hintergrund des Todes betrachtete, gewann dieser andere Aspekt seiner Persönlichkeit plötzlich unglaubliche Bedeutung für ihn. Er dachte lange und angestrengt nach und kam zu dem Entschluß, seine beiden jugendlichen Neffen zu sich einzuladen und jeden Sommer eine Woche mit ihnen zu campen. Dieser alljährlich durchgeführte Ferienaufenthalt, der alle Komponenten eines guten Rituals aufwies, einschließlich exklusiver Zeit und exklusivem Ort, war für John ein kleiner, doch bedeutsamer Schritt zur Entfaltung dieser sozialen, pädagogischen Seite. »Es ist komisch«, sagt er. »Als ich erst einmal mit den Ausflügen mit Michael und Jimmy begann, gewann ich auch Interesse an vielen anderen Dingen. Ich pflegte alte Freundschaften. Letzten Monat unterzeichnete ich einen Vertrag als Trainingshelfer bei einem Basketballverein. Ich brauchte meinen Wunsch nur zu äußern, und schon war es passiert.«

Eine Berücksichtigung Ihrer vernachlässigten Eigenschaften bedeutet jedoch nur selten eine völlige Neustrukturierung Ihres Lebens im Sinne von alles oder nichts. Sie brauchen Ihren Job bei der Bank nicht aufzugeben und ein Obdachlosenheim zu eröffnen. Doch steigen manche in bester Absicht aus wettbewerbsorientierten Berufen aus, um persönlicheren Bedürfnissen nachgehen zu können. Dabei hätten sie diese Bedürfnisse unter Umständen besser erfüllt, wenn sie einfach entsprechende Tätigkeiten neben ihrer bisherigen Arbeit aufgenommen hätten.

Vor einem Jahr hatte Jean, 50jährige Porträtfotografin, die Empfindung wachsender Leere in ihrem Leben. »Nicht daß ich nichts geleistet hätte«, meint sie. »Aber es kam mir so vor, als gäbe ich den Menschen nicht allzuviel.« Auf den Vorschlag eines Freundes, der Sozialarbeiter ist, verbrachte Jean die Samstagnachmittage in einem Obdachlosenasyl am Ort. Wie sich herausstellte, kam ihr dabei ihr Geschick, mit der Kamera umzugehen, sehr zugute. »Als George, dieser etwa 60jährige, der das Heim hin und wieder aufsuchte, erfuhr, ich sei Fotografin, fragte er mich sofort, ob ich ein Bild von ihm machen würde. Natürlich, sagte ich, und von da an wuchs sich das Ganze immer mehr aus. Ich versuche die besondere Würde dieser Menschen einzufangen. Einige tragen die Fotos stets bei sich, andere schicken sie ihrer Familie oder hängen sie an die Wände im Heim. Für mich ist es die Gelegenheit, Menschen, die nicht viel zu lachen haben, zum Lachen zu bringen.«

Zweite Polarität: Alt und Jung

Wirkliche Reife im wahrsten Sinn des Wortes kommt vielleicht nirgendwo besser zum Ausdruck als im Ausgleich der Alt-Jung-Polarität. In der Mitte des Lebens können wir an einem Tag begeistert über unsere Zukunftsaussichten reden, um uns schon am nächsten wieder alt und klapprig zu fühlen. Wir wissen nicht mehr, wer wir eigentlich sind. Sollen wir vorwärts gehen oder rückwärts? Die Antwort liegt nicht darin, daß Sie sich an einer Idealvorstellung von Ihrer Jugend berauschen. Das würde Sie im Gegenteil gerade von den schöpferischen Entwicklungsmöglichkeiten abschneiden, die nur das Alter bietet. Doch nur wenn wir andererseits auch bestimmte Reminiszenzen an die Jugend aufrechterhalten – Optimismus, Unschuld, Mut –, werden wir uns nicht festfahren und die Fähigkeit zum inneren Wachstum nicht einbüßen. Letztendlich kommt es darauf an, eine gute Mischung zwischen Weisheit und Erfahrung einerseits, der für die Entwicklung latenter Eigenschaften notwendigen Energie andererseits zu finden.

Ein uraltes, aber immer noch lebendiges Symbol für diese Polarität ist die Fichte. Die Fichte senkt ihre Wurzeln tief in den Boden, um allen Stürmen trotzen zu können. Dennoch bleibt sie immer grün und ist stets zum Wachsen bereit, falls es die Umstände erlauben, sogar mitten im Winter. Eine Fichte in Ihrem Garten zu pflanzen oder in einem Topf vor dem Haus aufzustellen, ist ein einfaches Mittel, sich immer wieder an das Gleichgewicht erinnern zu lassen, das auch Sie in diesen entscheidenden Jahren erringen müssen.

Dritte Polarität: Männlich und weiblich

Beachten Sie bitte vor allem, daß wir hier nicht über männlich und weiblich im eigentlichen Sinne sprechen. »Männlich« bezieht sich auf die aktiven Kräfte in unserem Leben, »weiblich« auf unsere Empfänglichkeit. Jeder Mann und jede Frau besitzt beides. Es ist sehr unwahrscheinlich, daß wir schon vor der Mitte des Lebens zur Harmonisierung unseres männlichen und weiblichen Anteils imstande sind. Erst mit 40 und 50 werden sich die meisten der Spannung zwischen aktiven und empfänglichen Tendenzen in ihnen voll bewußt, zwischen dem Impuls, zu pflegen, und dem Drang, zu herrschen. Von echter seelischer Reife kann man sprechen, wenn wir unsere Handlungen in der äußeren Welt (das Männliche) mit einem harmonischen Gleichgewicht in unseren Bedürfnissen und mit Lebensweisheit (dem Weiblichen) kombiniert haben. Erst in diesem Zustand der Ausgeglichenheit werden wir dauerhaften inneren Frieden erfahren, aber auch alle unsere Kräfte für das Wohl von Familie und Gesellschaft einsetzen können.

Rituelle Symbole für das Männliche und das Weibliche sind überall auf der Erde verbreitet, etwa das Yin-Yang-Symbol. Wenn Sie solche Symbole in Ihrer alltäglichen Umgebung anbringen, wird das Ihre neuen Vorstellungen sehr fördern und Sie stets daran erinnern, worauf Sie sich in diesem wichtigen Lebensabschnitt konzentrieren müssen.

Andere Rituale zur Markierung der Lebensmitte

Wie in jeder Übergangssituation haben Sie auch bei dem Versuch, sich bewußt den Problemen der Lebensmitte zu stellen, fast unendlich viele Möglichkeiten. Wir bringen im folgenden ein paar Beispiele, die, wie wir hoffen, Ihre Phantasie weiter anregen. Denken Sie, bevor Sie mit einem Ritual zur Lebensmitte beginnen, aber bitte daran, daß Sie unbedingt auf folgende drei Faktoren achten müssen:

1. Die Einstellungen, Gewohnheiten, Rollen, Beziehungen und Möglichkeiten, die Sie aufgeben. 2. Das Wesen und die Richtung Ihrer tiefsten Sehnsüchte und Empfindungen – also all das, womit Sie sich in den kommenden Jahren näher befassen wollen. 3. Der Umstand, daß eine Zeit zielloser emotionaler Wanderschaft auftreten wird, sobald Sie nicht mehr wissen, wohin die Reise geht.

Loslassen

David benutzte einen Haufen bedächtig aufgesammelter Steine, um Menschen zu bezeichnen, mit denen er noch etwas zu erledigen hatte. Doch hätte er mit denselben Steinen auch auf Dinge hinweisen können, die er in seinem Leben aufgeben wollte – Rollen, Gewohnheiten, Ansichten und Beziehungen, die nicht mehr zu ihm paßten.

Es gibt unendlich viele Wege, sich aufs Loslassen zu konzentrieren. Zum Beispiel können Sie die alten Muster, die Sie preisgeben möchten, auf Zettel schreiben, um diese dann zu vergraben oder zu verbrennen. Verwenden Sie Objekte aus der Natur zur Symbolisierung dieser altgedienten Muster, können Sie sie in einen Fluß, einen Bach werfen, ja vielleicht sogar vom Wind mit forttragen lassen. Um der Idee, daß sogar schlechte Gewohnheiten Energie enthalten, die sich in positive Kraft verwandeln läßt, Ausdruck zu verleihen, schnitzen Sie vielleicht ein Stück Holz so zurecht, daß es eine alte Gewohnheit widerspiegelt, und gestalten es dann zu etwas Neuem um. Ebenso ist möglich, einen Metallgegenstand einzuschmelzen und ihm eine neue Form zu geben.

Für manche Menschen aber sind Zeichen, die direkten Bezug auf ihr Leben haben, wirksamere und bessere Symbole für die aufzugebenden Verhaltensweisen. Die 50jährige Vizepräsidentin einer Bank entschloß sich, ihren starren Berufsalltag gegen eine freiere Beschäftigung einzutauschen. Sie vergrub rituell den Federkasten und das Schild mit Name und Titel, die seit 15 Jahren auf ihrem Schreibtisch standen. Überlegen Sie bei der Vorbereitung von Zeremonien genau, welche Zeichen und Bilder die Rollen und Gewohnheiten, die Sie loswerden wollen, am besten charakterisieren. Halten Sie sich für die Möglichkeit offen, daß ein Symbol vor

Ihrem inneren Auge auftaucht, das Sie nicht sofort verstehen. Verlassen Sie sich auf Ihre Intuition!

Die Wanderschaft

Immer spielt die Phase der Wanderung – die Phase des ziellosen Treibens – eine Hauptrolle in einer Übergangssituation. Das ist nirgends so offensichtlich wie gerade in der Lebensmitte. Zu diesem Zeitpunkt wären Sie gut beraten, wenn Sie einen oder auch ein paar längere Abschnitte ruhiger, ungerichteter Introspektion in Ihr Leben einbauten. Mieten Sie sich für mehrere Tage eine Hütte in den Wäldern oder beziehen Sie die Wohnung eines abwesenden Freundes, um einmal der Frage nachzugehen, wer Sie wirklich sind. Führen Sie Tagebuch. Machen Sie lange Spaziergänge. Meditieren Sie. Hören Sie Musik oder lauschen den Stimmen der Natur. Machen Sie sich frei von dem Druck, etwas leisten zu müssen. Man findet leicht Vorwände, sich solche Stillezeiten nicht zu gönnen. Doch in Wahrheit werden Sie dadurch in Beruf und Freizeit weit geistesgegenwärtiger und effektiver sein können, ebenso in Ihrer Rolle als Vater bzw. Mutter, Ehepartner, Kind und Freund.

Empfänglichkeit

Diese Phase ist auch die Zeit der Symbole für »Empfänglichkeit«. Sie werden Sie daran erinnern, daß Sie für neue Richtungen in Ihrem Leben offen sein müssen. Wie erwähnt, benutzen viele eine Schale, einen Kelch, Becher oder sonst ein Gefäß für diesen Zweck. Sie können den gewählten Gegenstand an einen auffallenden Platz zu Hause oder im Büro stellen. Im Falle eines Bechers trinken Sie jeden Morgen, bevor der Tag beginnt, einen Schluck Wasser daraus. Es gibt nicht nur *ein* gutes Symbol für Empfänglichkeit. Sogar ein Loch im Garten kann sich dazu eignen, in das Sie vielleicht zur rechten Zeit noch einen kleinen Busch oder Baum einpflanzen. Tun Sie immer das, was sich richtig anfühlt. Für Ihren Verstand braucht es gar keinen Sinn zu machen.

Ein »Lebensring«

Enthält Ihr Ritual Zeiten ruhiger Besinnung und Meditation, könnten Sie den Versuch machen, dies innerhalb eines »Lebensrings« durchzuführen. Es handelt sich dabei um sorgfältig ausgewählte und im Kreis gelegte Steine, deren jeder eine bestimmte Leistung, ein Erlebnis, eine Beziehung oder Charaktereigenschaft repräsentiert.

Eine solche Übung als Möglichkeit, Ihre Lebensfäden zu einem sinnvollen Muster zusammenzuknüpfen, kann gar nicht hoch genug eingeschätzt werden. Man hört von Menschen, die sich in so einem Ring besonders gut aufgehoben fühlen, als vermittle er Trost und Stärke. Ein Mann mittleren Alters steigerte dieses Erlebnis noch, indem er den Kreis bei Sonnenuntergang betrat. Die ganze Nacht saß er dann darin und dachte darüber nach, was sein Leben bis zu diesem Zeitpunkt für ihn bedeutet hatte. Kurz vor Tagesanbruch (der Sonnenaufgang galt schon immer als Symbol für einen Neubeginn) fertigte er eine Liste all der Dinge an, die er in den kommenden Jahren zu lernen und zu erreichen hoffte.

Besinnung auf die Kindheit

Manchmal machen Menschen mittleren Alters den falschen Versuch, ihrer Empfindung wachsender Ruhelosigkeit oder Sinnlosigkeit dadurch zu begegnen, daß sie Phantasien aus ihrer Jugend wiederbeleben. Ob dabei etwas Brauchbares oder Tragisches herauskommt, hängt natürlich großteils von der Art der Phantasie ab. Und doch hat Ihre Jugend Ihnen Wichtiges zu sagen. Eine gute Besinnungsübung, die Sie vielleicht einmal versuchen sollten, besteht darin, daß Sie sich in die Zeit Ihrer Kindheit zurückversetzen. Fragen Sie dieses Kind dann ruhig und unaufdringlich, was es von Ihnen möchte. Liebe? Nahrung? Sicherheit? Achten Sie auf die in Ihnen aufsteigenden Gefühle, wenn Sie nun – in Ihrer Vorstellung – Ihrem inneren Kind diesen Wunsch erfüllen. Und stellen Sie sich dann vor, wie Sie diese Gefühle konkretisieren könnten, indem Sie handeln, also etwas für Ihr inneres Kind tun.

Nur wenn Sie Ihre eigenen inneren Bedürfnisse befriedigen, werden Sie in der Lage sein, anderen mehr zu geben.

Säen neuer Saat

Die Lebensmitte ist eine sehr geeignete Zeit, zu pflanzen und einen Gemüse-, Kräuter- oder Blumengarten anzulegen, selbst wenn er nicht größer sein sollte als ein Blumenkasten auf dem Fenstersims. Ein Lebenslauf wird durch die Aussaat von Samen, die Pflege junger Pflanzen und das Reifen und Ernten wunderbar versinnbildlicht. Wer sich eine Mahlzeit aus dem eigenen »Midlife-Garten« zubereitet, wird das Gefühl in sich wachrufen, sich durch eigenen Verstand und Tüchtigkeit sozusagen selbst ernähren zu können. Eine solche Mahlzeit wäre der würdige Abschluß für andere, mehr in die Tiefe gehende Rituale und Zeremonien.

Wollen Sie die See der Lebensmitte befahren und überqueren, so müssen Sie bereit sein, sich selbst einmal kritisch zu betrachten.

Was für Hoffnungen und neue Bestrebungen kämpfen in Ihnen um einen Platz an der Sonne? Welche Ängste und alten Gewohnheiten wollen ein für allemal abgelegt werden? Was sind die wesentlichen Inhalte in Ihrem Leben? Welche Probleme und Themen sind Ihnen im Augenblick wirklich wichtig, und wie können Sie sie im Rahmen Ihrer Beziehungen zu anderen Menschen und zur Welt überhaupt angehen? Erlauben Sie dem tief in Ihnen verborgenen Seelenwissen, Ihnen diese Fragen zu beantworten, werden Sie zuversichtlich in die zweite Lebenshälfte einlaufen können.

Kapitel 9

Rituale für die zweite Lebenshälfte

Dem Alter schenkt Gelegenheit die neue Jugend.

HENRY WADSWORTH LONGFELLOW

Carolyn ist eine 56jährige Reisebürokauffrau. Sie hat zwei bereits erwachsene Kinder und lebt seit fast 14 Jahren in zweiter Ehe. Vor kurzem meldete sich in Carolyn die Empfindung, in ihrem Leben vollziehe sich eine größere Veränderung.

»Im großen und ganzen«, sagte sie, »fühlt es sich ziemlich abstrus und undurchschaubar an.«

Eines Tages stolperte Carolyn auf der Geburtstagsparty einer Freundin über eine faszinierende 60jährige Frau namens Alta. Alta hatte vor einem Jahr, mit 59, ein »Altweiberritual« für sich durchgeführt. »Von so etwas hatte ich noch nie gehört«, erzählt Carolyn. »Und doch – als ich so da stand und dieser Frau zuhörte, fing ich sofort Feuer. Ich hatte das Gefühl, ganz dasselbe wie sie zu suchen.« Mit Altas und der Hilfe zwei anderer älterer Frauen, seit langem enge Freundinnen Carolyns, arrangierte sie selbst ein »Altweiberritual«.

Ihre Zeremonie fand eines Spätnachmittags an einem schönen Herbsttag statt, in einer Grünanlage hinter Altas Wohnung. Carolyn erschien in einem schwarzen Kimono auf der Bildfläche, den sie in einem Secondhand-Geschäft erworben hatte. Die Farbe war bedeutsam. Schwarz ist schon immer Sinnbild für den Raum zwischen dem Mysterium des Geistes und der Welt des Alltags gewesen. Die Farbe Schwarz enthält das Potential der Erkenntnis, einer Lebensweisheit, die Ihnen vorher gefehlt hatte. Auch daß Carolyn einen Kimono anhatte, besaß Signalwirkung. Da ein solches Gewand der normalen, in ihrer Kultur üblichen Kleidung nicht entsprach, lenkte es ihre Aufmerksamkeit auf den Umstand, daß sie mit zunehmendem Alter bestimmten gesellschaftlichen Beschränkungen nicht mehr unterlag.

Am vorgesehenen Platz angelangt, setzte sich Carolyn in die Mitte, während sich die drei anderen Frauen um sie gruppierten. Alta begann mit der Zeremonie und forderte alle auf, die Augen zu schließen und ein paar Augenblicke zu schweigen, um über diese besondere, heilige Zeit im Leben einer Frau nachzudenken. Nach der Meditation übertrug jede Frau der Reihe nach Carolyn ein Stück eigener Lebensweisheit, die Carolyn bei der Bewältigung der kommenden Jahre behilflich sein mochte. Mary, pensionierte Krankenschwester, sagte, man dürfe sein Selbstwertgefühl in diesen Jahren nicht mehr davon abhängig machen, inwieweit man für andere sorge. »Es ist Zeit, auf das eigene Herz zu hören.«

Joanne, Professorin für Englisch an einer Fachhochschule, sprach von Vergebung. »Ich habe so viel Energie vergeudet, mir meine Fehler immer von neuem vorzuhalten, Carolyn. Finde um jeden Preis einen Weg, dir selbst zu vergeben. Nur dann wirst du wahre Freude am Leben haben.«

Nach diesen Mitteilungen überreichte jede Frau Carolyn ein zum Anlaß besonders passendes Geschenk. Mary gab ihr ein Tagebuch mit einer schönen Widmung und Joanne eine Gedichtsammlung. Altas Gabe bestand darin, daß sie zwei schöne Lieder auf der Flöte spielte. Am Schluß erzählte Carolyn den Frauen, wie man sich fühlt, wenn man in den letzten Lebensabschnitt eintritt, was sie in den vor ihr liegenden Jahren noch zu tun gedenke, welche neuen Wege sie sich erobern wolle. Hierauf öffnete sie eine kleine Lederbörse, in die sie nach Altas Vorschlag ein paar Symbole gelegt hatte, die für eine Frau die drei zur Lebensmitte führenden Stufen verkörperten: Jungmädchenzeit, Zeit der Liebe und Mutterschaft (Mutterschaft bezieht sich übrigens nicht nur auf Schwangerschaft und Erziehung von Kindern. Im Lauf des fünften und sechsten Lebensjahrzehnts können Frauen auch »Mütter« bei Institutionen im Bereich der Wirtschaft, der Kunst, des Sozialen usw. sein). Während sie diese Symbole hervorholte, erzählte Carolyn ihren Freundinnen jedesmal, was sie aus dem jeweiligen Lebensabschnitt für sich zu behalten hoffte, was ihr also in der kommenden Periode nützlich sein würde, aber auch, was sie zurücklassen wollte. Als sie zum Beispiel über die Zeit der Liebe sprach (das

Symbol dafür war ein Ehering), meinte sie, sie wolle das tiefe Gefühl eines echten Miteinanders in die neue Periode mit hinübernehmen, doch andererseits sich von dem Druck befreien, Verantwortung für das Wohl des Partners übernehmen zu müssen. Nach den Ausführungen zu jedem Gegenstand legte sie ihn sorgsam in den Mittelpunkt des Kreises.

Als Abschluß der Zeremonie schlug Alta eine Decke auseinander und zog einen Holzstab hervor, den ihr ein Nachbar aus einem Ahornzweig geschnitzt hatte. Der Stab sei, erklärte sie Carolyn, ein archaisches Symbol für die »weise Alte«. »Wir überreichen ihn dir als Wahrzeichen, daß du in den kommenden Jahren immer auf unsre Liebe zählen kannst. Niemals wirst du allein gehen müssen, wir sind bei dir. Und zahllose Frauen werden, viele Jahre lang, noch mit dir gehen.«

Danach kehrten die Frauen zu Altas Haus zurück, wo eine reich mit Speisen und Getränken besetzte Tafel auf sie wartete. Das Essen und der Wein schmeckten vorzüglich, und das Gespräch zog sich bis tief in die Nacht hinein. »Ich weiß gar nicht, wie ich das tiefe Verwandtschaftsgefühl, das ich für diese Frauen empfand, schildern soll«, sagt Carolyn. »Ich hatte tatsächlich den Eindruck, ich schritte einen bequemen, vielbenutzten Pfad entlang. Wenn ich an diese Zeit zurückdenke, fällt mir immer ein, daß eigentlich niemand dauernd zu quengeln und zu nörgeln brauchte. Denn wenn wir es nur zuließen, würden uns unsre positiven Eigenschaften auf unserem Lebensweg führen, statt daß wir alles selbst in die Hand nehmen müßten.«

Die vier Aufgaben der letzten Lebensjahrzehnte

Menschen, die sich mit den erstmals in der Lebensmitte auftretenden Gegensatzpaaren intensiv auseinandergesetzt haben, werden entdecken, daß auch die folgenden Jahrzehnte erfüllt und befriedigend sein können. In anderen Kulturen der Gegenwart und Vergangenheit wurden ältere Menschen immer als Mittler zwischen dem Reich des Geistes und dem des Alltags respektiert. Im Unterschied zu unserer Gesellschaft, die das Alter eher abwertet, ehren die Menschen dieser Kulturen das Alter. Denn nur mit dem Alter kommt die Weisheit, geboren aus den Prüfungen der Jugend, des Erwachsenenalters und der Lebensmitte.

Damit soll nicht gesagt sein, daß, wer mit den Problemen der Lebensmitte erfolgreich gerungen hat, die nächsten 30 Jahre wie auf einer Insel der Seligen verbringen könnte. Auch die letzten Jahrzehnte stellen ihre besonderen Ansprüche und konfrontieren uns mit neuen Aufgaben. Wie Daniel Levinson ausführt, müssen wir uns in dieser Zeit vier Herausforderungen im besonderen stellen: Verluste verwinden, mit uns ins reine kommen, fruchtbar für andere werden und die »Unschuld« wiederentdecken. Erst die Erfüllung dieser Aufgaben ermöglicht es dem Menschen, alle Teile der Seele zu einem schönen Ganzen zu vereinigen und sich letztendlich im Einklang mit Welt und Leben zu fühlen.

Erste Aufgabe: Verluste verwinden

Von den Aufgaben der späteren Lebensjahrzehnte ist keine so schwer und vielleicht auch so wichtig wie das Problem, Verluste zu verarbeiten. Beim Älterwerden müssen wir mit einer Schwächung der Gesundheit und Vitalität rechnen. Beim Rückzug vom Beruf gilt es, den Verlust von Ansehen und Macht hinzunehmen, vielleicht sogar auch finanzielle Einbußen zu verkraften, also Abstriche bei Dingen zu machen, die in unserer Gesellschaft hoch bewertet werden.

Das Alter ist natürlich auch die Zeit, wo der Tod uns höchstwahrscheinlich Freunde und Verwandte raubt. Kein Wunder, daß so viele Menschen nachdenklich den Kopf schütteln und sagen: »Altwerden ist die Hölle.« Und doch ergibt sich aus jüngsten Forschungen Juan Pascual-Leones, daß Lebensweisheit, wie es im allgemeinen genannt wird, demjenigen winkt, der die im Alter auftretenden Verluste bewußt verwindet.

Vor einigen Jahren bekam Jane, eine energische, intelligente Frau Anfang 60, fast sechs Monate lang schlimme Rückenschmerzen. Sie hatte einen Arzt ins Vertrauen gezogen, der jedoch keine organische Ursache feststellen konnte. Schließlich kamen sie und Kathleen auf die Idee, eine »aktive Imagination« durchzuführen. Im Zustand der Ruhe und Besinnung stellte Jane ihrem Rückenschmerz die direkte Frage, weshalb er eigentlich da sei. Wie es häufig bei solchen Erkundungsreisen vorkommt, fiel es Jane zunächst schwer, sich zu konzentrieren. Immer wenn eine Antwort Konturen annehmen wollte, wurde sie von irgendeinem Gedanken oder einer Empfindung abgelenkt. Aber sie gab nicht nach, und beim dritten Versuch, als sie den Schmerz sogar noch aufforderte, intensiver zu werden, um sich zu deklarieren, hörte sie eine leise Stimme im Innern:

»Gib meinen Rücken frei! Laß das Leben fließen. Lade dir nicht so viel auf. Nimm ein wenig Rücksicht auf mich, dann kann ich wieder gesund und stark sein.« Mit neuem Mut gab nun Jane mit lauter Stimme ihrer Entschlossenheit Ausdruck, die Ratschläge ihres Rückens in die Praxis umzusetzen. Eine solche laut abgegebene Absichtserklärung ist übrigens ein Hauptpunkt der meisten Rituale. Die Bekanntgabe, besonders in Gegenwart anderer Personen, ist eine sehr gute Methode, Ihren Entschluß im Leben zu verankern.

Zuerst trat Jane in einen Schwimmverein ein und arbeitete mit einem Lehrer. Er entwickelte mit ihr eine leichtere Übung zur Stärkung der unteren Rückenpartien. Als nächstes nahm sie Yogaunterricht, was ihr nicht nur neue körperliche, sondern auch geistige Erfahrungen brachte. Im Lauf der Zeit faßte Jane diese wöchentlichen Yogastunden zunehmend als Ritual auf. Schon das Umziehen vor dem Unterricht zum Beispiel wurde zu einer Art »Schwellenaktion«, die sie beruhigte und in Bereitschaftszustand versetzte. Und wenn die eigentlichen Übungen begannen, war sie voll in der Lage, sich auf den Heilvorgang zu konzentrieren und dieser leisen Stimme im Innern Gehör zu schenken. »Je mehr ich Yoga als Heilungsritual zu sehen vermochte«, sagt Jane, »desto stärker wurden die Erlebnisse. Am Anfang trug ich dieselben Sportsachen wie seit Jahren. Aber eines Tages ging ich in die Stadt und kaufte mir einen neuen Anzug: in Grün, der Farbe der Heilung. Außerdem nahm ich mir vor, an Tagen, an denen ich Yoga hatte, nur gesund zu essen – Getreide, Gemüse, Joghurt und dergleichen.«

Bald diente ihr das Yogaritual als Funke, der den Wunsch nach Gesundheit zur Flamme entfachte. Heute sind Janes Schmerzen so gut wie verschwunden. Was noch wichtiger ist – sie lernte, wie man die Angst vor einem Verlust – in diesem Fall ihrer Gesundheit – in Impulse und Einsichten umsetzt, mit denen das ganze Leben verändert werden kann. »Fasse Mut, gehe durch die dunklen Wolken«, sagt sie gerne, »und du wirst den Silberstreifen am Horizont entdecken.«

In eine ziemlich ähnliche Situation geriet Ron Horton, der als leitender Werbefachmann in einer kleinen Werbeagentur ein extrem hektisches Leben führte. Früher hatte er niemals ernste gesundheitliche Probleme gehabt. Doch mit 59 erlitt er einen schweren Herzanfall. Während er sich zu Hause im Krankenbett auskurierte, immer noch geschockt von seiner Begegnung mit dem Tod, hatte er Zeit, über die Prioritäten in seinem Leben nachzudenken. Etwa einen Monat nach seiner Entlassung aus dem Krankenhaus bat er seine Frau, ihn für eine Woche allein in der der Familie gehörenden Hütte abzusetzen. Dort, so erklärte er ihr, im Frieden und der Ruhe der Natur, werde er in der Lage sein, über seinen nächsten Lebensschritt nachzudenken. Es war eindeutig ein Ritual für Ron. Er hatte eine exklusive Zeit und einen exklusiven Ort gewählt. Und wie er berichtet, erregte schon die Trennung von der gewohnten Umgebung ein neues Gefühl der Hoffnung in ihm. Jeden Tag erhob sich Ron bei Tagesanbruch in der Hütte und machte den vom Arzt verordneten Spaziergang. Obwohl er sich einige Essensvorräte eingepackt hatte, lebte er im großen und ganzen sehr frugal.

Abends führte er Tagebuch und versuchte, seine Prioritäten zu klären. Weitgehend als Ergebnis dieser Tagebuchnotizen lebte ein alter Traum in Ron wieder auf: eine Buchhandlung zu eröffnen. Die Idee war auch jetzt noch vielversprechend und anziehend. Am Ende der Woche konnte er schon ins einzelne gehende Schritte für ein ausgeglicheneres und ganzheitlicheres Leben skizzieren.

Zu Hause diskutierte er seine Pläne ausführlich mit der ganzen Familie, um sich dann mit den Arbeitskollegen zusammenzusetzen. Erfreulicherweise hatten sie Verständnis für seinen Wunsch, einige Verantwortung abzugeben, und so arbeiteten sie mit ihm einen Plan für eine Dreitagewoche aus. Am Abend des ersten Tages, den er wieder im Büro verbracht hatte, veranstaltete Rons Familie eine Überraschungsparty für ihn. Es gab Luftballons, Geschenke, sogar eine Torte. Und an der Wand des Eßzimmers hing ein riesiges, von der Familie angefertigtes Poster mit den Worten: »DAS NEUE DU!« Die Buchstaben umrahmten eine sehr gelungene Karikatur Rons, wie er seine Muskeln in einem grellroten Trainingsanzug spannte. »Es fällt mir zuweilen immer noch schwer, Dinge, die mein Leben ins Gleichgewicht bringen sollen, wie zum Beispiel Sport, nicht in ehrgeizige Aktionen ausarten zu lassen«, gesteht Ron. »Aber ich schaffe es schon. Es braucht viel Zeit, ein halbes Jahrhundert alte Gewohnheiten abzulegen.«

Zweite Aufgabe: Sich selbst erkennen

Sehr viele Mythen sprechen von der Notwendigkeit, daß der Mensch mit sich ins reine komme und gerade jene Eigenschaften akzeptiere, die ihm anzuerkennen schwerfällt, auf die er nicht besonders stolz ist. Der Psychoanalytiker C. G. Jung nannte diesen Aspekt eines Menschen seinen »Schatten«, der unter der Oberfläche sein Unwesen treibt, ungesehen und unbeachtet. Kathleen hatte eine 55jährige Klientin, Sue, die als Anwältin in einer großen Kanzlei arbeitete. Sue suchte Kathleen auf, weil sie gegen eine alte, fanatische Gewohnheit ankämpfte: Sie war ungeheuer arbeitswütig. Sie hatte immer hart gearbeitet, aber in letzter Zeit den Eindruck gewonnen, diese Arbeitswut schneide sie von einem wachsenden Bedürfnis nach zwischenmenschlichen Kontakten ab. Am schlimmsten wurde es, wenn Sue ihren Mann anfuhr und ihm Befehle erteilte oder ihre Sekretärin anschnauzte, wenn diese ihren strengen Anforderungen einmal nicht genügte. »Manchmal überfällt mich blitzartig die scheußliche Einsicht, in meiner superordentlichen Welt ganz allein dazustehn. Allein, weil ich niemanden an mich heranlasse«, gestand Sue.

Eines Tages schlug Kathleen Sue vor, die sogenannte »Schattenübung« durchzuführen. Wie die oben erwähnte aktive Imagination kann auch die »Schattenübung« anfangs Probleme aufwerfen. Das ist wirklich kein Wunder, haben doch die meisten von uns einen Großteil des Lebens damit verbracht, gerade das zu ignorieren oder zu verdrängen, was diese Übung ans Licht bringen soll. Sue entspannte sich, und Kathleen forderte sie auf, ein Bild von ihrem Schatten in sich aufsteigen zu lassen. Bald erkannte Sue die Konturen eines großen, drachenähnlichen Geschöpfes, das sie dann so gut sie konnte mit bunten Markern zu malen versuchte. Dann versetzte sie sich wieder in den inneren Ruhezustand und fragte diesen »Zwingherrn«, wie sie ihn nannte, was er wolle. Warum war er überhaupt da? Warum hielt er sie so im Griff?

Nicht lange, und der Zwingherr antwortete. »Wenn du nichts leistest, wirst du nicht anerkannt«, sagte er. Sue ging nun dieser Bemerkung auf den Grund und erkannte, es handle sich um eine Maxime, die ihr ihre Mutter in der Kindheit dauernd vorgehalten hatte. »Du kannst von einem Mann nicht erwarten, daß er dich ernährt«, hatte es damals geheißen. »Du kannst dich nicht darauf verlasen, daß andere etwas für dich tun. Sorge für dich selbst.« Das Positive an dieser Maxime war, daß Sue in ihrem Leben Außerordentliches leistete. Sie setzte sich Ziele und hatte dann auch die Selbstdisziplin, zu arbeiten, bis sie erreicht waren. Doch jetzt, im späteren Leben, bedeuteten ihr berufliche Erfolge weniger als früher. Jetzt hatte sie das Bedürfnis, teilnehmender und sensibler zu sein, Verständnis für die Menschen in ihrem Leben zu entwickeln.

In der nächsten Therapiesitzung nahm Sue erneut Verbindung mit ihrem Zwingherrn auf, zuerst, indem sie ein paar Minuten die Zeichnung mit dem Drachen anschaute, dann, indem sie sich wieder entspannte. Doch diesmal brachte sie dem Zwingherrn Dankbarkeit entgegen. Sie dankte ihm laut für alles, was er für sie getan hatte. Dann erklärte sie ihm, die Zeit sei gekommen und er möge sich in etwas anderes verwandeln. Sie wolle ihren Ehrgeiz in den Wunsch, anderen zu helfen, transformieren. Dieser Teil von Sues Imagination erforderte erhebliche Geduld und Anstrengung, aber sie machte auch bei sich zu Hause damit weiter, mehrere Male wöchentlich und einige Monate lang. Nach etwa einem Jahr gab Sue ihren Beruf als Anwältin auf und verbrachte immer mehr Zeit mit ihren beiden Großnichten. Und bald darauf kam sie auf den Gedanken, ein sozialpädagogisches Programm für Großeltern aufzuziehen, das auch heute noch gut läuft.

Solche Selbsterforschungen sind keine gelegentlichen Übungen, sondern ernsthafte Rituale. Daß Sue jede Woche mit dem erklärten Ziel in Kathleens Praxis kam, an diesem Problem zu arbeiten, war eine Methode, ihre Bemühungen in exklusiver Zeit und an exklusivem Ort durchzuführen – zwei Schlüsselelementen jedes Rituals. Wenn Sie nicht mit einem Therapeuten arbeiten, sollten Sie Ihre Aktivitäten außerhalb Ihrer normalen Umgebung verlegen, etwa in das Haus eines Freundes oder ein Hotel, auf einen Campingplatz oder eine zu mietende Hütte.

Welche symbolischen Gesten könnten Sie wählen, um Ihren Schatten in etwas Neues umzuwandeln, das zu Ihrem Leben paßt? Zum Beispiel könnten Sie ein Seil verknoten, um symbolisch zum Ausdruck zu bringen, daß Sie Ihre Kreativität aus Angst vor Ablehnung stets unterdrückt haben, und dann das Seil als Aufhänger für eine Topfpflanze verwenden. Eine schwarze Augenbinde, Verkörperung der Weigerung, wichtige Themen mit Ihrem Gegenüber zu besprechen, könnte weiß gefärbt werden und als »Sprechstab« dienen. Eine Frau nahm einen Sack mit Abfällen, Symbol für eine Kindheit, die durch Mißbrauch zerstört worden war, brachte ihn auf den Komposthaufen und benutzte den Kompost dann zur Düngung eines Gärtchens. Der Sinn solcher symbolischer Aktionen ist, daß Sie Ihren tieferen Seelenschichten den Wunsch nach Transformation einprägen. Sie wollen die bei einem Problem auftauchende Angst in für neues Wachstum benötigte Energie umwandeln. Je besser es einem Menschen gelingt, seine Wünsche dem Unbewußten mitzuteilen – das, nebenbei gesagt, weit mehr auf Symbole als auf Worte anspricht –, desto wahrscheinlicher wird diese Bestrebung eines Tages Realität werden.

Dritte Aufgabe: Fruchtbar werden

In den letzten Jahrzehnten des Lebens geht es auch immer um »Fruchtbar werden«. Es handelt sich darum, daß Sie sich mit etwas Größerem, als Sie selbst sind, verbinden, um dann in warmem Mitgefühl künftigen Generationen Hoffnungen zu vermitteln und Brücken in die Zukunft zu bauen. Im Fall von Sue, der früheren Karrierefrau, geschah das durch den Aufbau eines Programms für Großeltern. Sie wollte einen Beitrag zur Lösung der Altersproblematik in unserer Gesellschaft liefern. Andere bringen ihre Fähigkeit, fruchtbar zu werden, ins Spiel, indem sie Lese- und Schreibunterricht geben, junge Leute beim Einstieg ins Berufsleben beraten, im Umweltschutz mitwirken oder sich wie Jimmy Carter als Volontär beim Bau von erschwinglichen Armenwohnungen verdingen.

In der zweiten Lebenshälfte stehen Sie im Grunde, wie der Psychoanalytiker Erik Erikson sagte, vor der Wahl, ob Sie schöpferisch weitergeben oder resignieren wollen. Wir alle kennen Leute, die beim Altwerden ihre Freude am Leben verlieren und sich dauernd mit ihren Wehwehchen beschäftigen, bis sie in düstere Hoffnungslosigkeit versinken. Das Gegenmittel dafür ist, daß Sie mit Ihren Fähigkeiten für andere wirken. Was würden Sie der Welt gerne geben? Wie können Sie jenen, die Ihnen in den nächsten Jahrzehnten folgen, Frohsinn und Lebensfreude vermitteln?

Vierte Aufgabe: Wiederentdeckung der »Unschuld«

Wenn in China ein Mann das Pensionsalter erreicht, zieht er eine rote Jacke an. Das ist eine Art Ehrenabzeichen, Symbol für seinen hohen sozialen Status. Eine der wichtigsten Auswirkungen dieses rituellen Gewandes ist, daß es dem Mann ermöglicht, sich nicht mehr so streng wie bisher im Gleis sozialer Rollen zu bewegen. Er ist jetzt emanzipiert, frei, mehr im Einklang mit dem Herzen als dem Kopf zu leben. Die Zeit ist da, in ein Reich des Mythos und Mysteriums einzutreten und die Träume und Ideale der Jugend wiederaufzugreifen.

Ein anderes Ereignis, das seit langem als Zäsur gilt, nach der sich der Mensch wieder seinem Innern zuwenden kann, ist die Menopause. Das soll nicht heißen, daß die Menopause an sich ein Vergnügen ist. Im Gegenteil, für manche Frauen handelt es sich um schmerzhafte, extrem unangenehme Vorgänge. Doch man kann die Menopause als Ereignis auffassen, das die Frau bestimmter für die Gesellschaft wichtiger Verpflichtungen enthebt. Statt sich um das alltägliche Leben zu kümmern, kann sie jetzt ihre Kräfte direkt zur Vermittlung von Einsichten und zur Hilfestellung für die Gesellschaft als ganze einsetzen. Es ist die Zeit im Leben einer Frau, in der sie das Gefühl wiedergewinnen kann (oder in manchen Fällen überhaupt zum erstenmal hat), daß ihr Leben wirklich ihr gehört, daß sie aus dem Fundus ihrer eigenen Persönlichkeit schöpft und nicht nur auf die Wünsche anderer reagiert.

Es gibt Frauen wie Carolyn – wir haben sie zu Beginn dieses Kapitels kennengelernt –, die sich mit der nicht so sehr in der Menopause selbst, als in den Jahren danach steckenden Kraft zu verbinden suchen und zu diesem Zweck auf neue Formen einer alten Zeremonie zurückgreifen. Es ist die »Altweiberzeremonie«, eine Methode, sich der Weisheit des Lebensabends zu öffnen. Das Wort »Weib« hat in den letzten hundert Jahren einen Bedeutungswandel zum Negativen hin erfahren, wird aber heute wieder in positiverem Licht gesehen. Das Prinzip des »alten Weibes« oder der »weisen Alten« ist je nach Kultur mit verschiedenen Namen bezeichnet worden: »die tanzende Kraft«, die »Spinnenfrau«, das »Nebelwesen«, und das »wilde Weib« sind nur ein paar davon. Aber wie Sie sie auch nennen, das Prinzip bleibt das gleiche. Nirgends ist sie vielleicht besser beschrieben als von Clarissa Pinkola Estés in ihrem schönen Buch: »Die Wolfsfrau«. Pinkola Estés schildert das Wesen des »wilden Weibes« mit folgenden Worten:

> Sie ist Intuition, sie sieht weit in die Zukunft hinein und hört tief ins Herz hinab. Sie ist die treue Seele. Sie ermuntert die Menschen, viele Sprachen zu sprechen, die Sprache der Träume, der Leidenschaft und der Poesie. Sie flüstert des Nachts aus den Träumen, sie hinterläßt in der weiblichen Seelenlandschaft anstößige Haare und schmutzige Spuren ... Wir haben sie seit langem verloren und fast schon vergessen. Sie ist die Quelle, das Licht und die Nacht, Dunkelheit und Morgenröte. Sie ist Geruch von schönem Schlamm und vom gehobenen Hinterbein des Fuchses. Ihr gehören die uns Geheimnisse zusingenden Vögel. Sie ist die Stimme, die sagt: »Hier, hier geht's lang!«

Rituale für die Lieben

Wenn unsere Freunde und Lieben älter werden, wächst die Möglichkeit, daß sie kurz- oder langfristig in Krankenhäusern und Pflegestationen ärztlich behandelt werden müssen. Sich mit Krankheiten auseinanderzusetzen, ist nicht einfach, und noch weniger einfach, wenn sie außerhalb der gewohnten Umgebung, ohne den Trost vertrauter Menschen, Anblicke, Klänge und Gerüche ertragen werden müssen. Ein Ritual, eine Zeremonie oder ein Fest, am Krankenbett eines uns lieben Menschen vollzogen, ist ungemein wirksam und sollte wenn irgend möglich ausgeführt werden. Rituale verbinden nicht nur mit Werten und Empfindungen, die Freude und Trost spenden, sondern vermitteln einem Kranken auch das Gefühl, immer noch ein hochgeschätztes Mitglied der Familie zu sein, nicht nur ein Außenbeobachter des Lebens, sondern ein Teilnehmer.

Mit 56 hielt sich Martha Sanderling zwei Monate mit einem Krebsleiden in einer Reha-Klinik auf. Zwar leben die meisten nächsten Verwandten – zwei Söhne mit ihren Frauen und drei Enkelkinder – gleich in der Nachbarschaft und besuchen sie regelmäßig, doch empfinden alle ihre Abwesenheit ungeheuer schmerzlich. »Sie macht uns immer wieder Mut, wenn wir verzweifelt sind«, sagt Julie, ihre Schwiegertochter. »Sie hat den Glauben, der Berge versetzt.« Als Steves und Julies zehn Monate altes Baby getauft werden sollte, entschlossen sie sich, Martha, obwohl bettlägerig, an dem Fest teilnehmen zu lassen. »Ihr von dem Ereignis nur zu erzählen und Fotos zu zeigen, schien uns nicht genug«, erklärt Steve. »Wir wollten sie mitten im Geschehen haben.«

Der Chef der Rehaklinik erlaubte dem Gemeindepfarrer der Familie, die Taufzeremonie in Marthas Zimmer abzuhalten. Alle Mitglieder der engeren Familie waren da, außerdem ein paar gute Freunde. Eine Stationsschwester nahm ebenfalls an der Feier teil, für den Fall, daß Martha besonderer medizinischer Hilfe bedurfte. »Beim Blick in ihre Augen wußte man, daß sich unsere Mühe gelohnt hatte«, sagt Marthas anderer Sohn Jeff. »Nach der Zeremonie legten wir ihr das Baby in den Arm, und ein wunderschönes Lächeln glitt über ihr Gesicht. Während wir um sie herumstanden und uns unterhielten, bemerkte ich, daß sie uns der Reihe nach ansah. Es war, wie wenn sie alle Häupter ihrer Lieben zählte.«

Von dem römischen Staatsmann Cato (234–149 v. Chr.) erzählt man sich eine hübsche Anekdote. Im Alter von 80 nahm sich Cato, der bisher noch keine andere Sprache gelernt hatte, vor, fließend

Griechisch sprechen zu lernen. Seine Freunde staunten ungläubig. »Wie kannst du dir in deinem hohen Alter noch ein so großes Pensum vornehmen?« fragten sie. »Ganz einfach«, soll Cato geantwortet haben. »Es ist das jüngste Alter, das mir noch bleibt.«

Kapitel 10

Konfrontation mit dem Verlust: Rituale des Endens und Beginnens

Wie soll sich das Herz zur Feier seiner Verluste aufschwingen?

Stanley Kunitz

»Ich glaube, meine Freunde sind die geduldigsten der Welt«, lacht Janice. »Ich kann gar nicht zählen, wie oft sie meinem Gejammer über Mark freundlich zuhörten – meiner Klage, daß er mich hinter meinem Rücken betrog und mich gar nicht wirklich liebte.« Im Lauf der Monate aber stellten Janic' Freunde ihr doch hin und wieder die Frage, die sie über alles haßte: »Warum bleibst du dann bei ihm?« Damals hatte sie keine befriedigende Antwort parat. Aber heute, mit dem gehörigen Abstand, sieht sie klarer. »Mark spielte eine Schlüsselrolle in meinen Idealvorstellungen vom Leben«, erklärt sie. »Hätte ich ihn gehen lassen, hätte ich auch meine Überzeugung preisgeben müssen, meine eigentliche Aufgabe im Leben sei das Geben und Vergeben. Ich mußte erst noch lernen, aus einer realistischen Selbsterkenntnis heraus zu leben, nicht aus einer Idealvorstellung heraus, wie ich zu sein hätte. Und das war hart.« Kurz, Janice stand vor derselben Aufgabe, vor der heute Millionen Frauen stehen: dem hartnäckigen Mythos das Lebenslicht auszublasen, Beziehungspflege sei die erste Pflicht der Frau.

Enden und Beginnen

Bei näherem Hinsehen zeigt sich, daß in den Ritualen aller Völker der Erde Ende und Beginn stets unauflöslich miteinander verknüpft sind. Die hellen Christbäume, die jedes Jahr in vielen Wohnzimmern stehen, sind Erinnerungen an die uralte Erkenntnis, daß jenseits des längsten, dunkelsten, totesten Wintertages schon die ersten Anzeichen des Frühlings warten. In Japan hängt die heilige Schnur der Göttin auch heute noch am Neujahrstag über dem Eingang zum Tempel und macht die Vorübergehenden darauf aufmerksam, daß bald wieder Licht aus dem Schatten emporsteigt. Diese Aussage, daß neues Leben dem alten entspringt, ist zur Grundlage zahlloser Mythen, Märchen und Religionen geworden. Alle, denen es gelingt, diesen Gedanken wie einen roten Faden durch ihr Leben zu weben, verfügen über ein konkretes, sehr wirksames Mittel, sich mental und emotional im Gleichgewicht zu halten. Rituale sind wertvoll, weil sie die Erfahrung von Vergehen und Erneuerung so anschaulich machen. Sie erinnern uns zwar an das Loslassen, aber auch daran, daß die kostbare, leise Möglichkeit eines Neubeginns in uns stets der Zuwendung bedarf.

Wenn wir in diesem Kapitel von Verlust und Trennung sprechen, meinen wir nicht nur den buchstäblichen Tod, obwohl dieser natürlich die augenfälligste, extremste Form eines solchen Übergangs ist. Viel häufiger kommt es ja in unserem Leben vor, daß wir Verhaltensweisen und Beziehungen, die nicht länger sinnvoll sind, aufgeben müssen. Lassen wir diese Dinge bewußt los, öffnen wir ein Fenster unserer Seele. Und durch dieses Fenster sehen wir dann neue Möglichkeiten auf uns zukommen, neue Wege des Handelns und der Weltbegegnung. Erwerben Sie sich die Fähigkeit, freiwillig die Initiative zu sinnvollen Verlusten zu ergreifen – durch Schwierigkeiten hindurchzugehen, nicht sie zu umgehen –, und Sie werden weit besser in der Lage sein, die echten Chancen einer Übergangssituation wahrzunehmen.

Beginnen wir damit, daß wir den Nutzen eines Rituals für das absichtliche Loslassen einer zur Fessel gewordenen Bindung untersuchen. Danach wollen wir uns mit dem Schmerz befassen, der mit dem Tod eines Freundes oder lieben Menschen verbunden ist.

Freiwilliges Abwerfen einer Last

Wir Menschen haben immer eine besondere Vorliebe für scheinbar unsinnige Redewendungen gehabt, die uns anspornen, das »Letzte herzugeben«. Ausdrücke wie: »Auf Biegen oder Brechen«, »Sag niemals nie« oder »Das Letzte hergeben« sind eine Art Taschenbuchpsychologie, eine Stammtischweisheit für Menschen, die zu beschäftigt sind, um sich den vollen Text des Handbuchs der menschlichen Probleme einzuprägen. Für den Augenblick mögen solche Weisheitsblitze ganz wertvoll sein, aber letzten Endes helfen sie doch wenig, wenn es darauf ankommt, durch das verwirrende Gefühlschaos hindurchzusteuern, das sich auftut, sobald die alten Gewohnheiten und Einstellungen den neuen Bedürfnissen nicht mehr entsprechen. Wenn wir nicht begreifen, in welcher Reihenfolge unterschiedliche emotionale Zustände bei einer größeren Veränderung auftreten – eine Reihenfolge, die alle Übergangsriten widerspiegelt –, ist es leicht möglich, daß wir uns in unser Schneckenhaus zurückziehen und darin erstarren. Es ist doch nichts Ungewöhnliches, daß jemand lange Jahre verbringt, ohne daß sich etwas Entscheidendes bewegt. Erst wenn eine Situation unerträglich wird, wenn er es nicht mehr aushält, tut sich etwas.

Eine solche Lebensstrategie des Beharrens fordert einen ungeheuren Preis. Sie halten dann zum Beispiel eine schlechte Beziehung aufrecht, auch wenn Sie schon die Grenze zum emotionalen Zusammenbruch überschritten haben. Oder Sie geben eine verheerende Gewohnheit erst auf, wenn sie schon bei vielen Menschen, die Sie schätzen, Schaden angerichtet hat. Und selbst wo es Ihnen gelingt, größere Katastrophen zu vermeiden, werden Sie dadurch, daß Sie an alten, überlebten Verhaltensweisen festhalten, an einem schal gewordenen Leben leiden und Überdruß und Depression empfinden.

Worin besteht nun aber das Geheimnis, wie man unnötige Konflikte vermeidet und sich gut gerüstet dem Leben mit all seinen emotionalen Herausforderungen stellt? In erster Linie gehört dazu die dauernde Rücksichtnahme auf die eigenen Bedürfnisse und Bestrebungen. Mit anderen Worten: Sie müssen sich selbst treu bleiben und sich einschärfen, daß allein Sie wissen, welche Kombination von inneren und äußeren Faktoren für Sie lebensnotwendig ist. Zweitens ist erforderlich, daß Sie erkennen, wann Sie sich von diesen Bedürfnissen und Werten entfernen, um dann mit aller Kraft wieder zur Mitte zurückzustreben. Rituale können, wie wir in diesem Buch gesehen haben, bei diesem Prozeß eine große Hilfe sein.

Loslassen alter Rollen

Werfen wir noch einmal einen Blick auf Janice, der wir zu Beginn dieses Kapitels begegnet sind. Ihr gelang es, die unfruchtbar gewordene Beziehung zu Mark zu lösen. Wenn Sie Janices Geschichte lesen, achten Sie dann darauf, daß sie allgemeingültige Lehren enthält. Sie verbürgen Ihnen beim Loslassen jeder beliebigen Situation inneres Wachstum, ob es sich um das Aufgeben eines schlechten Jobs, die Verabschiedung der Einbildung, man sei ein Versager, oder den Übergang von einem arbeitsreichen Leben ins Pensionsalter handelt.

Im Laufe mehrerer Beratungsstunden entwickelte Janice ein Gespür für das, was sie im Leben wirklich wollte. Zum ersten Mal seit Jahren wurde ihr klar, wohin die Reise eigentlich gehen sollte. Mit Hilfe einfacher Tagtraum-Übungen entfaltete sie die Vorstellung von einem Leben, in dem sie Mut für Neues, neue Verhaltens- und Seinsweisen aufbrachte. Einmal sah sie sich während ihrer Besinnung an einem ruhigen Strand sitzen, umgeben von Menschen, die sie wirklich mochten und ihr bedingungslose Treue schworen. »Das war das erstemal, daß ich spürte, wie es ist, von anderen wirklich geliebt zu werden«, sagte sie später. »Ich konnte mir jetzt vorstellen, mit diesen Menschen unbefangen und voraussetzungslos zusammenzusein, ohne immer überlegen zu müssen, wie ich für sie sorgen könnte.«

Der Tagtraum war erregend, von zwingender Kraft. Sofort wußte Janice, daß sie hier auf etwas sehr Wichtiges, etwas, wonach ihr wirklich der Sinn stand, gestoßen war. Diese Vision, klar wie Kristall, war der Keim, aus dem eines Tages ein Neubeginn hervorwachsen würde.

Als sie nun aber mit dieser Wachstumsvision zu arbeiten, sie von verschiedenen Seiten zu betrachten, ja sogar mit Mark darüber zu sprechen begann, mußte sie betrübt feststellen, daß von ihm keine Hilfe zu erwarten war.

Einmal führte sie zu Hause ihr tägliches Meditationsritual durch, bei dem sie 20 Minuten über Verhaltensweisen in einer verläßlichen Liebesbeziehung nachdachte. Da erschien ihr beim Gedanken an Mark eine dunkel drohende Wolke, die ihr folgte, wohin sie auch ging. Aber das erschreckte sie keineswegs. Im Gegenteil, es war nur der Anlaß für sie, die Initiative zu ergreifen. Die Wolke vermittelte ihr die Gewißheit, es sei richtig, im eigenen Interesse zu handeln. Es kann mitunter schwierig sein, so plötzliche Entschlüsse auch durchzuhalten. Aber ein gewisses Selbstvertrauen und Durchhaltevermögen ist bei allen Wechselfällen des Lebens unerläßlich. Dadurch sind wir in der Lage, den Angriff der Furcht und des Selbstzweifels abzuschlagen, der uns immer bedroht, sobald wir uns in eine neue Richtung bewegen wollen.

Schon sehr bald im Verlauf dieses aufregenden und in gewisser Hinsicht auch angsteinflößenden Wachstumsprozesses entschloß sich Janice zu einem Ritual – nicht nur, um ihrer Entschlossenheit, ein Ende mit Mark zu machen, Ausdruck zu geben, sondern auch um sich für fruchtbarere Beziehungen in der Zukunft zu rüsten. Sie begriff, durch ein solches Ritual könnte sie genügend emotionalen Abstand zwischen sich selbst und die Rolle legen, die sie bei Mark als die unablässig Vergebende gespielt hatte. Und dieser Abstand würde ihr dann hoffentlich auch über jene durch die Hintertür hereinkommenden Gedanken hinweghelfen, die einem immer einreden wollen, ein altes Problem sei besser als eine neue Lösung. Dadurch, daß Janice im Ritual ihre zaghaften neuen Bestrebungen schon einmal vorsichtig in die Tat umsetzte, gewann sie außerdem größere Gewißheit, ihr Schicksal auch tatsächlich meistern zu können. Ihre Zeremonie wurde für sie zu einer Art Prüfstein. Sie hatte den Eindruck, wirklich die ersten Gehversuche in Richtung auf ein von Zuversicht und Mut erfülltes Leben zu machen.

Bevor aber Janice ein Ritual überhaupt aufbauen konnte, mußte sie sich erst noch einige unter der Oberfläche lauernde Gefühle bewußt machen – störende Gefühle, die in ihr rumorten, sobald sie Anstalten zur Änderung des Status quo machte. Durch die Bekanntschaft mit diesen Gefühlen konnte Janice deren Explosivkraft erst einmal neutralisieren. Sie gab ihnen Spielraum und lernte so, sie zu lenken und in etwas vollständig anderes zu verwandeln.

Auch mit dem Gedanken, die Trennung von Mark werde wirklich ein harter Verlust sein, mußte sich Janice anfreunden. *Selbst wenn Sie sich von einer überaus schlimmen Situation befreien wol-*

len, müssen Sie sich klarmachen, was Sie dabei aufgeben, und sich bewußt damit abfinden. Was würde Janice verlieren? Die Sicherheit und Bequemlichkeit, die sich aus dem Festhalten am Gewohnten ergibt, und die spezielle Rolle, die man in einer Beziehung spielt. (Janices hauptsächliche Rolle in ihrer Beziehung war, wie wir gesehen haben, die der Vergebenden.) Auch die einst gehegte Hoffnung, durch diese Beziehung ein Ideal zu realisieren, mußte sie preisgeben. Nicht mehr oder weniger war von ihr verlangt, als den Tod eines schönen Traums zu akzeptieren. Wenn wir weiterkommen wollen, müssen wir bewußt auf unsere alten Rollen verzichten, auch auf die damit verbundenen Erwartungen, Perspektiven und Phantasien.

Der »Brief in Fortsetzungen«

Verluste verarbeitet man nicht, indem man die dabei auftretenden starken Emotionen unterdrückt oder eine Empfindung auf Kosten einer anderen favorisiert. Letzten Endes müssen Sie alles zulassen – das ganze verrückte Karussell von Zorn, Trauer, Einsamkeit, Schuld und Furcht. Eine Methode zur Bewältigung dieser Aufgabe ist der sogenannte »Brief in Fortsetzungen« – nicht ein Brief, den Sie zur Post geben, sondern eher fortlaufende Tagebuchnotizen, die Sie mitten in das Dickicht Ihrer Empfindungen hinein-, aber auch wieder hinausführen. Gabriele Ricos Buch »Schmerz und Schicksalsbewältigung: Schreibend durch Lebenskrisen« kann Ihnen dabei eine große Hilfe sein.

Janice schrieb fast einen Monat an einem solchen Brief in Fortsetzungen an Mark. Sie sagte ihm Dinge, die unter vier Augen zu sagen sie niemals den Mut gehabt hätte. Sie gab der Niederschrift auch einen rituellen Rahmen, den man am besten als »gemilderte Schulaufsatzatmosphäre« bezeichnen könnte.

Jeden Tag schrieb sie 40 Minuten am selben Schreibtisch zur selben Zeit. »Die Schulaufsatzsituation – genauso fühlte es sich an – half mir, mich mit genügend Selbstdisziplin auf das Problem zu konzentrieren«, berichtet sie. »Ich lernte, selbst meinen Mann zu stehen und den aufsteigenden Empfindungen nicht auszuweichen.« Zuerst herrschte in Janices Brief der Zorn als Empfindung vor. Nie hatte sie bisher artikuliert, welche Gefühle es in ihr auslöste, von Mark »benützt« zu werden – »weniger als ein Mensch zu sein«, wie sie sich ausdrückte –, und sie nahm dabei kein Blatt vor den Mund. Es gab tatsächlich Zeiten in dieser Schreibphase, wo Janice so wütend war, daß sie das ganze Übergangsritual am liebsten vergessen hätte. »Ich will ja nichts als weiterleben«, erklärte sie. Doch die Wut gab ihr auch Kraft. Wenn sie von ihr gepackt wurde, glaubte sie, zu allem fähig zu sein. Doch mußte sie auch erkennen, daß solche Gefühle nicht vorhielten. Wenn sie schwächer wurden, wenn ihre Entschlossenheit durch die Wut nicht mehr genährt wurde, mußte sie andere Kräfte für die Aufgabe, sich freizukämpfen, mobilisieren. So lief das ganze auf ein langsames, bewußtes Wandern auf einem neuen, manchmal furchtbaren Weg hinaus.

Und sie fuhr zu schreiben fort. Mehrerer Sitzungen bedurfte es, bis ihre Empörung sich legte. Als es soweit war, durchzog eine gewisse Traurigkeit ihren Brief. »Es gab eine Zeit, wo Du und ich über Ehe und Kinder sprachen«, schrieb sie auf einer Seite an Mark. »Wir redeten in der Sprache der Träume. Und jetzt sind diese Träume zerschmettert, zerbrochen an dem Felsen der Wirklichkeit.« Auf diese Weise wurde der Brief zum Werkzeug der Trauerarbeit. Janice weinte beim Schreiben und mußte während der 40 Minuten oft aufstehen, ganz in Tränen aufgelöst. »Woher kommt denn all dieser Schmerz?« fragte sie sich einmal. »Ich dachte, die Tränen seien schon vor Monaten versiegt.«

So bewegte sich Janice durch ihre Emotionen, so söhnte sie sich mit den Dingen aus, von denen sie sich allmählich losriß. Und dadurch war sie eines Tages auch in der Lage, stückweise ihr Übergangsritual zusammenzusetzen. In den Beratungsstunden, aber auch durch eigenes Nachdenken hatte sie erkannt, was sie sich eigentlich wünschte – einen Neubeginn, gegründet auf Vertrauen, Ehrlichkeit und Mut. Während der Arbeit an ihrem Brief in Fortsetzungen war sie durch das emotionale Chaos von Zorn, Angst und Einsamkeit hindurchgegangen, das sich mit dem inneren Aufbruch einstellte. Als der Brief zu Ende war, entschloß sich Janice, einen Monat von dem ganzen Prozeß Abstand zu nehmen. Sie versprach sich, während dieser Zeit nicht mehr an ihrer Beziehung zu hängen. Erst als sie sich beruhigt fühlte und bereit war, weiterzugehen, plante sie ihr Ritual im Ernst.

Janices Ritual

Janices Zeremonie fand an einem sonnigen Märztag statt, nachmittags, in einem kleinen Waldstück etwa eine Stunde Fahrt von ihrer Wohnung. Wie es Leuten vor ihren Ritualen meist ergeht, wachte auch sie morgens auf mit dem Gefühl, ein Tag von unvergleichlicher Intensität und Bedeutung liege vor ihr.

»Ich unterhielt mich ein paar Tage vor der Zeremonie mit einem Freund vom College«, erinnert sich Janice, »und er sagte, bei den meisten Völkern glaubten die Menschen, bei einem Ritual gebe es keinen Zufall. Jede Einzelheit am Tag des Rituals, das Wetter, die Leute, denen sie begegnen, sogar die Tiere, die sie sehen, habe eine Bedeutung. Genauso empfand ich. An diesem Tag schien mir die Welt nur eine Kulisse zu sein, extra für mein Vorhaben aufgestellt.«

Oberflächlich betrachtet, mag das egozentrisch wirken. Aber exakt diese Einstellung sollten Sie bei Ihren Übergangsritualen mitbringen. Es ist ein Zustand erhöhter Konzentration. So gerüstet, werden Sie die ersten Phasen des Veränderungsprozesses weit sicherer durchlaufen.

Janice fing damit an, daß sie einen »Lebensring« aus Steinen, etwa eineinhalb Meter im Durchmesser, anlegte. Jeder Stein des Ringes verkörperte eine Charaktereigenschaft, eine Fähigkeit, eine Leistung, die ihr besonders wichtig erschien. So stand zum Beispiel ein Stein für die siebte Klasse, als sie beim Quiz ein blaues Band gewonnen hatte, und zwei andere Steine für die beiden Freundinnen, die sich ihrer in den schwierigen Zeiten mit Mark besonders angenommen hatten. Ein Stein markierte ihren besonders guten Collegeabschluß, ein anderer das Mitgefühl, mit dem sie ihre beste Freundin vor zehn Jahren bei einer schweren Hepatitis gepflegt hatte. Wieder ein anderer versinnbildlichte ihre Fähigkeit zu vergeben, die sie weiterhin als wunderbare Eigenschaft betrachtete, mochte sie es damit in ihren Liebesbeziehungen auch zu weit getrieben haben. Auf diese Weise wurde aus dem Steinkreis die Geschichte ihres Lebens, ein konkretes Abbild des Kreises guter Freunde, den sie sich vor zwei Monaten, als sie sich von bedingungsloser Liebe umgeben fühlte, so vorgestellt hatte. Der Aufbau dieses Lebensrings erinnerte Janice an ihren menschlichen Wert. Zumindest für den Augenblick war diese Empfindung stärker als das seit langem gehegte Gefühl, sie sei irgendwie fehlerhaft und unvollständig. Sie war statt dessen ein wertvoller, tüchtiger Mensch, und beim Aufbau dieses Kreises, Stein um Stein, wurde ihr das klar bewußt.

Nun ging Janice zur Arbeit im Steinkreis über. Sie holte den Brief in Fortsetzungen an Mark hervor und verbrannte jede Seite einzeln, nachdem sie sie noch einmal durchgelesen hatte. Mehrmals mußte sie innehalten, um aufsteigenden Zorn zu bezwingen. Es gelang ihr, indem sie den Affekt mit langen, tiefen Atemzügen aus dem Bauch durch sich »hindurchatmete«. Wenn dann Verlustgefühle und Trauer sie zu überwältigen drohten, ließ sie notfalls ihren Tränen freien Lauf und beobachtete, wie sich die Empfindungen mit dem aus dem Feuerchen aufsteigenden Rauch in Nichts auflösten. (Übrigens leistete diese Methode Janice bei ähnlichen Gefühlen auch in den folgenden Monaten noch gute Dienste.) Als die letzte Seite des Briefes verbrannt war, grub sie zwei kleine Löcher – eins in der Mitte des Kreises, eins am Rand. Sie nahm ein Foto von sich und Mark, auf dem sie Seite an Seite standen, und riß es mittendurch, so daß sie jetzt getrennt waren. Die Hälfte mit ihrem Bild legte sie in das Loch in der Mitte, die mit Mark in das am Rand. Und mit ihren eigenen Händen häufte sie Erde darüber. »Als ich diese Löcher füllte«, erinnert sich Janice, »hatte ich zwei ganz verschiedene Empfindungen. Einerseits kam es mir so vor, als begrübe ich einen geliebten Menschen, und ich war traurig und fühlte mich einsam. Andererseits war es, als säte ich Samen, was mich mit neuer Hoffnung erfüllte.«

Janice wußte von dem Gesetz der polaren Gefühle: daß sich in Zeiten großer Veränderung immer widerstreitende Empfindungen einstellen. Daher ließ sie sich nicht verleiten, Hoffnung gegen Trauer auszuspielen. Sie räumte vielmehr beiden ihr Recht ein.

Bei der Vorbereitung auf dieses Ritual hatte Janice mehrere Bücher über Pflanzensymbolik gelesen. An die Stelle mit Marks Bild steckte sie einen Lorbeerzweig, seit alters Symbol des Friedens. Die Geste versinnbildlichte nicht nur, daß sie auf Mark verzichtete, sondern auch ihren Wunsch, er möge eines Tages Lebenserfüllung finden. Über die Stelle mit ihrem eigenen Bild streute sie Blumensamen und steckte einen Weißdornzweig in den Boden. Weißdorn, hatte sie gelesen, war früher bei Maifeiern verwendet worden. Für sie verkörperte er eine Art inneren Frühlings, eine innere Wiedergeburt nach langem, kaltem Empfindungswinter. Lange saß Janice in ihrem Kreis, still, die Augen geschlossen. Endlich stand sie auf, verstreute die Steine wieder und machte sich auf den Heimweg.

Zu Hause brachte sie eine Vase mit frischen Blumen in ihr Badezimmer und nahm ein ausgiebiges, heißes Bad. Wie in früheren Kapiteln angedeutet, ist Baden als symbolischer Akt innerer Reinigung weit verbreitet. Es ist ein einfaches Mittel, sich auf ein neues Leben in der Zukunft vorzubereiten. Als nächstes stellte Janice sechs kleine Kerzen auf ihre Kommode, im Kreis um eine große. Die große Kerze in der Mitte anzündend, sagte sie laut vor sich hin: »Hiermit bestätige ich mich selbst.« Beim Anzünden der ersten zwei kleinen Kerzen dachte sie an die zwei liebevollen Freundinnen, die im Moment ein so wichtiger Bestandteil ihres Lebens waren. Endlich schloß sie die Augen, schwieg eine Minute, und wünschte sich dann viel Erfolg beim Finden neuer Freunde und Bekannter, so daß sie eines Tages den Lichterkreis würde vervollständigen können.

Janice hatte den beiden guten Freundinnen von ihrem Ritual erzählt, und an diesem Abend veranstalteten sie ein Festessen für sie. Danach gingen die drei zum Tanzen. Janice tanzte besonders frei und entspannt, wie von neuer, ungebundener Energie erfüllt. »Ich glaube, an diesem Tag durchlief ich das Spektrum aller denkbaren Empfindungen«, berichtet Janice von ihrem Ritual. »Das Herz tat mir weh, aber ich wurde auch in höchste Höhen emporgetragen. Und für meine Freundinnen empfand ich ehrliche Zuneigung. Doch am meisten fühlte ich mich als eine Art Ganzheit. Die Gewißheit erfüllte mich, daß ich weit mehr war als nur ein Faktor in einer Partnerbeziehung.«

So stark dieses Ritual auch war, Janice legt doch weiter Wert darauf, die neue Richtung, ihres Lebens immer wieder zu akzentuieren. Sie kennt inzwischen den Wert von Durchhalteritualen, auf die man bei Bedarf zurückgreifen kann – kleinere Aktionen und Symbole, die sie immer wieder an ihre Vision eines neuen Lebens erinnern. Zum Beispiel zündet sie auch jetzt noch jeden Sonntag morgen den Lichterkreis auf ihrer Kommode an. Ein Weißdornzweig hängt am Badezimmerspiegel und zeigt ihr regelmäßig, daß sie sich wirklich zu einer stärkeren, lebenstüchtigeren Persönlichkeit entwickelt, so wie ein zarter Setzling, der allmählich zu einem kräftigen Baum heranwächst. Und wenn es doch einmal vorkommt, daß sie sich niedergeschlagen fühlt, baut Janice während ihrer täglichen Besinnung in der Phantasie jenen Lebensring aus Steinen wieder auf, und belebt dadurch ihr Selbstwertgefühl.

Verlustsymbole

Während sich Janice in ihrem Lebensring aufhielt, nahm sie ein Foto von sich und Mark und zerriß es, um ihrer beider Trennung zu symbolisieren. Es gibt fast unbegrenzte Möglichkeiten, mit persönlichen Dingen, sei es durch Beseitigen, sei es durch Verwandeln, die Auflösung einer Partnerschaft zu demonstrieren. Am besten suchen Sie sich Gegenstände aus, die das stärkste Zusammengehörigkeitsgefühl in Ihnen hervorrufen. Vertrauen Sie Ihrer Intuition. Bedenken Sie dabei aber stets, daß es nicht darum geht, mit Hilfe solcher Objekte Ihren Ärger auf den früheren Partner abzuladen. Es handelt sich um eine Abschluß-, nicht um eine Rachezeremonie.

Sollten Sie feststellen, daß sich kein besonderer Gegenstand anbietet, ist natürlich nichts dagegen einzuwenden, daß Sie Symbole auch anfertigen, Bilder zeichnen und malen, Collagen herstellen, Fotos machen, Gedichte, Märchen und Briefe schreiben. Manche nehmen sogar lieber selbstgemachte Objekte, weil sie sie besser auf die Vergangenheit abstimmen können oder ungern persönliche Fotos verbrennen und Andenken vernichten.

Verlust eines geliebten Menschen

Man erzählt über Daniel Auber, einen französischen Komponisten vom Anfang des 19. Jahrhunderts, folgende Anekdote. Auber, so heißt es, habe eine furchtbare Aversion gegen den Tod gehabt, so daß er es peinlich vermied, über ihn zu sprechen. Es sei ganz unnötig, ihm auch nur die geringste Aufmerksamkeit zu schenken, meinte er. Doch eines Tages, Auber war schon in den 70ern, sah er sich gezwungen, an der Beerdigung eines Freundes teilzunehmen. Es war seine erste. Das Erlebnis machte ihn frösteln, und Panik ergriff ihn beim Gedanken an sein eigenes Sterbenmüssen. Im Verlauf der Zeremonie soll er, bleich und Schweißperlen auf der Stirn, einem Freund zugeflüstert haben: »Ich hoffe, dies ist das letzte Mal, daß ich als Amateur an einem solchen Ereignis teilnehme.«

Der Verlust eines geliebten Menschen macht uns nicht nur über die Maßen traurig, sondern löst auch den Schock der Konfrontation mit dem eigenen Sterbenmüssen aus. Einen durch Todesfall verursachten Übergang verarbeiten zu müssen, ist gewiß nicht leicht. Bedenken Sie aber, daß unzählige Generationen vor Ihnen die gleiche schmerzliche Erfahrung gemacht haben. In dieser kollektiven Erfahrung und dem vielgestaltigen Mythos, der sie im Lauf der Jahrhunderte interpretiert hat, liegt die Gewähr, daß auch wir über diese finsteren Gewässer hinwegkommen können. Die alten Hebräer sprachen von Jahwe, der sowohl den verderblichen Sturm sendet als auch die segenbringende Sonne. Zerstörung ohne Verheißung neuen Lebens gibt es nicht. Dieselbe Botschaft durchzieht den Glauben der Navajo, Peruaner, Ostafrikaner, Hindu, Buddhisten und so weiter und so fort.

In diesem Sinne haben Rituale auch die Aufgabe, uns daran zu erinnern, daß wir über die Trauer hinausgelangen können. In vielen Kulturen sagt man von jemandem, der gerade einen lieben Menschen verloren hat, er befinde sich in einer Zwischenwelt zwischen Leben und Tod. Dort ist er von allen Pflichten und Konventionen entbunden und darf sich mit gutem Gewissen seinem Schmerz überlassen. Erst nach dem Durchleben dieser heiligen Zeit kehrt er zu seinen Pflichten in der Gemeinschaft zurück und wird von den andern mit der gleichen warmen Herzlichkeit empfangen, mit der man sonst einen Knaben oder ein Mädchen nach dem Pubertätsritus willkommen heißt. Er ist im wahrsten Sinne des Wortes wiedergeboren, und seine Rolle und Identität sind in ein neues Licht getaucht.

Diese Notwendigkeit, den Schmerz bewußt zu durchleben, wird auch durch das traditionelle jüdische Trauerjahr gut illustriert. Man teilt es in vier Abschnitte: drei Tage des Schmerzes, sieben Tage der Trauer, 30 Tage der Gewöhnung an den Verlust und rund elf Monate der Erinnerung und Regeneration. Im letzten Abschnitt wagen sich die Hinterbliebenen allmählich aus ihrer Isolation hervor und übernehmen langsam wieder Aufgaben, bis sie schließlich den angestammten Platz in der Gemeinschaft wieder einnehmen. In Völkern, wo keine geeigneten Trauerrituale nach der Bestattung des Verstorbenen existieren, gelingt es den Menschen leider selten, die mit dem Verlust verbundenen emotionalen Probleme zu lösen. Sie bleiben in einem Zustand stecken, in dem das Leben jeden Reiz für sie verloren hat. Der Schmerz steht vor ihnen wie eine Mauer, und es gelingt ihnen nicht, neue Hoffnung und Lebensfreude zu schöpfen.

Erste Reaktionen auf den Tod

Als die Nachricht kam, Garys Vater sei auf einer Baustelle tödlich verunglückt, geriet Garys Mutter in einen tranceähnlichen Zustand. Ohne zu zögern tat sie das Notwendige: Sie tröstete ihre Familie, beantwortete dem Krankenhauspersonal Fragen, erstellte eine Liste mit Leuten, die benachrichtigt werden mußten. Sobald Panik sie ergreifen wollte, panzerte sie sich energisch gegen den Schmerz und stürzte sich sofort in eine neue Tätigkeit. Sie reagierte also anfangs auf eine nicht unübliche Weise auf ein Trauma – diese Periode wird manchmal als Schockphase bezeichnet. Menschen können sich zeitweise vor dem überwältigenden Gefühlsschmerz abschotten, indem sie sich mit aller Kraft auf ihre Umgebung konzentrieren.

Gegen Ende des zweiten Tages trat Garys Mutter in die sogenannte »Rückstoßphase« ein, eine Art emotionaler Absorption. Während der »Rückstoßphase« dringen äußere Reize – Lärm, Gespräche, Verkehr – anscheinend kaum zum Bewußtsein durch. Der Blick der Betreffenden ist glanzlos und starr, sie wirken wie gedankenverloren. Sie erzählen den Hergang des tödlichen Unfalls wieder und wieder, wie um sich selbst davon zu überzeugen, daß dieses Schreckliche wirklich passiert ist. Manchmal gibt es in dieser Phase aber auch heftige Gefühlsausbrüche. Die Menschen schluchzen, schreien, treten und schlagen sogar um sich. Die Empfindung hilfloser Ohnmacht wechselt mit tiefstem Schmerz. Wie schwer Depressive haben diese Menschen in der »Rückstoßphase« wenig Interesse an der Zukunft.

Irgendwann während dieser Phase werden die Bestattungsfeierlichkeiten auf die Familie zukommen. Das ist kein Zufall. Bestattungen sollen Übergangsriten sein und Menschen helfen, sich aus ihrer traumatischen Reaktion auf den Tod zu lösen und die langwierige, schwere Aufgabe der Trauerarbeit in Angriff zu nehmen. Eben weil Bestattungen zu emotional so belasteten Zeiten stattfinden, können sie ihre Heilkraft entwickeln. Doch auch im allerbesten Fall sind sie nicht mehr als ein Anfang. Die eigentliche Trauerarbeit, die sich über zwei und mehr Jahre erstrecken kann, wird am besten durch individuellere Rituale unterstützt – Rituale, die auf persönlichen Beziehungen zu dem geliebten Toten beruhen.

Bevor wir uns aber dieser Zeit nach der Bestattung zuwenden, möchten wir noch ausdrücklich betonen, daß es Mittel und Wege gibt, Bestattungsriten mehr Bedeutung zu geben und diese wichtige Zeremonie in einen echten Heilungsimpuls zu verwandeln. Es ist sicher nicht abwegig, wenn Sie die folgenden Punkte bei einem Todesfall mit Ihrer Familie und dem Bestattungsunternehmen besprechen.

- Bestattungen finden zu einer Zeit statt, wo sehr heftige Empfindungen, nicht nur des tiefen Schmerzes, sondern auch der Empörung und Bitterkeit, einen geliebten Menschen verloren zu haben, auftreten. Das sind völlig normale Reaktionen, und niemand sollte einem Trauernden Vorwürfe deshalb machen. Man sollte ihm vielmehr das Gefühl geben, jetzt sei der richtige Augenblick, seiner Liebe Ausdruck zu verleihen, Trost zu spenden und zu empfangen.

Reverend Dr. August Lageman ist der Meinung, viele Pfarrer legten zu großen Wert darauf, Emotionen aus ihren Trauergottesdiensten zu verbannen. Sie argumentieren, die Menschen stünden unter so großem Druck, daß es besser sei, die Zeremonie so schnell und schmerzlos wie möglich durchzuziehen. Leider enthält implizit eine solche Einstellung die Botschaft für die Trauernden, Emotionen hätten bei der Trauerarbeit nichts zu suchen. Nichts ist weniger wahr.

- Bestattungsriten sind der richtige Zeitpunkt, das Leben des Verstorbenen zu würdigen. Die Leidtragenden brauchen dringend das Gefühl, der geliebte Tote habe ein sinnvolles und wertvolles Leben geführt.
- Nicht alle Teilnehmer an einer Bestattungsfeierlichkeit sind schon bereit für die Einsicht, der Tod sei ein Tor zu neuen Möglichkeiten. Doch ist diese Einsicht ein so entscheidender Faktor in der nun folgenden Trauerarbeit, daß es ein Versäumnis wäre, den Keim dafür nicht schon während des Rituals zu legen.
- Vor einigen Jahren wurde ein empirisches Forschungsprojekt durchgeführt. Man untersuchte eine kleine protestantische Gemeinde, deren Mitglieder dazu übergegangen waren, eigenhändig einfache Fichtensärge für Verstorbene zu zimmern. Es stellte sich heraus, daß dieses Ritual die Fähigkeit der Hinterbliebenen, mit dem Todestrauma fertig zu werden, ungemein steigerte, vor allem weil sie dadurch aktiv an der Gestaltung der Zeremonie mitwirken konnten.

Natürlich ist das Zimmern von Särgen nicht jedermanns Sache. Aber der springende Punkt ist, daß ein Bestattungsritual, das den Tod »greifbar« macht, wirksamer ist. Die Möglichkeit, eine Handvoll Erde oder Blumen ins offene Grab zu werfen, ist eine andere Art konkreter persönlicher Anteilnahme. Auch Menschen, die ihre Angehörigen feuerbestatten lassen, verzichten häufig nicht auf Zeremonien. Sie verstreuen die Asche zum Beispiel irgendwohin. Da Kathleens Vater ein begeisterter Sportflieger war, bat sie seinen Fluglehrer, die Asche des Verstorbenen aus einem kleinen Flugzeug über den Bergen, in denen er als Junge gelebt hatte, auszustreuen. Eine Patientin Kathleens, Julia, stellte die Urne mit der Asche ihrer Mutter an einer sonnigen Stelle ihres Herrenzimmers auf und umgab sie mit Blumen. Als später ihr Vater starb und feuerbestattet wurde, zündete sie eine Kerze an, mischte die beiden Urneninhalte sorgfältig und verstreute sie an einem einsamen Meeresstrand. Praktisch jede konkrete Teilnahme an der Bestattung der sterblichen Überreste eines geliebten Menschen fördert den Prozeß des Loslassens.

Gedenkfeiern

Auch wenn Sie, wie die meisten Menschen, Ihren geliebten Toten nach alter Sitte mit einer Bestattungsfeierlichkeit geehrt haben, spricht natürlich nichts dagegen, daß Sie zusätzlich noch eine Gedenkfeier abhalten. Vor fünf Jahren, als Mandy Treverton 41 war, wurden ihr beide Eltern innerhalb von zwei Monaten durch Krankheit entrissen – der Vater starb an Herzversagen, die Mutter an Krebs. Beide wurden zeremoniell bestattet, doch Mandy und ihre Schwester fühlten das Bedürfnis, noch mehr für sie zu tun und ihnen beiden gleichzeitig Ehre zu erweisen.

»Wir verschickten schöne, selbstgefertigte Einladungen an alle alten Freunde von Mama und Papa«, erzählt Mandy, »und baten sie, an einem Gedächtnisessen teilzunehmen. Zu etwa 30 trafen wir uns an einem Sommernachmittag in einer stillen Ecke des Stadtparks. Wer es wünschte, konnte aufstehen und seine Lieblingsanekdoten über Mama und Papa erzählen. Es war erstaunlich, wie viele meine Schwester und ich noch nicht kannten.«

Nach dem Geschichtenerzählen kam das Essen, und es wurde immer noch mehr erzählt, bis tief in den Nachmittag hinein. Mandy berichtete, danach seien mehrere Teilnehmer zu ihr gekommen und hätten ihr gesagt, wie schön sie es gefunden hätten. »Was mich betrifft«, meint sie, »so fühlte ich mich dadurch mit meiner Vergangenheit mehr verbunden, mehr darin verwurzelt.«

Eigentliche Trauerarbeit

Wenn nach der Bestattung alle, die an Ihrem Leid Anteil genommen haben, gegangen sind, fühlen Sie sich wahrscheinlich unendlich einsam und dem Scherz preisgegeben. Doch bei allem Quälenden dieser Situation ist sie doch der Beginn eines Übergangs, der Sie mit der Zeit zu neuer Hoffnung führen wird. Allgemein gesprochen, läßt sich die Trauersituation nach dem Begräbnis in drei Phasen einteilen.

Wie bei den meisten innerseelischen Übergängen lassen sich diese Phasen nicht klar voneinander abgrenzen, mit deutlichen Anfängen und Enden, sondern sind eher eine Mischung aus Gefühlsausbrüchen und tastenden Versuchen. Oft haben mir Leute erleichtert berichtet, sie hätten sich jetzt endlich »durch die Protestphase nach dem Verlust hindurchgearbeitet«, nur um eine Woche später einen schweren Rückfall zu erleben. Doch heißt das dann nicht, daß sie gar keine Fortschritte mehr machen oder ganz zurückfallen. Größere seelische Veränderungen vollziehen sich eben so.

Die Aufgabe der ersten Phase der Trauerarbeit ist, daß Sie die alten Bindungen zu dem Verstorbenen loslassen. Damit ist natürlich nicht gemeint, daß Sie versuchen sollten, ihn zu vergessen. Sie müssen nur einen Anfang damit machen, sich von den konkreten Formen Ihrer Beziehung zu lösen. Im Lauf der Monate wird dann zweitens viel unbewußte Arbeit auf Sie zukommen. Sie werden sich in der Umgebung, in die der Tod eine Lücke gerissen hat, neu orientieren müssen. Das ist im Grunde eine Phase des Wanderns, eine unstete Zeit, in der Sie zwischen zwei Seelenzuständen hin- und herschwanken. Einmal sehen Sie Ihre Umwelt in neuem Licht, dann wieder tauchen alte, an diese Umgebung geknüpfte Erinnerungen auf und erfüllen Sie mit Schmerz. Zugegeben, dieses Hin und Her kann aufreibend sein. Doch bedenken Sie, Sie werden nur unterliegen, wenn Sie sich in Ihren Schmerz verbeißen, statt durch ihn hindurchzugehen. Schließlich kommt die Phase der Wiedergeburt nach dem Verlust – neue Aktivitäten, Erfahrungen und Beziehungen.

Trauerarbeit erfordert weit mehr Zeit und Aufmerksamkeit, als unsere Gesellschaft in der Regel zuzugestehen bereit ist. Bestenfalls erlaubt man uns ein paar Wochen Abgeschiedenheit und erwartet danach sofort, daß wir uns wieder ins Getriebe stürzen. Schlimmer noch: Wir halten hartnäckig an dem Mythos fest, wir müßten gegebenenfalls der Felsen in der Brandung, besonders für unsere Kinder, sein. Wie Jill, der wir in Kapitel 1 begegnet sind, könnten Sie sich einen privaten »Trauerraum« einrichten, wo Sie Ihren Gefühlen keinen Zwang antun müssen, sei es Zorn, Kummer, Angst – oder auch befreiendes Lachen.

Tom und Marcia

Nach übereinstimmender Meinung von Freunden und Angehörigen hätten Tom und Marcia ihrer Tochter keine liebevolleren Eltern sein können. Als Jennifer geboren wurde, war es, als ob die ganze Welt sich mitgefreut hätte. »Sechs Wochen nach Jennifers Geburt ging ich wieder ins Büro«, erzählt Marcia. »Nach Arbeitsschluß jagte ich durch die Stadt und erledigte in rasender Eile meine Besorgungen, nur um schnell wieder zu Hause und bei ihr zu sein.«

Als Jennifer gerade sechs Monate alt war, fuhr Tom sie von der Tagesstätte nach Hause, als ein Mann auf der Gegenspur am Steuer einschlief und auf die falsche Seite geriet. Tom wich aus, doch der Mann krachte ihm direkt in die rechte Wagenseite. Tom kam mit einer Gehirnerschütterung, gebrochenem Nasenbein und drei gebrochenen Rippen davon. Jennifer erlitt größere innere Verletzungen. Auf der Fahrt zur Notaufnahme kämpften die Männer von der Ambulanz heroisch um ihr kleines Leben – umsonst. Bei der Ankunft im Krankenhaus konnten die Ärzte nur noch ihren Tod feststellen.

Das hatte verheerende Auswirkungen auf Tom und Marcia. Ihr Schmerz, so erzählten sie später, war ebenso tief und überwältigend wie einst ihre Freude. »Neun Monate nach dem Unfall«, erinnert sich Tom, »hatten wir immer noch jedesmal, wenn wir an Jennys Zimmer vorbeigingen, einen Kloß im Hals. Wir waren ganz am Boden zerstört. Wie war das nur möglich? Im einen Augenblick eitel Freude und Sonnenschein, und dann plötzlich so unsagbares Leid?« Marcia fiel es besonders schwer, sich innerlich von Jennifer zu trennen, weshalb sie sich schließlich an eine Elternselbsthilfegruppe wandte. Alle Eltern dort hatten ihre Kinder verloren. Sie traf Anne, die ihr von einem »Pflanzritual« erzählte, das sie durchgeführt hatte, nachdem ihr elfjähriger Sohn von einem Betrunkenen überfahren worden war. Marcia sagt, der Gedanke an ein Ritual zusätzlich zur Bestattung sei ihr niemals gekommen. Aber da sie verzweifelt versuchte, mit dem Himmel ihren Frieden zu machen, meinten sie und Tom, es sei einen Versuch wert.

»So wie es Anne darstellte«, erinnert sich Marcia, »konnte uns das Pflanzritual durchaus helfen. Nicht um Tom und mich vergessen zu lassen, sondern um uns mit der Lebensfreude zu verbinden, die Jennifer uns geschenkt hatte.«

Beim Anbruch eines klaren Samstagmorgens Anfang April begannen Tom und Marcia mit ihrem Ritual. Zuerst zündeten sie sechs Kerzen auf ihrer Schlafzimmerkommode an, eine für jeden Monat in Jennifers Leben.

Damit wollten sie zum Ausdruck bringen, daß sie sich dem Licht wieder zuwendeten, das Jennifer in ihr Leben gebracht hatte. Die Erinnerung an sie würde stets in ihren Herzen leuchten. Dann badeten sie, zogen gute Kleider an und fuhren in eine Gärtnerei in der Nähe. Sie wanderten fast eine Stunde zwischen Reihen von Fichten auf und ab und suchten nach dem richtigen Bäumchen. »Es klingt vielleicht verrückt, daß ein Bäumchen die innere Leere ausfüllen kann«, sagt Marcia, »aber ich hatte das Gefühl, ich kaufte ein besonders wertvolles Geschenk und Jennifer wußte irgendwie davon.«

Wieder zu Hause, gruben Tom und Marcia im Garten abwechselnd an einem Loch für ihr Bäumchen. Hierauf hüllten sie den Wurzelballen in ein Baumwolldeckchen, das einst ihrer Tochter gehört hatte. Sie senkten das Bäumchen sorgsam in die Grube, begossen es aus einer Kristallkaraffe, die früher Marcias Mutter gehört hatte, und warfen das Loch wieder mit Erde zu, wobei sie darauf achteten, sie am Stamm mit den bloßen Händen festzuklopfen. Marcia berichtete später, beim Begießen des Bäumchens habe sie tatsächlich ein ähnliches Ziehen empfunden, wie als sie sich Jenny an die Brust legte. Die Zeremonie löste, wenn auch sehr schwach, den Instinkt zu stillen in ihr aus.

Und Tom sagte: »Wer hätte gedacht, daß ich mich so in ein Bäumchen verlieben könnte! Ich ging oft hinaus, um nach ihm zu sehen, manchmal mitten in der Nacht.« Als die kleine Fichte eingepflanzt war, führte Marcia eine weitere kleine Zeremonie durch, die sie sich schuldig zu sein glaubte. »Ich ging ins Haus, zündete ein Feuer im Kamin an, nahm ein Stück Papier und schrieb mit Rotstift und in Großbuchstaben das Wort HASS darauf. Denn Haß hatte ich die ganze Zeit über gegen den Mann empfunden, der ihnen in den Wagen gefahren war.« Als die Flammen am Papier emporleckten, weinte Marcia leise. »Zum Teil empfand ich Beklemmung«, sagte sie, »zum größten Teil aber Erleichterung.«

An diesem Abend kamen Toms und Marcias beste Freunde, ein Paar, das ihnen in dieser Tragödie beigestanden hatte, zu einem besonderen Essen herüber. »Eigentlich hatten uns Jim und Sandy, als wir ihnen von unserem Plan erzählten, zu sich zum Essen eingeladen«, sagt Marcia. »Aber ich koche gern und wollte etwas ganz Besonderes für sie machen.« Wieder wurden sechs Kerzen zu Ehren der kleinen Jennifer angezündet, diesmal mitten auf dem Eßtisch: »Es war nicht so traurig, wie Sie vielleicht denken«, meint Tom. »Im Gegenteil: Zum ersten Mal seit dem Unglück schien unser Leben wieder einen Sinn zu haben.«

Als sich Jennifers Geburtstag näherte, fragten Tom und Marcia bei der Parkverwaltung an, ob sie irgendwo auf öffentlichem Gelände ein Bäumchen zu Ehren ihrer Tochter pflanzen dürften. Die Stadt, so hieß es, freue sich, ihnen gefällig sein zu können. Tom und Marcia wollen von jetzt an an jedem Geburtstag Jennifers einen Baum pflanzen. (Übrigens sind solche Gedächtnispflanzungen ziemlich verbreitet. Eine Familie, die eine Tochter durch Krebs verlor, vermachte einer Universität 38 junge Bäume – 38 war das Alter ihrer Tochter gewesen. Da diese Universitätsdozentin war, sollten die Bäume nach dem Wunsch der Eltern den Weg zur Campusbücherei säumen.)

Madeline

Der Morgenhimmel ist klar wie Kristall an diesem letzten Tag im September. Ein leichtes Lüftchen weht über den Bergrücken von Florida Cape, trägt die anheimelnden Schreie der Möwen mit sich herüber und kitzelt Madeline Keery im Nacken. Madeline kniet auf einem Grashügel im äußersten Winkel ihres Gartens, geschüttelt von der Gewalt ihrer Gefühle – einem sonderbaren und doch irgendwie willkommenen Gemisch aus angstvoller Hoffnung, Schmerz und tiefer Traurigkeit. Erst jetzt wird ihr bewußt, wie intensiv ihr Erlebnis ist. Erst jetzt spürt sie, daß ein Fenster zu neuem Leben in ihr aufgestoßen wird.

Es war keine leichte Zeit für Madeline gewesen. Sie mußte vor zwei Jahren zusehen, wie ihre 60jährige Mutter langsam und qualvoll an Darmkrebs starb. Seitdem litt sie an einem tiefen, zermürbenden Gefühl innerer Leere. »Wenn ich morgens aufwache, ist mir, als laste mir ein zentnerschwerer Stein auf der Brust«, sagte sie noch mehrere Monate nach dem Tod ihrer Mutter. »Ich kann nicht vergessen, nicht aufatmen.« Erst neun Monate später, als sich das anfängliche Trauma löste, war Madeline in der Lage, die Beziehung zu ihrer Mutter genauer ins Auge zu fassen. Sie führte während dieser Phase auch 30 Minuten täglich Tagebuch, und das einen Monat lang. In ihren Notizen sprach sie von dem Ärger, der manchmal bei dem Gedanken in ihr hochstieg, wie ihre Mutter ihr dauernd reinzureden versucht hatte. Sie sprach auch von der Traurigkeit, sich nicht mehr als Tochter fühlen zu können. Nach vielen Stunden tränenreicher Auseinandersetzung mit diesen Erinnerungen und Gefühlen wich endlich der Alp. Und in dieser Atempause, der Stille nach dem Sturm, plante sie ihr Ritual.

Während die Sonne über dem östlichen Horizont aufsteigt und ihre Strahlen voll und warm auf Madelines Gesicht fallen, nimmt sie eine Gartenschaufel und gräbt ein kleines Loch im Boden, knapp 30 Zentimeter tief. Dort hinein legt sie einen kleinen, selbstgenähten Lederbeutel, in dem sich drei Dinge befinden. Das erste ist ein Foto von ihr und ihrer Mutter, ein glücklicher, sorgenfreier Augenblick in Miami Beach. Besser als alles andere spricht dieses Bild ihrer Meinung nach von der tiefen Liebe zwischen ihnen beiden. Zweitens liegt im Beutel ein Melissenzweig, Zeichen des Friedens und der Vergebung und Ausdruck ihres Wunsches, alles Leid, das sie und ihre Mutter im Lauf der Jahre einander angetan haben, auszulöschen. Und schließlich hat sie ein paar Seiten aus ihrem Trauertagebuch gerissen, Fetzen der Einsicht in eine komplizierte, emotionsgeladene Beziehung.

Einen Moment lang blickt Madeline stumm auf diesen Beutel mit Gegenständen, der jetzt im Loch liegt, hinunter, als wolle sie ihm irgendeinen letzten Sinn abgewinnen. Endlich tastet sie seitwärts und bekommt eine kleine Hibiskuspflanze zu fassen, die sie gestern in einer Gärtnerei gekauft hat. Sie befreit die Wurzeln vorsichtig aus der Verpackung und senkt sie in die Grube. Es tut ihr gut, die Pflanze richtig einzupassen, sie zu begießen und dann die feuchte Erde um Stengel und Wurzeln festzuklopfen. Hierauf nimmt Madeline eine Schere und schneidet die schönen roten Blüten ab, um sie eine nach der andern in eine feingearbeitete, halbvolle Wasserschale zu legen. Das Abschneiden der Blüten hilft der Pflanze, mehr Kraft in die Wurzeln zu schicken und sich in der neuen Umgebung besser zu verankern.

In gewisser Hinsicht läßt sich diese schöne Pflanze als Geschenk auffassen, das Madeline ihrer Mutterbeziehung macht. Doch was mehr ist: Wenn Madeline in den nächsten Monaten die Blume pflegt, sorgt sie auch für ihr eigenes inneres Wachstum. Ebenso wie die Pflanze in der neuen Umgebung Wurzel schlägt und gedeiht, um im Frühjahr wieder herrlich zu blühen, weiß Madeline, daß auch ihr eigenes Leben wieder blühen und gedeihen wird. Sie kniet noch ein paar Minuten vor dem Hibiskus und spürt die warmen Sonnenstrahlen auf dem Körper. Tief saugt sie den frischen Geruch vom Meer her ein. Die Sonne wirft jetzt fast waagerechte, breite Lichtstrahlen, die auf den Wellen wie Diamanten tanzen und blitzen. Für Madeline sind diese Augenblicke nicht nur schön. Sie ziehen ihr durchs Gemüt und lassen sie in hoffnungsfroher Stimmung zurück.

Wieder zu Hause, stellt sie die Schale mit den roten Blüten auf ein sonniges Fenstersims. Sie beobachtet, wie das Licht von den scharfen Kristallrändern zurückgeworfen wird und auf Blütenblättern und Staubfäden erglänzt. Als sie sich schließlich vom Fenster abwendet und im Badezimmer ein langes heißes Bad nimmt, schweben ihr noch der sich in die feuchte Erde schmiegende Hibiskus, der Samtschimmer seiner Blüten und das auf den Meereswellen tanzende Licht vor Augen. Nach dem Bad legt sie ein eigens für diesen Zweck gekauftes weißes Baumwoll-Sommerkleid an und setzt sich in Erwartung ihrer zwei besten Freundinnen.

Als Ellen und Rachel erscheinen, trägt Madeline eine Platte mit Früchten und Käse auf und erzählt den beiden von ihrem Ritual, von dem sie bisher nichts Näheres erfahren hatten. Sie spricht von ihren Gefühlen und ihrem Hunger nach Wiedergeburt. Sie spricht von den Monaten, in denen sie mit ihrem Schmerz zu kämpfen hatte, hin- und hergerissen zwischen Liebe, Zorn und Trauer. Und schließlich spricht sie von diesem Morgen, von dem frischen Wind, der eben jetzt durch ihr Leben weht, von der Empfindung eines Neubeginns. »Während ich den Hibiskus pflanzte, ging mir auf, daß sich die Veränderungen, durch die ich hindurch mußte, gar nicht so sehr vom Gang der Jahreszeiten unterscheiden. Es kommt einfach darauf an, das Licht zu suchen, und wenn du es gefunden hast, dich in allem darauf zu beziehen. Wenn dir das gelingt, kommt neue Freude auf, wie grünes Laub am Ende des Winters.«

Weitere Trauerrituale

Manche Zeremonien sind besonders gut für Menschen geeignet, die sich durch den Trauerprozeß hindurchkämpfen müssen. Tom und Marcia zum Beispiel, auch Madeline, wählten die Tätigkeit des Pflanzens als Hauptelement ihres Rituals. Pflanzen sind sehr wirksame rituelle Faktoren bei jedem Neubeginn, doch als besonders fruchtbare Symbole erweisen sie sich nach Todesfällen. Beispiele dafür sind der Brauch, daß man Blumen aufs Grab seiner Lieben legt, Ostern mit schönen Lilien feiert usw. Im folgenden geben wir ein paar Rituale wieder die vielleicht von Wert für Sie sind, besonders in der ersten Phase der Trauerarbeit.

Fangen Sie an und erzählen, schreiben oder malen Sie die Geschichte Ihres Lebens mit dem Verstorbenen. Manche Menschen schreiben Briefe, die nicht abgeschickt werden, andere erzählen ihren Freunden und Verwandten lieber von ihren Erinnerungen, wieder andere sprechen auf Band. Es ist wichtig, daß Ihr Bericht auch die Einzelheiten des Sterbens enthält, denn wie bei jedem Trauma nimmt die Gefühlsspannung ab, je häufiger Sie das Ereignis noch einmal durchgehen. Steht Ihnen ein guter Therapeut zur Seite, so hilft Ihnen vielleicht eine aktive Imagination der Art, daß Sie sich den Toten in einem leeren Sessel vor sich vorstellen und ihm laut alles sagen, was Sie ihm im Leben gern noch gesagt hätten: den Zorn und den Kummer, den Sie empfinden, Ihre kostbaren Erinnerungen an ihn, und tränenreiche Abschiedsworte.

Versuchen Sie dabei, Symbole als »Verbindungsmittel« einzusetzen. Das können liebe Erinnerungen an den Verstorbenen sein, ein Bild, eine Heiratsanzeige, ein Brief, Ring und so fort. Sie können auch persönliche Symbole anfertigen in Form von Gedichten, Gemälden und Skulpturen, oder Erzeugnisse der Natur benützen, zum Beispiel gepreßte Blumen. Legen Sie sie dann in ein besonderes Behältnis, ein schönes Schmuckkästchen, ein Samt- oder Lederetui.

Reservieren Sie sich nach diesen Vorbereitungen einen besondern Ort und Zeitpunkt für den Trauerakt selbst, um mit Hilfe der erwähnten Gegenstände Ihre Gefühle heraufzubeschwören. Sie können zur Unterstützung noch Kerzen anzünden, besondere Musik spielen lassen oder einfach Ihre alltäglichen Handlungen, Essen oder Unterhaltung, für kurze Zeit unterbrechen. Ein Mann von fünfzig Jahren, Hal, konnte mit Hilfe solcher Trauerrituale schwere Verluste verarbeiten. Nach dem Tod seiner Mutter setzte er die Stunde zwischen sechs und sieben Uhr abends für seine Trauerarbeit fest und benutzte als Örtlichkeit einen sauber geputzten Kellerraum. Er verwendete eine Todesanzeige und ein ihm besonders liebes Foto seiner Mutter, um seine Gefühle heraufzubeschwören. Mehrere Jahre später mußte er durch eine komplizierte Scheidung hindurch und bediente sich auf ähnliche Weise seines Rings und einer Kopie der Heiratsanzeige. Bei diesen »Kummerstunden« legte sich Hal immer auf die Couch oder den Boden und nahm sich die Freiheit, die Ungerechtigkeit des Schicksals lauthals zu verfluchen. Jedesmal wuchs die Sicherheit, er werde darüber hinwegkommen. Bald packte ihn der Schmerz nur noch jeden zweiten Tag, dann einmal in der Woche. Und schließlich hörte er ganz auf.

Im Schlußakt Ihrer Bewältigung des ersten Schmerzes sollten Sie sich bewußt von persönlichen Erinnerungen oder selbst angefertigten Beziehungssymbolen trennen. Sie können sie vergraben, weggeben, verbrennen oder einfach von dort entfernen, wo sie Zeuge Ihrer Trauer geworden waren – etwa in Ihrem Schlafzimmer –, und an einen anderen Ort bringen, vielleicht ins Wohnzimmer. Die Absicht dabei ist, Ihre konkrete Bindung zum Verstorbenen aufzulösen und die Beziehung auf ein neues Niveau zu heben. Schließen Sie diesen Vorgang mit einem langen Aufenthalt in der Badewanne oder unter der Dusche ab. Das ist eine Reinigung, ein Entschluß, ein neues Kapitel im Lebensbuch aufzuschlagen. Und lassen Sie dann noch eine Begegnung mit Freunden oder Angehörigen folgen. Ein geselliges Beisammensein wird Ihre Bereitschaft dokumentieren, wieder in die Welt der Lebenden zurückzukehren.

Seien Sie sich dessen bewußt, daß im Chaos des Verlustes stets schon das Licht eines Neubeginns verborgen ist. Das Rad des Lebens dreht sich unweigerlich. Und immer bricht ein neuer Tag an.

Kapitel 11

Der Rhythmus des Wandels

Das ist der Weg: Finde den Rhythmus des Absoluten, und folge ihm mit absolutem Vertrauen.

NIKOS KAZANTZAKIS, »Alexis Sorbas«

Die heilsamsten und lebensbejahendsten Philosophien sind jene, die uns bleibende Kenntnis vermitteln und das Veränderliche als Schöpfung im Werden sehen. Jede Schöpfung ist Zerstörung und Neuschöpfung zugleich. Shakespeare mag durchaus recht haben, wenn er das Leben eine »ungewisse Reise« nennt. Trotzdem ist es wahr, daß jeder Tag mit Dunkelheit endet und mit Licht anfängt. Auf Regen folgt Sonnenschein. Und welche Verluste wir unterwegs auch erleiden mögen: Auch das Meer hat feste Ufer.

Ein tief innerliches Wissen um die Rhythmen des Lebens setzt uns instand, auch in den dunkelsten Nächten der Seele die Hoffnung nicht zu verlieren. Es bewahrt uns vor dem Irrtum, die Qual der Veränderung werde ewig dauern. Alle großen Mythen lehren uns, daß wir nur vom Weg abkommen, um in der Dunkelheit das verheißene Land suchen zu können. Das ist Menschsein. Doch noch eine andere, ebenso wichtige Botschaft enthalten die Mythen: Nehmen wir Zeiten der Bedrängnis als Sprungbrett für einen Neubeginn, so wirken wir am Prozeß des Neuwerdens mit, statt uns ihm zu verweigern. Dann geben wir uns selbst die Chance, Geburtshilfe für eine neue Identität zu leisten.

Der schwierigste Aspekt Ihrer Selbstverwirklichung ist vielleicht, solche Einsichten auch konkret in den Stoff Ihres Alltags zu verweben. Vertrauen Sie der Kraft Ihres Denkens und der Kraft, die von Ihren Gedanken ausgeht. Sie können es. Sie brauchen nur auf das Neue in Ihrem Leben zu horchen, Ihre Widerstände in positive Impulse zu verwandeln und dann dieses Neue durch individuelle Rituale im Leben zu verankern. Denn wenn Erkenntnis die Musik unseres Lebens ist, so ist das Ritual das Spiel der Band und der Beginn des Tanzes. Indem wir Rituale erleben, richten wir Energie und Gefühl auf das Neue, das sich ans Licht emporkämpfen will. Wir ändern unsere Überzeugungen. Wir geben den beharrenden Kräften unseres Wesens den Abschied. Wie drückt es Joseph Campbell in »Der Heros in tausend Gestalten« aus? »Nirgends wird von einem Stammesritual berichtet, das darauf abzielte, den Winter zu verewigen.« Und nirgends, fährt er fort, werden Sie im Frühling Rituale finden, die die Natur zwingen wollen, »auf einen Schlag für Mais, Bohnen und Kürbisse zu sorgen. Im Gegenteil: Die Riten stellen sicher, daß sich der ganze Stamm umgekehrt nach dem Gang der Jahreszeiten richtet.«

Wie weit wir uns durch den technischen Fortschritt von den Sinngebungen traditioneller Gesellschaften auch noch entfernen mögen – immer werden sich Tag und Nacht folgen wie die Radumdrehungen der Jahreszeiten. Wir müssen nur lernen, den Rhythmus des Lebens wie warmen Regen willkommen zu heißen und ihn durch uns hindurchfluten zu lassen. Der Regen sickert in die Erde ein und nährt die Samen. Eines Tages werden sie zur Sonne hinaufwachsen.

Dr. Kathleen Wall ist Psychologin und hilft Menschen jeden Alters auf ihrem Weg durch die Strudel des Lebens.

Ihre Hilfen bestehen in:
- Workshops für alle. Man lernt dabei, Rituale für spezielle Übergangssituationen zu entwickeln, unter anderem für Todesfälle, Scheidungen und Midlife-Krisen, Berufswechsel und neue familiäre Beziehungen.
- Psychosynthese-Training für Therapeuten sowie Ausbildung für die psychotherapeutische Anwendung von Ritualen.
- Vorträgen vor Laien und Fachleuten über Rituale und Persönlichkeitsentwicklung.